"十四五"职业教育国家规划教材

电子技术基础与技能

主编 黄 磊 卞孝丽

电子工业出版社

Publishing House of Electronics Industry

北京·BEIJING

内 容 简 介

"电子技术基础与技能"是中等职业学校电子类专业必修的一门基础课程,其核心目的是使学生掌握电子技术基础理论知识,培养学生相关的基本操作技能。本书是按"项目载体、任务引领、行动导向"的职业教育教学理念编写的。

本书以8种有代表性的电子产品为载体,通过电子产品制作过程,介绍以下知识和技能:常用电子元器件的识别及检测,常用模拟、数字和脉冲电路的构成、工作原理和典型应用,常用电子仪器仪表的使用,小型电子产品焊接、装配、调试与维修技能,简单电子产品设计,电子产品制作规范和职业素养等。

本书适合用作中等职业学校电子类专业教材,也可作为对口升学考试用书和电子爱好者自学参考书。

图书在版编目(CIP)数据

电子技术基础与技能 / 黄磊,卞孝丽主编. —北京:电子工业出版社,2021.2 (2025.8 重印)
ISBN 978-7-121-40521-1

Ⅰ. ①电… Ⅱ. ①黄… ②卞… Ⅲ. ①电子技术-中等专业学校-教材 Ⅳ. ①TN

中国版本图书馆 CIP 数据核字(2021)第 022552 号

责任编辑:白 楠
印   刷:北京盛通数码印刷有限公司
装   订:北京盛通数码印刷有限公司
出版发行:电子工业出版社
         北京市海淀区万寿路 173 信箱 邮编 100036
开   本:787×1 092 1/16 印张:13 字数:332.8 千字
版   次:2021 年 2 月第 1 版
印   次:2025 年 8 月第 6 次印刷
定   价:34.00 元

凡所购买电子工业出版社图书有缺损问题,请向购买书店调换。若书店售缺,请与本社发行部联系,联系及邮购电话:(010)88254888,88258888。

质量投诉请发邮件至 zlts@phei.com.cn,盗版侵权举报请发邮件至 dbqq@phei.com.cn。

本书咨询联系方式:(010)88254583,zling@phei.com.cn。

为贯彻国家关于职业资格证书、技能等级证书与学业证书并重的政策精神，体现新知识、新技术、新工艺、新方法，实现"做中学、做中教"，本书从培养学生综合素质出发，依据学生的认知规律，严格遵守全国中等职业学校电子类专业教学标准，考虑中高职教学内容衔接，参考历年来全国职业院校技能大赛赛项中与电子技术相关的内容编写而成。

本书以发光二极管徽标、可调式直流稳压电源、迎宾器、循迹小车、足球有源音箱、声光控楼道灯、八路抢答器、流水灯共 8 种贴近生活、性价比高的电子产品为载体，通过电子产品制作过程，介绍以下知识和技能：直流稳压电源电路、三极管放大电路、功率放大电路、运算放大电路、振荡电路等模拟电路的构成、工作原理和典型应用，常用组合逻辑电路、时序逻辑电路、脉冲电路等数字电路的工作原理、集成芯片和典型应用，常用电子元器件的识别及检测，常用电子仪器仪表的使用，小型电子产品焊接、装配、调试与维修技能，简单电子产品设计，电子产品制作规范和职业素养等。

本书力求突出以下特色。

1．在编写理念上，以学生为中心，以立德树人为出发点，把知识、技能与素质三方面的目标有机地结合起来，注重学生分析问题、解决问题、创新和综合实践等能力的培养。

2．在编写内容上，以源自生产实际的应用项目为引领，提高学生参与实践活动的兴趣和积极性。以"必要、够用"为原则，不强调知识点的全面性、系统性，通过制作电子产品，引入相关知识点，注重教、学、做合一。

3．在编写体例上，以教学标准要求和典型工作项目为引领，每个项目采用"情境描述—相关知识—学生工作页"的编写模式，重视实践活动和应用环节，重视启发性、探究性、开放性和可参与性，引导学生进行自主探究式学习，让学生参与教学过程，组织和设计教学活动，在活动中学习知识，在参与中得到发展，并在独立思考的基础上进行合作交流。

4．在呈现方式上，充分考虑到学生的认知特点，文字表述尽量深入浅出、简明扼要，通过图文并茂的方式帮助学生学习，为引导学生自主探索留出充足的空间，有利于学生观察、实践、推理、交流和反思。

本书共分 8 个项目，建议安排 128 学时，在教学过程中可参考下面的学时分配表。

项 目 序 号	项 目 内 容	参考学时数
项目一	制作发光二极管徽标	10
项目二	装配可调式直流稳压电源	16
项目三	制作迎宾器	20
项目四	装配循迹小车	16

项 目 序 号	项 目 内 容	参考学时数
项目五	制作足球有源音箱	8
项目六	装配声光控楼道灯	18
项目七	装配八路抢答器	24
项目八	制作流水灯	16

本书由河南省职业技术教育教学研究室组织编写，由河南信息工程学校黄磊和郑州财税金融职业学院卞孝丽担任主编，河南信息工程学校史娟芬担任副主编。主要参编人员分工如下：河南信息工程学校黄磊编写项目一、项目八，河南信息工程学校常钊编写项目二、项目五，河南省驻马店财经学校高兰芳编写项目三，郑州财税金融职业学院卞孝丽编写项目四，郑州市电子信息工程学校张洪涛编写项目六，河南信息工程学校史娟芬编写项目七。

本书配有免费的教学资料包，有需要的读者可登录华信教育资源网（www.hxedu.com.cn）免费注册后进行下载；如有问题，请与电子工业出版社有限公司联系。

由于编者水平有限，书中难免存在不足之处，敬请读者批评指正。

编　者

CONTENTS 目录

制作发光二极管徽标

2019 年 10 月 1 日，北京举行了气势恢宏的国庆 70 周年庆典，展现了中国 70 年发展历程和中华民族自强不息的伟大精神，引起了全世界的瞩目。在天安门广场和流动花车上，有很多 LED 显示屏，绚丽多彩，美轮美奂（图 1.1）。

图 1.1 国庆 70 周年庆典

LED（Light Emitting Diode）是发光二极管的英文缩写，它是常用的电子元器件之一，街头五颜六色的招牌、闪烁的流水彩灯、电器面板上的显示屏 [图 1.2（a）]，都是由发光二极管组成的。因为节电效果显著、使用寿命长，它近年来被广泛应用于照明领域。

近期学校将和某公司签订校企合作协议，为表达诚意，展示学生专业技能，请在万能板上用 LED 搭建出学校和企业双方徽标，学样将选择优秀作品作为礼物赠予合作企业。

如图 1.2（b）所示为某校电子专业学生所做 LED 徽标，请参考。

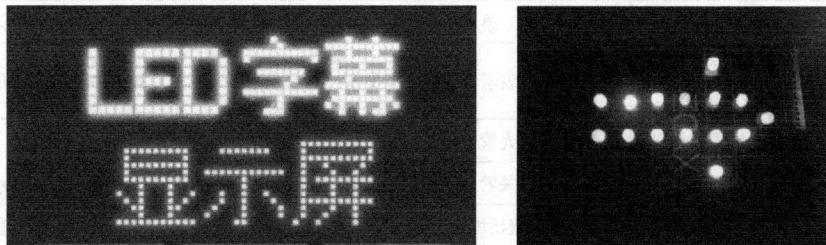

（a）LED 显示屏　　　　　　　（b）LED 徽标

图 1.2 LED 显示屏及徽标

相关知识

一、认识与检测二极管

1. 认识二极管

1）PN 结简介

自然界的物质按照导电性能可分为导体、半导体和绝缘体。顾名思义，绝缘体就是不导电的物质，如干燥的空气、木头等；导体就是导电的物质，如金属、水等；而半导体是在一定的条件下才能导电的物质，即满足条件时导电，不满足条件时不导电，其导电性能介于导体和绝缘体之间。常见的半导体有二极管、三极管、场效应管、晶闸管等，其中二极管、三极管应用最为普遍。

半导体导电的原因是半导体中存在带负电的自由电子（简称电子）和带正电的空穴，它们在外电场的作用下做定向运动，进而形成电流，电子和空穴称为载流子。

半导体分为两种——P 型和 N 型。其中，P 型半导体又称空穴型半导体，其多数载流子是空穴；N 型半导体又称电子型半导体，其多数载流子是电子。

半导体材料通常是硅和锗，在硅或锗单晶体上同时加工出 P 型区和 N 型区，P 型区和 N 型区的结合部有一个特殊的薄层，称为 PN 结。如果 PN 结的 P 区接电路中的高电位，N 区接低电位，即 PN 结处于正偏状态，则 PN 结导通，否则 PN 结截止。PN 结是构成二极管、三极管等电子器件的基本单元。

2）二极管的结构和符号

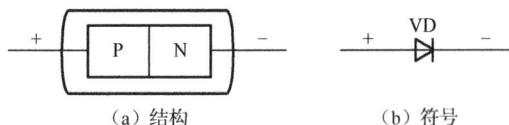

（a）结构　　　　（b）符号

图 1.3　二极管的结构及符号

半导体二极管简称二极管，它是在 PN 结的 P 区和 N 区两侧做出两个电极，接上电极引线，用管壳封装而成的。二极管的结构及符号如图 1.3 所示。

二极管的 P 区电极称为正极或阳极，N 区电极称为负极或阴极。在电路原理图中，二极管的文字符号为 VD、D 或 V。

3）半导体器件的型号命名方法

国家标准 GB/T 249—2017 规定了半导体器件的型号命名方法，具体见表 1.1。

表 1.1　半导体器件的命名方法

第一部分		第二部分	第三部分				第四部分	第五部分
用数字表示器件电极的数目		用字母表示器件的材料和极性	用字母表示器件的功能类型				用数字表示器件登记序号	用字母表示规格号
2	二极管	A　N 型锗材料	EF	发光管	P	普通管		
3	三极管	B　P 型锗材料	K	开关管	S	隧道管		同一型号的器件按某一参数进行分档的标志
		C　N 型硅材料	L	整流桥堆	V	微波管		
		D　P 型硅材料	N	阻尼管	W	稳压管		
			U	光电器件	Z	整流管		

4）二极管的分类

二极管的分类方法很多，按用途可分为开关二极管、整流二极管、检波二极管、稳压二极管、发光二极管、光电二极管和各类敏感型二极管，按制造材料可分为硅二极管和锗二极管，按制作工艺可分为面接触型、点接触型和平面型二极管，按封装材料可分为玻壳、塑封和金属二极管。

在上述分类方法中，比较常见的是按用途分类，表 1.2 中列出了常用二极管的外形、符号、用途及命名等。

表 1.2　常用二极管

类　型	外　形	符　号	用途及命名
开关二极管		▷⊢	多用于逻辑电路中，起开关作用，国产型号为 2CKXX，国外常见型号为 1N4148
整流二极管		▷⊢	多用于整流电路中，将交流电变换为直流电，国产型号为 2CZXX，国外型号为 1N4001～4007
检波二极管		▷⊢	用于从高频调制信号中检出低频信息的检波电路中，国产型号为 2APXX
稳压二极管		▷⊢	在电路中起稳定电压的作用，国产型号为 2CWXX，国外常见型号为 1N59 系列
发光二极管		⤤▷⊢	通电时可发光，可用作电气设备指示灯，也可组成 LED 屏显示各种图案，国产型号为 2EFXX
光电二极管		⤥◁⊢	当有光照射时，反向电流会增大，多用于遥控接收器和工业自动控制的检测元件中，国产型号为 2XUXX
变容二极管		⊣⊢◁⊢	PN 结反偏时结电容大小随外加电压而变化，多用于电调谐、自动频率调整、调频电路中，国产型号为 2CCXX

5）二极管的伏安特性

二极管的伏安特性是指加在二极管两端的电压 u_D 与流过二极管的电流 i_D 的关系，因为电压的单位是伏特，电流的单位是安培，所以称为伏安特性。二极管的伏安特性曲线如图 1.4 所示。实线为硅管，虚线为锗管，下面以硅管为例，分为正、反向两部分来介绍。

（1）正向特性。

正向伏安特性曲线指纵轴右侧部分，即 $u_D>0$ 的工作情况，外加电压为正向电压，由两部分组成：OA 截止区和 AB 导通区。

外加电压较小时，二极管呈现的电阻值较大，正向电流几乎为零，对应的曲线 OA 段称为不导通区或者正向截止区。一般硅管的截止区电压约为 0.5V，

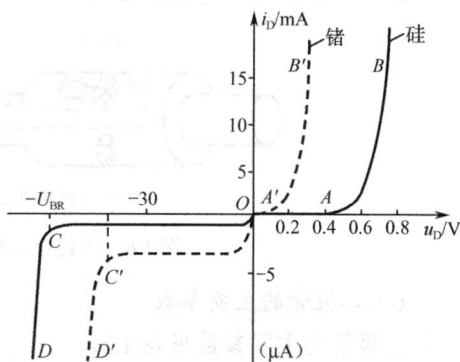

图 1.4　二极管的伏安特性曲线

锗管约为0.2V。

正向电压 u_D 超过截止区电压时，PN结内电场几乎被抵消，二极管呈现的电阻值很小，正向电流 i_D 增长很快，二极管正向导通。对应的 AB 段特性曲线陡直，电压与电流的关系接近线性，所以 AB 段称为导通区。导通后，二极管两端的正向电压称为正向压降（或管压降），一般硅二极管约为0.7V，锗二极管约为0.3V。

（2）反向特性。

反向伏安特性曲线指纵轴左侧部分，即 $u_D<0$ 的工作情况，外加电压为反向电压，也由两部分组成：OC 截止区和 CD 击穿区。

当二极管承受反向电压时，加强了 PN 结的内电场，二极管呈现很大的电阻值，此时仅有很小的反向电流 I_R，对应曲线 OC 段，称为反向截止区，I_R 称为反向饱和电流或反向漏电流。实际应用中，反向饱和电流越小越好。一般硅二极管的反向饱和电流在几十微安，锗二极管的则达几百微安，大功率二极管会稍大些。

当反向电压超过某个值时（图1.4中 C 点），反向电流急剧增大，这种现象称为反向击穿。对应的 CD 段称为反向击穿区，C 点对应的电压称为反向击穿电压 U_{BR}。除稳压管外，一般的二极管被击穿后会呈短路状态，这会损坏二极管，因此加在二极管上的反向电压不允许超过击穿电压。

综上所述，二极管的状态有三种：导通、截止和击穿。二极管最基本的特性是单向导电性，单向导电性是指在电路中二极管阳极接高电位，阴极接低电位时，二极管处于导通状态，电路中有较大的电流（正向电流）；二极管阴极接高电位，阳极接低电位时，二极管处于截止状态，电路中的电流（反向电流）很小。

二极管的单向导电性可通过图1.5演示。

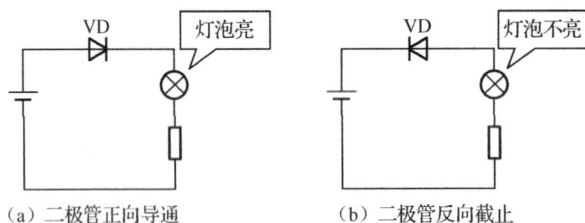

图1.5　二极管单向导电性演示

这种特性还可用逆止水阀门来模拟，如图1.6所示。

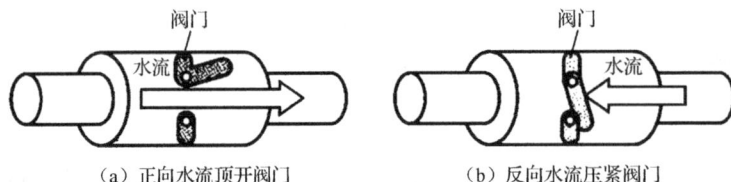

图1.6　用逆止水阀门模拟二极管单向导电性示意图

6）二极管的主要参数

二极管的主要参数见表1.3。

表 1.3 二极管的主要参数

序号	主 要 参 数	定 义	使用注意事项
1	最大整流电流 I_F	二极管长时间正常工作允许通过的最大正向平均电流	实际工作电流超过 I_F，二极管将因为电流太大而发热严重，甚至会烧坏二极管。该参数与二极管选用的材料、制作工艺及散热条件有关，在设计电路时必须考虑
2	最大反向工作电压 U_R	二极管在正常工作时所允许加的最大反向电压	为了确保二极管安全工作，通常取二极管反向击穿电压 U_{BR} 的一半作为 U_R。在选用二极管时，所加的反向电压峰值不应超过 U_R
3	反向电流 I_R	二极管处于反偏工作状态而未被击穿时的反向电流	该参数是衡量二极管单向导电性好坏的参数，二极管的反向电流越小，说明其单向导电性越好
4	最高工作频率 f_M	二极管正常工作时的最高频率	工作频率超过此值时，二极管单向导电性将下降。在高频电路中，必须选择结电容小的二极管

2. 检测二极管

检测二极管是指使用万用表对二极管的性能优劣和正负极进行检测，常用万用表有指针式和数字式两种。

1）使用指针式万用表检测二极管

使用指针式万用表检测二极管时，主要测量二极管的正、反向电阻值。用万用表欧姆挡测电阻值如图 1.7 所示，从图中可以看出：$R \times 1$ 挡，$E = 1.5V$ 时，串联的电阻值最小；$R \times 10$、$R \times 100$、$R \times 1k$ 挡，$E = 1.5V$ 时，串联的电阻值依次增大；$R \times 10k$ 挡，$E = 9 \sim 15V$ 时，串联的电阻值最大。红表笔接电源负极，黑表笔接电源正极。

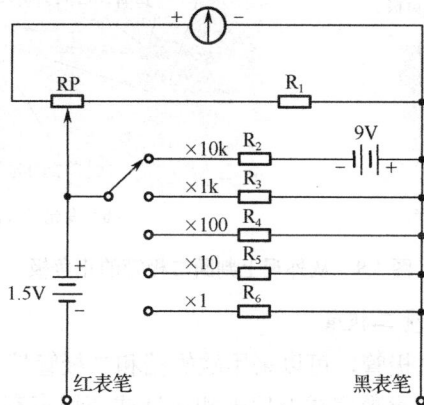

图 1.7 用万用表欧姆挡测电阻值

对于小功率管，宜使用 $R \times 100$ 或者 $R \times 1k$ 挡，不宜使用 $R \times 1$ 和 $R \times 10k$ 挡。因为 $R \times 1$ 挡的万用表内阻值最小，通过二极管的正向电流较大，可能烧毁二极管；$R \times 10k$ 挡由于万用表电池的电压较高，加在二极管两端的反向电压也较高，易击穿二极管。对于大功率管，可选 $R \times 1$ 挡。

用指针式万用表检测二极管的方法如下：使二极管处于不同方向测量两次电阻值，如果一次很大，在几百千欧以上，一次很小，在 $100 \sim 500\Omega$，说明二极管正常。如果两次测量的阻值都很大、都很小或者接近，说明二极管损坏。

对于正常的二极管，测量阻值小的那次，说明二极管处于正向导通状态，测得的电阻值为二极管的正向电阻值，此时黑表笔所接触的电极为二极管的正极，红表笔一端为负极；如果显示阻值很大，说明二极管处于反向截止状态，测得的电阻值为二极管的反向电阻值，则红表笔相连的一端为正极，黑表笔相连的一端为负极，测量结果分析见表1.4。

表1.4　指针式万用表测量二极管结果分析

序　号	测　量　结　果	结　果　分　析
1	两个方向测量值均很大	二极管开路，损坏
2	两个方向测量值均很小	二极管被击穿短路，损坏
3	一个方向测量值很小，另一个方向测量值很大	二极管正常，测量值小的一次红表笔接的是二极管的负极，黑表笔接的是二极管的正极
4	两个方向测量值很接近	失去单向导电性，损坏

注意，测量时使用万用表的不同量程，二极管的正、反向电阻值会随之变化，这是因为二极管是非线性器件，外加电压不同时，电阻值也不一样，这一点从二极管伏安特性曲线中也可以看出。

除用万用表判断极性外，还可以从外观上判断出二极管的极性。塑封二极管有圆环标志的是负极，如1N4000系列，如图1.8（a）所示。发光二极管引脚长的和接触面小的为正极，如图1.8（b）所示。

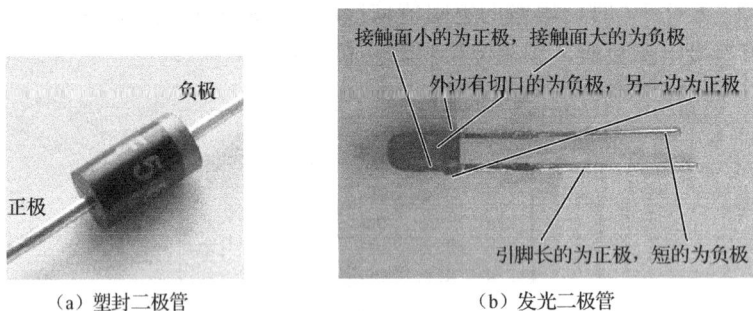

（a）塑封二极管　　　　　　　　　　（b）发光二极管

图1.8　从外观上判断二极管的正负极

2）使用数字式万用表测量二极管

使用数字式万用表测量二极管，可以采用欧姆挡和二极管挡。

使用欧姆挡测量时，要注意数字式万用表和指针式万用表有所不同。指针式万用表的红表笔接万用表内部电池的负极，黑表笔接正极。而数字式万用表的黑表笔接内部电池的负极，红表笔接正极。

欧姆挡的工作原理是由万用表内部电池对半导体送出电流，然后测量压降，所以二极管正向导通时的显示值为二极管正向压降近似值，单位为V，硅二极管为0.5~0.8V，锗二极管为0.2~0.5V。反向截止时反向电阻无穷大，显示1。

数字式万用表测量二极管结果分析见表1.5。

表 1.5　数字式万用表测量二极管结果分析

编　号	测　量　现　象	结　果　分　析
1	两个方向测量值均为 1	二极管开路，损坏
2	两个方向测量值均很小	二极管被击穿短路，损坏
3	一个方向测量值小于 1，另一个方向测量值为 1	二极管正常，测量值小的一次红表笔接的是二极管的正极，黑表笔接的是二极管的负极
4	两个方向测量值均小于 1，且很接近	失去单向导电性，损坏

除了用欧姆挡测量二极管，还可以直接用二极管挡来进行测量。

3．发光二极管

1）发光二极管的基本知识

发光二极管是一种把电能转换成光能的半导体器件，简称 LED，由磷化镓、砷化镓等半导体材料制成。发光二极管正向导通时，PN 结两侧的多数载流子直接复合释放出光能。

发光二极管按发光的颜色可分为红色发光二极管、蓝色发光二极管、黄色发光二极管、绿色发光二极管，还有三色变色发光二极管和眼睛看不见的红外线二极管；按外形可分为圆形发光二极管、方形发光二极管等；按封装方式可分为直插式和贴片式发光二极管，其中直插式发光二极管按直径不同可分为 $\phi 5$（5mm）、$\phi 8$（8mm）、$\phi 10$（10mm）等，贴片式发光二极管根据外形尺寸不同可分为 0603（1.6mm×0.8mm）、0805（2.0mm×1.2mm）、1206（3.2mm×1.5mm）、3528（3.5mm×2.8mm）、5050（5.5mm×5.0mm）等。

发光二极管可以用直流、交流、脉冲电源点亮，常用作显示器件。正常发光时，流过发光二极管的电流称为正向工作电流，一般为几毫安至十几毫安，发光强度基本上与正向电流呈线性关系。发光二极管的工作导通电压较高，正向电压为 1.5～2.5V，不同颜色、不同尺寸的发光二极管工作电压、工作电源有所不同，使用时须查找相关资料。

2）发光二极管应用实例

发光二极管应用电路如图 1.9 所示。R 为限流电阻，使用中要注意合理选用限流电阻。

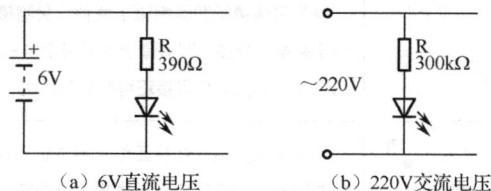

（a）6V直流电压　　　　（b）220V交流电压

图 1.9　发光二极管应用电路

例题　在图 1.9（a）中，如果发光二极管的工作电压为 1.5V，工作电流为 5～15mA，求电阻的取值范围和标称功率。

解：$R_{最大值}$＝（6-1.5）/5=0.9kΩ=900Ω

$R_{最小值}$＝（6-1.5）/15=0.3kΩ=300Ω

电阻的功率：$P_{最大值}$=4.5×4.5/0.3=67.5mW

$P_{最小值}$=4.5×4.5/0.9=22.5mW

答：电阻的取值范围为300～900Ω。可以选择标称功率为1/8W，标称值为330、360、390、430、470、510、560、620、680、750、820Ω的电阻。

二、电子产品装配工具和材料

电子产品装配是将各种电子元器件、机电元件及结构件，按照设计要求装接在规定的位置上，组成具有一定功能的完整的电子产品的过程。

1. 电子产品装配常用工具

电子产品装配中，每种工具都有专门的用途，应根据实际需求选用工具，注意使用规范，以免造成装配质量不能满足要求或损伤电子元器件，电子产品装配常用工具见表1.6。

表1.6　电子产品装配常用工具

编　号	名　　称	图　片	用途及使用注意事项
1	螺丝刀		又称起子、改锥。有十字形和一字形两种，用于拧紧螺钉。根据螺钉大小可选用不同规格的螺丝刀。但在使用时，不要用力太猛，以免螺钉滑口
2	尖嘴钳		头部较细，适用于夹小型金属零件或弯曲元器件引线，不宜用于敲打物体或夹持螺母
3	斜嘴钳		又叫斜口钳，用于剪短焊接后的线头，也可与尖嘴钳合用，剥去导线的绝缘皮
4	剥线钳		专门用于剥去导线的绝缘皮。使用时应注意将需要剥皮的导线放入合适的槽口，以免剥皮时剪断导线。剪口的槽并拢后应为圆形
5	镊子		分为尖嘴镊子和圆嘴镊子两种。尖嘴镊子主要用于夹持较细的导线，以便于装配、焊接。圆嘴镊子主要用于弯曲元器件引线和夹持元器件焊接等，用镊子夹持元器件焊接还可起散热作用
6	电烙铁		用于熔化焊锡、熔接元件。要注意日常保养和维护，新买的电烙铁和使用时间长致使烙铁头出现磨损的电烙铁，要及时进行打磨、镀锡。每次使用结束后，要镀锡并关掉电源，避免氧化
7	烙铁架		用于放置电烙铁

2. 电子产品装配常用焊接材料

1）焊料

焊料一般用熔点较低的金属和金属合金制成，最常用的就是焊锡，焊锡是一种锡铅合金，金属的配比不同，焊锡的性能（如熔点）也不同，其熔点一般为180～230℃，可用于不同的焊接场合。焊接时，一般采用有松香芯的焊锡丝。这种焊锡丝熔点较低，而且内含松香助焊剂，使用极为方便。

2）助焊剂

助焊剂主要用于清除金属表面的氧化物，既利于焊接，又可保护烙铁头。焊接较大元件或导线时，也可采用焊锡膏，但它有一定腐蚀性，焊接后应及时清除残留物。常用的助焊剂是松香或松香水（将松香溶于酒精中）。

三、电子产品设计、生产流程

电子产品给人们的生活、学习、工作带来很多便利，也带给人们很多乐趣，那么电子产品是怎么设计、制造出来的呢？下面介绍一下小型简单电子产品的设计、生产流程。

（1）需求调查。对产品使用背景、使用条件和使用者对产品的要求进行调研。

（2）设计电路原理图。找资料，设计出电路原理图，如有嵌入式器件，需要编制控制程序。

（3）功能仿真。用仿真软件进行功能仿真。

（4）电路搭试。在万能板或实验箱上进行电路搭试。

（5）确认技术方案。根据方案列出所需的元件清单，调查产品的销售途径，评估市场规模、市场潜力和可能的市场接受度，并开始塑造产品概念。分析产品的成本构成（材料、价格），要尽可能地降低成本，获得最大的效益。

（6）设计印制电路板。用设计软件设计印制电路板。

（7）PCB打样制作。由PCB厂家制作出电路板。

（8）装配样品。进行电路焊接、调试等，如果不符合规划要求，则重复上面的步骤。

（9）质量检验。对产品的可靠性和稳定性进行检验、测试。

（10）小批量测试生产。进行小批量生产和市场试销，及时发现问题并进行整改。

（11）大规模生产。根据市场反馈，进行大规模生产。

四、思维导图

1. 思维导图简介

思维导图（Mind Map）是表达发散性思维的图形思维工具，它简单却很有效，是一种实用性思维工具。

思维导图选定一个思考中心，并由此中心向外发散出成千上万个节点，每个节点代表与中心主题的一个连接，而每个连接又可以成为另一个中心主题，再向外发散出成千上万个节点，呈现出放射性立体结构。

思维导图运用图文并重的技巧，把各级主题的关系用相互隶属与相关的层级图表现出来，把主题关键词与图像、颜色等建立记忆连接。思维导图充分运用左右脑的机能，利用记忆、阅读、思维的规律，协助人们在科学与艺术、逻辑与想象之间平衡发展，从而开启人类大脑的无限潜能。

2. 思维导图的用途

思维导图可以应用在学习、生活、工作的很多方面。

可应用于计划的确定，包括工作计划、学习计划、旅游计划，计划可以按照时间或项目划分，将繁杂的日程整理清楚。

可用于复习总结。传统的笔记记录大篇的文字，内含众多无用的修饰词，不易找出重要知识点。用思维导图记录笔记可将大篇幅内容进行拆分，找到从属关系，缩减文字量，便于理解与记忆。

可用于演讲时的展示。利用思维导图可以更加快速、清晰地表达演讲者的思路，使听众更容易理解演讲者的意图。

思维导图可以手工制作，也可以通过专业思维导图制作软件 Xmind 来制作。图 1.10 是本书内容的思维导图。

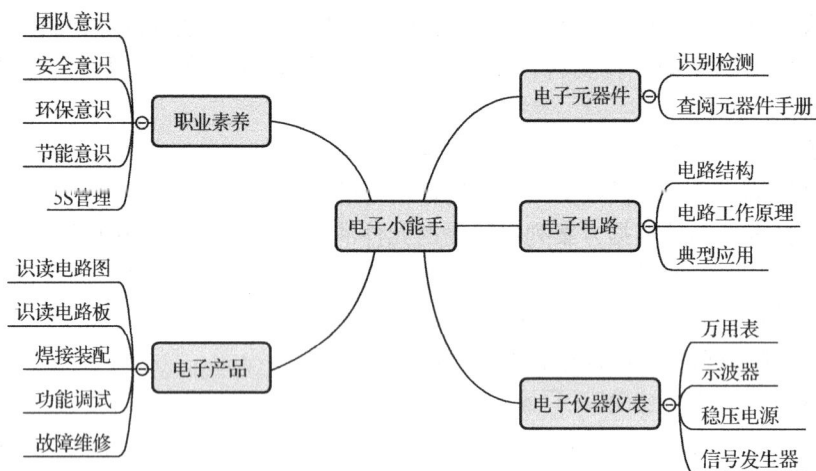

图 1.10　本书内容的思维导图

五、5S 简介

1. 5S 的基本概念

5S 是指整理（Seiri）、整顿（Seiton）、清扫（Seiso）、清洁（Seiketsu）、素养（Shitsuke），因这五项内容在日语中的发音都以"S"开头，故简称 5S。

5S 的基本理念是提高工作效率和振奋精神，须创造并保持一个有序、整洁的工作环境；一个有序、整洁的工作环境，将有助于减少浪费、减少失误并改善工作情绪；美好环境的建立和保持来自全体员工的参与和努力；环境会造就人，环境会改造人，美好的环境会促使人养成良好的习惯。

2．5S 的作用和目的

5S 的作用如下。

（1）提高效率：良好的环境和气氛、良好的人际关系，有助于员工提高工作热情，集中精力，从而提高工作效率。

（2）保证质量：整洁的工作环境有助于减少工作过程中的失误；有序的物料管理、信息资料管理，可防止混淆、错用和误判；员工养成做事认真、有序的习惯，是保证质量的基础。

（3）保证安全：有序、整洁的环境可有效防止意外事故的发生，良好的习惯是防止事故、提高安全性的首要因素。

（4）预防为主：养成良好习惯是防止失误的关键，及时整理、整顿是预先消除隐患的有效措施。

推行 5S 活动的目的：降低成本、提高效率、稳定品质、交期准时、塑造企业形象。为了提升职业素养，养成良好的工作习惯，提升就业竞争力，学生应在平时的学习中注重 5S 素养的养成。

六、电子电路仿真软件简介

1．软件功能简介

电子电路仿真是利用 EDA（Electronic Design Automation，电子设计自动化）软件的模拟功能对电路环境和电路工作过程进行仿真，该工作对应传统电子设计中的电路搭建和性能测试，设计人员将目标电路的原理图输入软件，并利用软件提供的仿真工具对电路的实际工作情况进行模拟。

电子电路仿真软件有很多种，Multisim 是应用广泛、操作简单的一种。通过该软件，可以在计算机上做电路实验。它包含电路原理图绘制、电路环境仿真设计功能，具有强大的仿真分析能力。该软件提供了多种虚拟仪器和几千种元器件，操作简单，电路搭建、仪器使用、结果显示与在实训室用实物做实验一样直观。

2．基本界面

本书以 Multisim 10 为例介绍它的基本界面。

首先双击桌面快捷图标启动软件，如图 1.11 所示。

程序运行后，会弹出如图 1.12 所示的用户界面。

用户界面中主要包括菜单栏、标准工具栏、虚拟仪器工具栏、项目管理器、电路图编辑区、状态栏等。下面介绍电路仿真中常用的部分。

菜单栏：软件的所有功能均可通过菜单栏的操作实现。

标准工具栏：包含主工具栏、元器件工具栏和仿真开关等。

虚拟仪器工具栏：包含软件中的所有虚拟仪器。

状态栏：用于显示当前的操作及鼠标指针所指条目的有关信息。

电路图编辑区：也就是工作区。该区域用于创建、编辑电路图，仿真分析，显示波形。

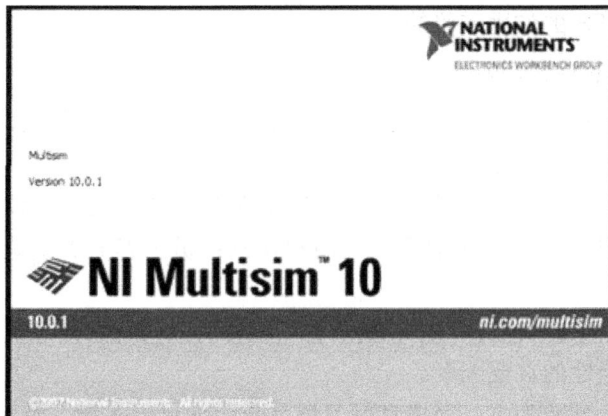

图 1.11　启动 Multisim 10

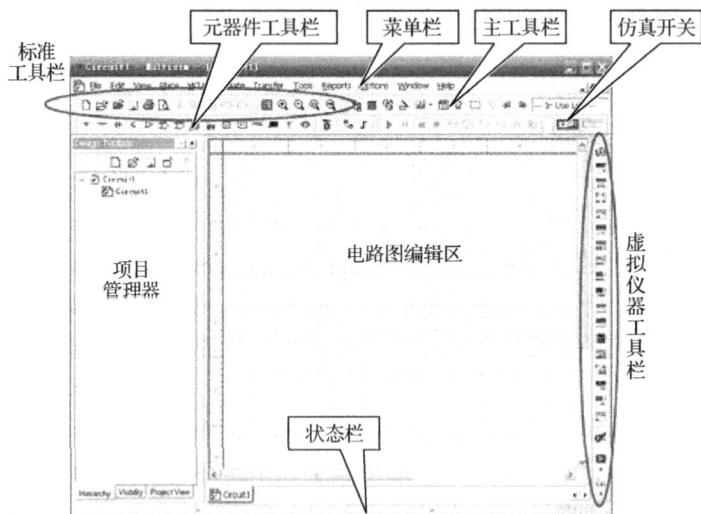

图 1.12　用户界面

在没有具体物理电路和实际测试仪器的情况下，通过该软件进行电路仿真分析，可以基本确定电路的工作性能，完成相关的电路实验、定理验证、电路分析、电路设计等工作。

学生工作页

信息收集

1．请根据收集的信息，把二极管的思维导图补充完整，如图 1.13 所示。

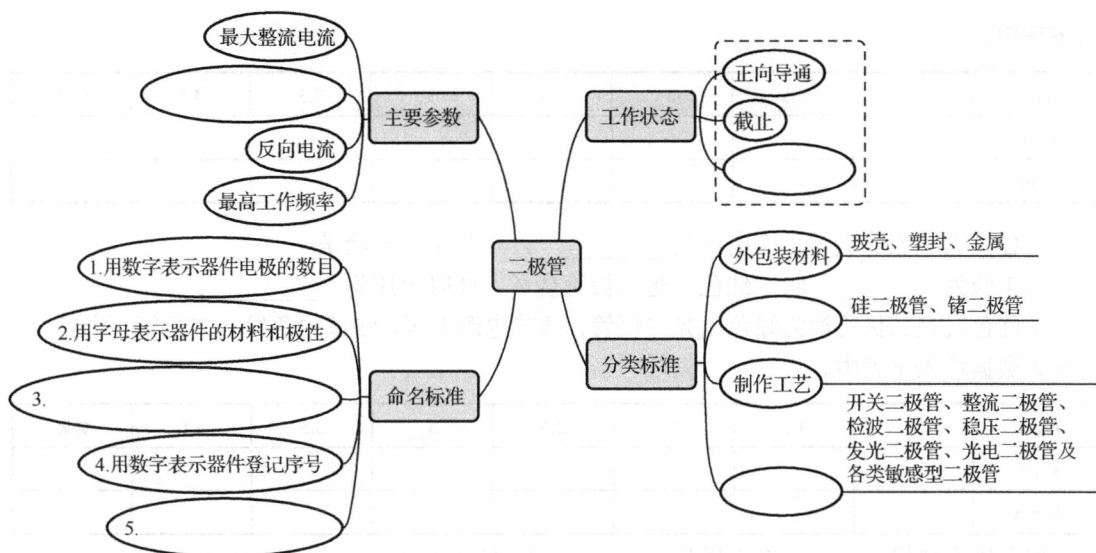

图 1.13 二极管思维导图

2．测试二极管伏安特性（图 1.14）。

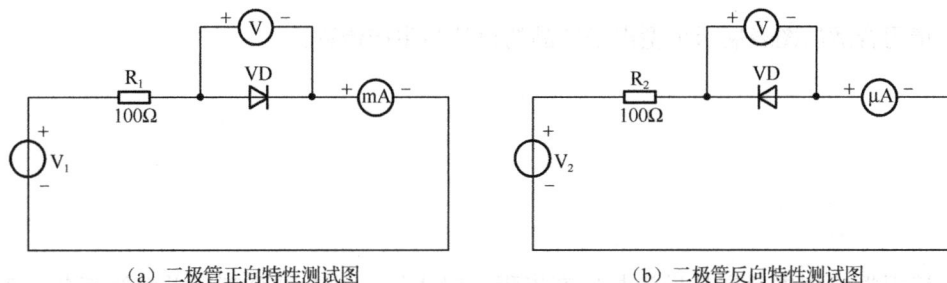

（a）二极管正向特性测试图   （b）二极管反向特性测试图

图 1.14 二极管伏安特性测试图

1）测试 1N4007 伏安特性。

（1）测试二极管正向特性。

按图 1.14（a）连接电路，调节直流电源电压，使二极管两端电压 U_D 依次为下表中所列数值，将相应的电流表数值 I_D 填入下表中。

U_D/V	0.1	0.2	0.3	0.4	0.5	0.6	0.7	0.8
I_D/mA								

（2）测试二极管反向特性。

按图 1.14（b）连接线路，调节直流电源电压，使二极管两端电压 U_D 依次为下表中所列数值，将相应的电流表数值 I_D 填入下表中。

U_D/V	−2.5	−5	−7.5	−10	−12
I_D/μA					

2）测试发光二极管正向特性。

按图 1.14（a）连接线路，调节电源电压，测试红色发光二极管正向特性，将相关数据填入下表中。

V_{CC}/V	1	1.5	2	2.5	3	3.5	4.5	烧坏
U_D/V								
I_D/mA								

红色发光二极管正常工作电压是_____，正常工作电流是_____。

当电流为_____时，红色发光二极管烧坏，此时电压为_____。

把红色发光二极管换为绿色发光二极管，调节电源电压，测试绿色发光二极管正向特性，将相关数据填入下表中。

V_{CC}/V	1	1.5	2	2.5	3	3.5	4.5	烧坏
U_D/V								
I_D/mA								

绿色发光二极管正常工作电压为_____，工作电流为_____。

分析计划

1. 请用合适的图表展示小型电子产品的设计与生产流程。

2. 请根据小型电子产品设计与生产流程，对小组成员合理分工，并填写任务分工追踪表（表1.7）。

表 1.7　任务分工追踪表

序　　号	任 务 内 容	参 加 人 员	完 成 情 况	备　　注

3. 请画出你们小组所设计 LED 徽标的元器件布局图和电路原理图，写出主要计算过程，并用软件进行仿真验证。

4. 请根据所设计电路填写领料清单（表 1.8）。

表 1.8 LED 徽标制作领料清单

编 号	元 件 名 称	数 量	规格型号（发光二极管须写出颜色）
1			
2			
3			
4			
5			

5. 请写出你们小组贯彻 5S 的具体措施。

任务实施

实施前应全面检查人员分工是否到位、材料和工具是否齐全，实施中应注意操作规范、安全，实施后应严格按照 5S 进行整理。

电路板焊接标准：电子产品的焊点大小适中、光滑、圆润、干净、无毛刺，无漏、假、虚、连焊；引脚加工尺寸及成形符合工艺要求；导线长度、剥头长度符合工艺要求，芯线完好，捻头镀锡。

装配标准：不漏装、错装，不损坏元器件；无虚焊、漏焊和桥接，焊点标准，大小均匀，表面光滑、干净；焊接面干净、无划痕；元器件的引脚成形和装插符合工艺要求。

检验评估

对本次任务进行评价（表 1.9）。

表 1.9 LED 徽标制作评价表

编 号	评价内容	分 值	评 价 标 准	评 分	备 注
1	思维导图	10	总结完整，思维清晰，描述清楚		
2	布局图及电路图	20	电路设计正确（10 分）；电路图美观，符合要求（2 分）；电路标识清楚、准确（2 分）；计算公式正确（4 分）；布局均匀美观（2 分）		
3	领料清单	10	元件名称准确（4 分），规格型号描述准确（3 分），数量与电路图对应（3 分）		

编　号	评价内容	分　值	评 价 标 准		评　分	备　注
4	制作图案	40	功能实现（20分）	显示所要求的图案		
			装配工艺（20分）	遵照电子产品焊接、装配工艺标准。不符合1处扣1分，扣完为止		
5	安全规范操作	10	工具仪表使用规范，有防护措施，无带电操作，符合5S要求			
6	团结协作	10	（1）分工明确，完成各自职责（5分） （2）互相协作（5分）			

回顾总结

通过 LED 徽标制作，你学到了哪些知识、技能和职业素养？有什么体会？

装配可调式直流稳压电源

情境描述

电源是电气、电子设备必不可少的能源供应部件，其需求日益增多。各种家用电器和电子设备中的控制电路的运行都需要稳定的直流电源，如图 2.1 所示。除了少数情况下直接利用干电池和直流发电机获得直流电，大多数情况下是利用直流稳压电源电路把交流电（市电）转变为直流电的。

图 2.1　直流电源

组装电子小产品及做实验都需要用到直流电源，为方便使用，本任务要求组装一个可调式直流稳压电源。将电网供给的交流电压（220V、50Hz）经变压器降压后，得到符合电路要求的交流电压，然后由整流电路变换成方向不变、大小随时间变化的脉动电压，再用滤波电路滤波，就可得到比较平直的直流电压。因为该直流电压还会随电网交流电压的波动或负载的变化而变化，所以需要使用稳压电路，以保证输出的直流电压稳定。同时，利用 Multisim 仿真软件对电路进行仿真调试，使装配的稳压电源的电路性能达到设计要求。本任务组装的可调式直流稳压电源如图 2.2 所示。

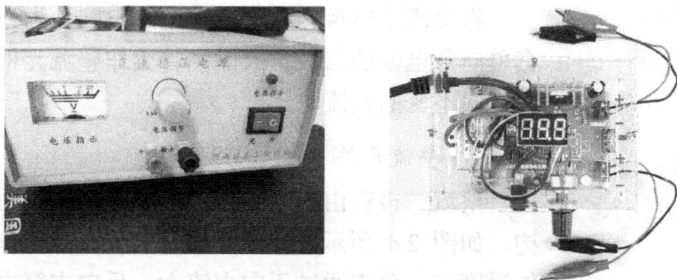

图 2.2　可调式直流稳压电源

相关知识

一、整流、滤波电路

1. 直流稳压电源的功能及组成

能为负载提供稳定直流电源的电子设备就是直流稳压电源。直流稳压电源一般由变压、整流、滤波、稳压四部分组成。直流稳压电源的供电电源大多数是交流电源，当交流供电电源的电压或负载电阻变化时，直流输出电压能始终保持稳定。图 2.3 是直流稳压电源框图。

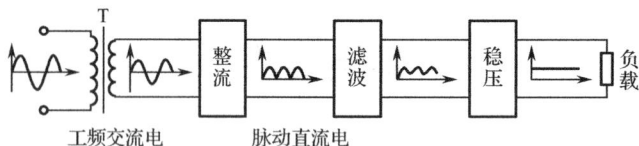

图 2.3　直流稳压电源框图

1）变压器

变压器为直流稳压电源提供所需数值的交流电压。电网提供的交流电压一般为 220V（或 380V），而次级线圈电压较低，可以降低对整流、滤波和稳压电路中所用元件的耐压要求，所以需要利用变压器将电网电压变换成所需的交流电压。

2）整流电路

整流电路把变压器降压后的交流电变换成脉动直流电。通常利用具有单向导电性的元件（如二极管、晶闸管等），将变压器输出的正负交替变化的正弦交流电压变换成单向脉动的直流电压。

3）滤波电路

滤波电路把整流后脉动较大的直流电变换成平滑的直流电。通常利用电容、电感等储能元件来滤除单向脉动电压中的谐波成分。

4）稳压电路

稳压电路能克服电网电压或负载电流变化时所引起的输出电压的变化，保持输出电压的稳定。

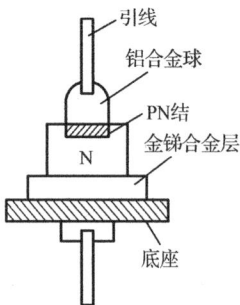

图 2.4　整流二极管的结构

2. 整流元件及电路

将交流电转换为脉动直流电的电路称为整流电路。常把具有单向导电性的二极管或晶闸管当作整流元件，将交流电变换为方向不变的直流电。

1）整流元件

整流二极管由硅半导体材料制成并采用面接触型二极管结构，如图 2.4 所示。整流二极管的特点是工作频率低、允许工作温度高、允许通过正向电流大、反向击穿电压高。整流二极管的伏安特性曲线和检波二极管的伏安特性曲线相似，不过曲线变化较陡，其起始导通电压比检波二极管大，约为 0.5V。

常用的国产低频（普通）整流二极管有 2CP1～4 系列、2DP3～5 系列、2CZ11～13 系列、2CZ55～60 系列和 2CZ80～86 系列，高频整流二极管有 2CG 系列、2CP6 系列、2CP10～20 系列、2CZ20/21 系列、2DG 系列及 2DZ2 系列。

常用的进口低频整流二极管有 1N40XX 系列、1N53XX 系列、1N54XX 系列、1S 系列和 RM 系列，进口高频整流二极管有 EU 系列、RU 系列、RGP 系列等。

整流二极管具有金属封装、塑料封装、玻璃封装及表面封装等多种形式。图 2.5 为常见整流二极管。

图 2.5　常见整流二极管

2）整流电路

整流电路主要有半波整流电路、全波整流电路和桥式整流电路三种。这里仅介绍半波整流电路和桥式整流电路。

（1）半波整流电路。

图 2.6（a）为半波整流电路，图 2.6（b）为半波整流电路各部分的波形。半波整流电路由电源变压器、整流二极管和负载电阻组成。

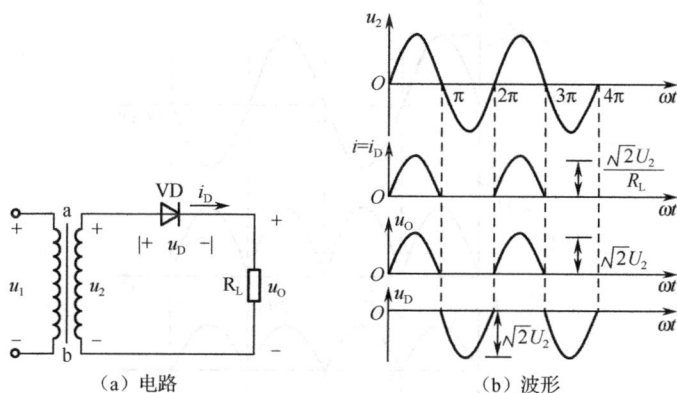

（a）电路　　　　　　　　　　（b）波形

图 2.6　半波整流电路及波形

工作原理如下：变压器把市电电压（220V、50Hz）变换为所需要的交变电压，变压器次级电压 u_2 是一个方向和大小都随时间变化的正弦波电压，在 $0～\pi$ 范围内，u_2 处于正半周，a 端为正，b 端为负。此时二极管承受正向电压而导通，u_2 通过它加在负载电阻 R_L 上。在 $\pi～2\pi$ 范围内，u_2 处于负半周，b 端为正，a 端为负。这时二极管承受反向电压而截止，电路中无电流，R_L 上无电压。这样反复变化，交流电的负半周就被"削"掉了，只有正半周通过 R_L，在 R_L 上获得了一个单方向（上正下负）的电压，达到了整流的目的。但是，负载电压 u_O 及负载电流 i_O 的大小还随时间而变化，因此，通常称它为脉动直流电。

由波形可见，该电路只在 u_2 的正半周有输出，所以称为半波整流电路。半波整流电路结构简单，使用元件少，但整流效率低，输出电压脉动大，通常只用于要求不高的场合。

（2）桥式整流电路。

为克服半波整流电路的缺点，实际应用中一般采用桥式整流电路，如图 2.7 所示，图中 VD_1、VD_2、VD_3、VD_4 四只整流二极管接成电桥形式，所以称为桥式整流电路。

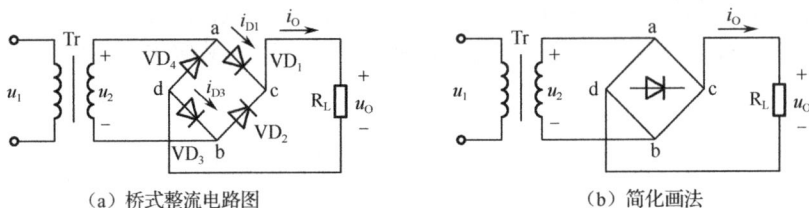

（a）桥式整流电路图　　　　　　　　　（b）简化画法

图 2.7　桥式整流电路

设变压器次级电压 $u_2=\sqrt{2}\,U_2\sin\omega t$，电压波形如图 2.8（a）所示。在 u_2 的正半周，即 a 点为正、b 点为负时，VD_1、VD_3 承受正向电压而导通，此时有电流流过 R_L，电流路径为 a→VD_1→R_L→VD_3→b。同时，VD_2、VD_4 反偏截止，负载 R_L 上得到一个半波电压，电压、电流波形如图 2.8（b）中的 0～π 段所示。若略去二极管的正向压降，则 $u_O≈u_2$。

在 u_2 的负半周，即 a 点为负、b 点为正时，VD_1、VD_3 反偏截止，VD_2、VD_4 正偏导通，此时有电流流过 R_L，电流路径为 b→VD_2→R_L→VD_4→a。这时 R_L 上得到一个与 0～π 段相同的半波电压，电压、电流波形如图 2.8（b）中的 π～2π 段所示。若略去二极管的正向压降，则 $u_O≈-u_2$。

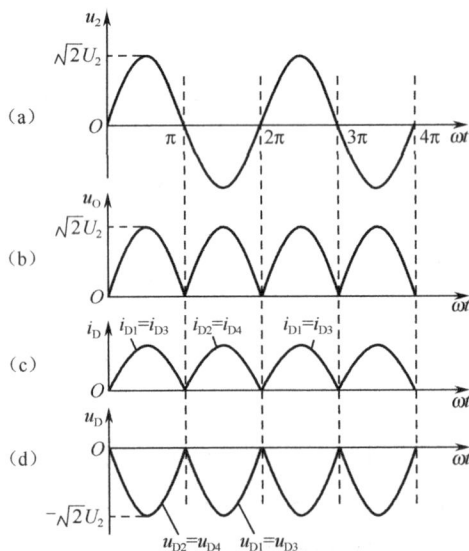

图 2.8　桥式整流电路波形

由此可见，在交流电压 u_2 的整个周期中，始终有同一方向的电流流过负载电阻 R_L，故 R_L 上得到单方向全波脉动的直流电压，因此桥式整流电路输出电压为半波整流电路的两倍，输出电压平均值为 $u_O=2×0.45U_2=0.9U_2$。在桥式整流电路中，由于每两只二极管只导通半个周期，因此流过每只二极管的平均电流仅为负载电流的一半，在 u_2 的正半周，VD_1、VD_3 导通时，可将它们看成短路，这样 VD_2、VD_4 就并联在 u_2 上，其承受的反向峰值电压为 $U_{RM} = \sqrt{2}U_2$。同理，VD_2、VD_4 导通时，VD_1、VD_3 截止，其承受的反向峰值电压也为 $U_{RM} = \sqrt{2}U_2$。二极管承受电压的波形如图 2.8（d）所示。

为方便使用，生产厂家常将整流二极管集成为整流桥堆，其外形图如图 2.9 所示。其中，标有"AC"或"～"符号的，表示与交流电源相连；标有"+"和"–"的，则表示整流输出直流电压的正极和负极。选用整流桥堆时要注意，其额定工作电流和允许的最大反向电压要满足整流电路的要求。

图 2.9 整流桥堆外形图

3．滤波元件及电路

交流电经过二极管整流之后，方向不变了，但是电流大小还在不断变化，这种脉动直流电一般是不能直接用来供电的。要把脉动直流电变成波形平滑的直流电，还需要再做一番"填平取齐"的工作，这就是滤波。也就是说，滤波的任务就是尽可能减少整流电路输出电流中的波动成分，使之变成接近恒定的直流电。

1）电容滤波

电容是储能器件。当电压加到电容两端时，电容充电，把电能储存在电容中；当失去（或降低）外加电压之后，电容就将储存的电能释放出来。充电的时候，电容两端的电压逐渐升高，直到接近外加电压；放电的时候，电容两端的电压逐渐降低，直到完全消失。电容量越大，负载电阻值越大，充电和放电所需的时间就越长。

如图 2.10 所示为单相桥式整流电容滤波电路及波形。电路中未接电容 C 时，输出电压 u_O 如图中虚线所示。接了电容 C 后，输出电压 u_O 如图中实线所示。在电压 u_2 上升期间，电源对电容充电，由于充电时间常数很小，电容充电很快，所以电容电压上升速度完全能跟上电源电压的上升速度，即 $u_C = u_2$。u_2 上升到峰值后开始下降，此时电容通过负载电阻放电，电压随之下降。因为放电时间常数为 $R_L C$，通常远大于充电时间常数，所以输出电压下降较慢，变得比较平滑。电容量越大，滤波效果越好，输出波形越趋于平滑，输出电压也越高。但是，电容量达到一定值以后，再加大电容量对提高滤波效果已无明显作用，所以应根据负载和输出电流的大小选择最佳电容量。

2）电感滤波

利用电感交流阻抗大、直流阻抗小的特点，可将带铁芯的线圈做成滤波器。电感滤波电路输出电压较低，但输出电压波动小，随负载变化也很小，适用于负载电流较大的场合。

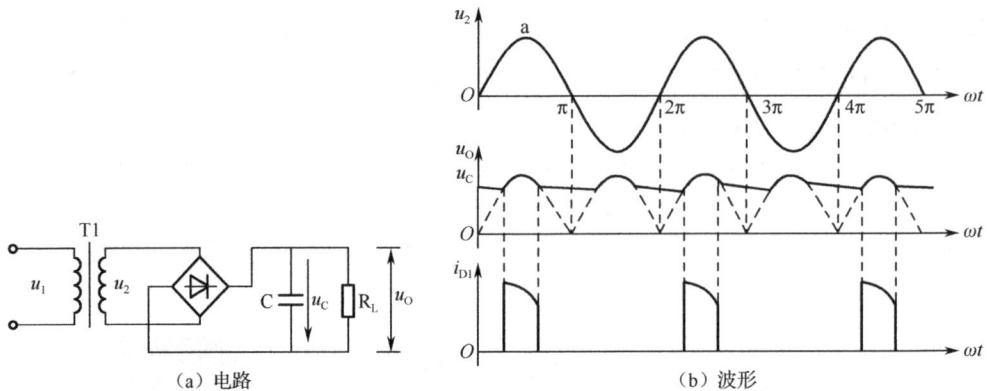

（a）电路　　　　　　　　　　　　　（b）波形

图 2.10　单相桥式整流电容滤波电路及波形

3）复式滤波

常用的复式滤波电路有 LC 型、LCπ 型和 RCπ 型 3 种形式，如图 2.11 所示。

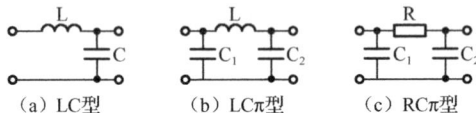

（a）LC型　　　　　（b）LCπ型　　　　　（c）RCπ型

图 2.11　复式滤波电路

这种电路把交流阻抗大的元件（如电感、电阻）与负载串联，以降低较大的纹波电压；而把交流阻抗小的元件（如电容）与负载并联，以旁路较大的纹波电流。其滤波原理与电容滤波、电感滤波类似。

二、稳压电路

滤波之后的电压依然存在波动，有时输入的电网电压也会产生波动，就会造成整流滤波电路输出的直流电压不稳定。另外，由于整流滤波电路必然存在内阻，当负载电流发生变化时，输出电压也会发生改变。如果用电器对电压稳定性要求比较高，这些波动就会影响用电器的稳定工作。为了稳定直流电压，需要在整流滤波电路之后采用稳压电路。稳压电路的作用是稳定电源电路的输出电压。

1．稳压二极管

一般二极管都是正向导通、反向截止的，如果给二极管加上反向电压且超过二极管的承受能力，二极管就会被击穿损毁。但有一种二极管，它的正向特性与普通二极管相同，而反向特性却比较特殊。当反向电压加到一定程度时，虽然二极管呈现击穿状态，通过较大电流，但不会损毁，并且这种现象的重复性很好；而且只要处在击穿状态，尽管流过二极管的电流变化很大，但二极管两端的电压变化却极小，相当于起到了稳压作用。这种特殊的二极管称为稳压二极管，简称稳压管。

稳压二极管是利用反向击穿区的稳压特性进行工作的，因此稳压二极管在电路中工作于反偏状态。稳压二极管的电路符号与伏安特性曲线如图 2.12 所示。

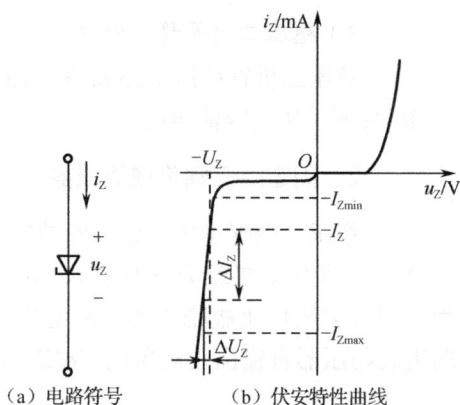

（a）电路符号　　　　（b）伏安特性曲线

图 2.12　稳压二极管的电路符号及伏安特性曲线

1）稳压二极管的种类

稳压二极管的种类很多，从封装形式上分为塑料封装稳压二极管、玻璃封装稳压二极管和金属封装稳压二极管。稳压二极管按自身消耗的功率大小分为小功率稳压二极管（1W 以下）和大功率稳压二极管。根据内部结构分为普通稳压二极管和温度互补型稳压二极管。温度互补型稳压二极管由两个二极管组成，工作时一个反向击穿，另一个正向导通，管压的变化特性正好相反，所以二者能起到互补的作用。

稳压二极管一般采用硅材料制成，硅材料的热稳定性比锗材料好得多，稳压二极管外形图如图 2.13 所示。

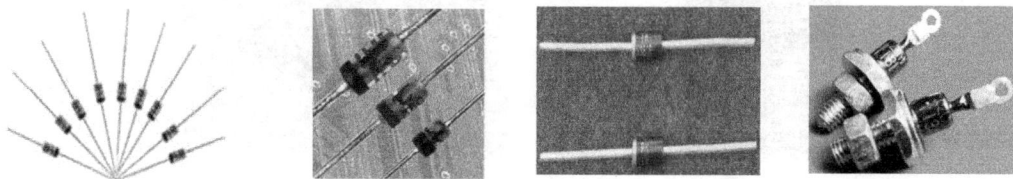

图 2.13　稳压二极管外形图

2）稳压二极管的选用及替换

稳压二极管一般在过电压保护电路中作为保护二极管或在稳压电源中作为基准电压源。使用时，稳压二极管应满足应用电路中主要参数的要求：稳压二极管的稳定电压值应与应用电路的基准电压值相同，稳压二极管的最大稳定电流应高于应用电路的最大负载电流 50%左右。在实际应用中，如果找不到稳定电压值正好符合需求的稳压二极管，可以选用稳定电压值较低的稳压二极管串联，或者稳压二极管串联一个或几个硅二极管"枕垫"，把稳定电压值提高到所需数值。稳压二极管的替换如图 2.14 所示。

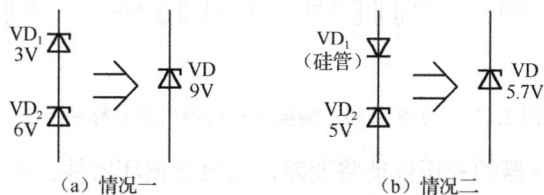

（a）情况一　　　　　（b）情况二

图 2.14　稳压二极管的替换

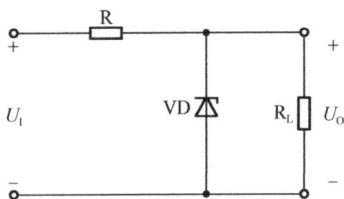

图 2.15　稳压二极管稳压电路

3）稳压二极管稳压电路

稳压二极管稳压电路如图 2.15 所示。稳压管 VD 与负载 R_L 并联，R 为限流电阻。

2．固定式三端集成稳压器

稳压二极管稳压电路虽然结构简单，但如果负载电阻变化较大，稳压效果就会有所下降。在对电源电压稳定性要求比较高的直流稳压电源电路中，稳压器件常采用集成稳压器。常见的三端集成稳压器可分为固定式和可调式两类。固定式三端集成稳压器有输出正电压的 78XX 系列和输出负电压的 79XX 系列（简称 78/79 系列）。

用 78/79 系列三端集成稳压器组成稳压电源电路，所需的外围元件很少，电路内部还有过流、过热及调整管的保护电路，使用起来可靠、方便，价格便宜。78/79 系列中的 XX 表示集成稳压器的输出电压值，以 V 为单位。如 7805 表示输出电压为+5V，7912 表示输出电压为-12V。每类稳压器电路输出电压有 5V、6V、7V、8V、9V、10V、12V、15V、18V、24V 等，能满足大多数电子设备所需要的电源电压。中间字母通常表示电流的等级，输出电流一般分为 3 个等级：100mA（78LXX/79LXX）、500mA（78MXX/79MXX）、1.5A（78XX/79XX）。后缀英文字母表示封装形式与输出电压容差等。78/79 系列三端集成稳压器如图 2.16 所示。

图 2.16　78/79 系列三端集成稳压器

78/79 系列三端集成稳压器引脚号标注方法如图 2.17 所示。

1 脚为最高电位，3 脚为最低电位，2 脚电位居中。从图 2.17 中可以看出，不论正压还是负压，2 脚均为输出端。对于 78XX 正压系列，输入电位最高，即 1 脚；地端为最低电位，即 3 脚。对于 79XX 负压系列，输入电位最低，即 3 脚；而地端为最高电位，即 1 脚。

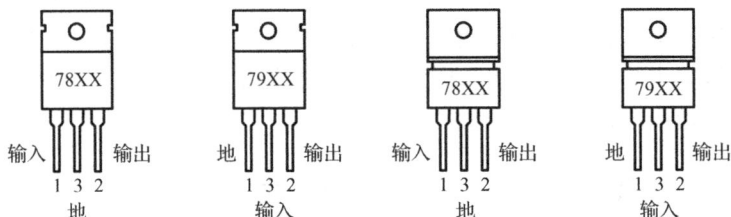

图 2.17　78/79 系列三端集成稳压器引脚号标注方法

当温度过高时，稳压器的稳压性能将变差，甚至会损坏器件。所以在实际应用中，应在三端集成稳压器电路中安装足够大的散热片（小功率的条件下可不用）。注意，散热片总是和最低电位的 3 脚相连。因此，在 78XX 系列中，散热片和地相连；而在 79XX 系列中，散热片和输入端相连。

78XX 系列三端集成稳压器的典型应用电路如图 2.18 所示，C_i、C_o 分别为输入端和输出端滤波电容，R_L 为负载电阻，VD 为保护二极管。

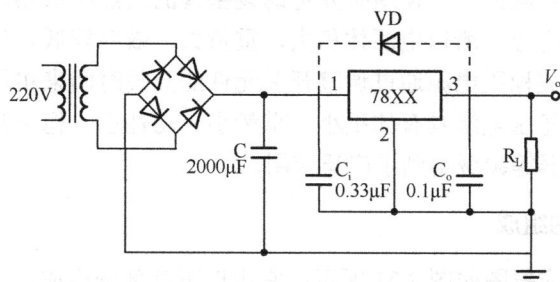

图 2.18　78XX 系列三端集成稳压器的典型应用电路

3. 可调式三端集成稳压器

可调式三端集成稳压器 W317（正输出）、W337（负输出）的最大输入、输出电压差为 40V，输出电压为 1.2～35V（或者-1.2～-35V）且连续可调，输出电流为 0.5～1.5A，最小负载电流为 5mA，输出端与调整端之间的基准电压为 1.25V，调整端静态电流为 50μA。LM317 外围电路很简单，加接可调电阻即可组成基本电路。LM317 内置了过载保护、安全区保护等多种保护电路，使用时要注意功耗问题及散热问题。

LM317 外形及引脚如图 2.19 所示。

LM317 有三个引脚，一个是输入 Vin，一个是输出 Vout，一个是电压调节 Adj。输入引脚输入正电压，输出引脚接负载，电压调节引脚一路通过电阻（200Ω 左右）接输出引脚，另一路通过可调电阻（几千欧）接地。输入和输出引脚对地接滤波电容。

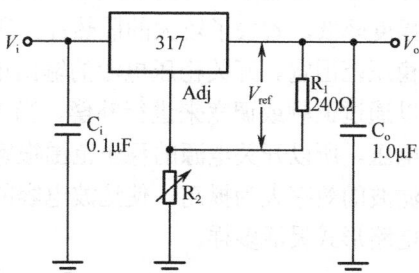

317 系列三端集成稳压器基本应用电路如图 2.20 所示。输出端与调整端之间的基准电压为 V_{ref}=1.25V。电容 C_i 有利于提高纹波抑制能力，C_o 可消除振荡。

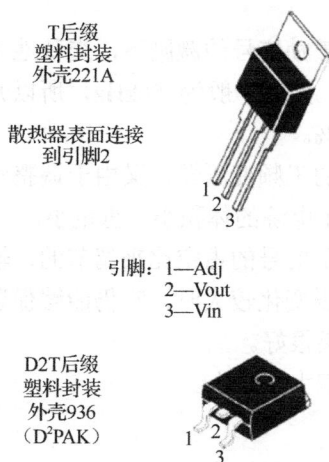

T后缀
塑料封装
外壳221A

散热器表面连接
到引脚2

引脚：1—Adj
　　　2—Vout
　　　3—Vin

D2T后缀
塑料封装
外壳936
（D²PAK）

图 2.19　LM317 外形及引脚　　　图 2.20　317 系列三端集成稳压器基本应用电路

三、开关稳压电源

上述稳压电源因为管耗很大,使用时要考虑调整管的发热和散热问题,而且必须使用电源变压器、较大的滤波电容,所以电源体积大,重量大,效率较低。为了克服以上缺点,可采用开关稳压电源。开关稳压电源通过调整开关元件的开关时间来实现稳压,它的调整元件工作在开关状态。开关稳压电源具有体积小、重量小、功耗小、稳压范围宽等特点,目前在计算机、通信、家用电器等领域得到了广泛应用。

1. 开关稳压电源的组成

开关稳压电源的组成框图如图 2.21 所示,它由以下几部分组成。

(1)主电路:包括输入滤波、整流滤波、逆变、输出整流滤波。

(2)控制与保护电路。

(3)检测与显示电路:除了提供保护电路所需的各种参数,还提供各种显示数据。

(4)辅助电源。

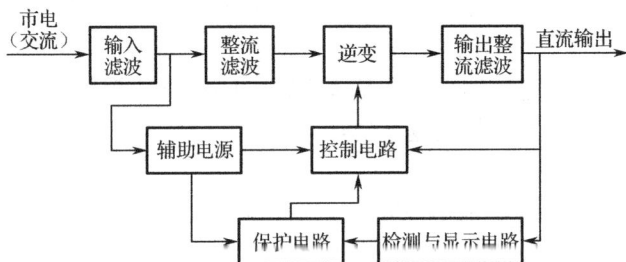

图 2.21　开关稳压电源的组成框图

2. 开关稳压电源的优点和缺点

1)开关稳压电源的优点

(1)功耗小,效率高。开关稳压电源中的开关管在激励信号的激励下,交替地工作在导通—截止和截止—导通的开关状态。因为转换速度很快,频率一般为 50kHz,所以开关管的功耗很小,电源的效率得到大幅提高,其效率可达到 80%。

(2)体积小,重量小。开关稳压电源没有使用笨重的工频变压器,又由于调整管上的耗散功率大幅度降低,省去了较大的散热片,所以开关稳压电源的体积小,重量小。

(3)稳压范围宽。开关稳压电源的输出电压是由激励信号的占空比来调节的,输入电压的变化可以通过调频或调宽来进行补偿。当工频电网电压变化较大时,它仍能够保证有较稳定的输出电压。所以开关电源的稳压范围很宽,稳压效果很好。

(4)滤波的效率大为提高,使滤波电容的容量和体积大幅减小。

(5)电路形式灵活多样。

2)开关稳压电源的缺点

开关稳压电源的缺点是存在较为严重的开关干扰,这些干扰会串入工频电网,使附近的其他电子仪器、设备和家用电器受到严重的干扰。

3．开关稳压电源的工作原理

图 2.22 是串联式开关稳压电源的基本电路。220V 电网电压经整流、滤波后，得到直流电压 U_I，加到开关调整管 V_1 上，V_1 在控制电路的作用下处于开关状态：当 V_1 饱和导通时，因为储能电感 L 的存在，I_{ce} 线性增大，I_{ce} 给负载供电，给滤波电容 C 充电，同时在 L 中储能；当 V_1 截止时，在 L 中产生右正左负的感应电动势，使续流二极管 VD 导通，给负载 R_L 供电，并给 C 充电。电容 C 有平滑输出电压的作用，VD 有延续电流的作用，故称续流二极管。输出电压变化时，控制电路自动调整开关调整管 V_1 的导通时间，从而调整占空比，间接调整了输出电压，最终达到稳压输出的目的。

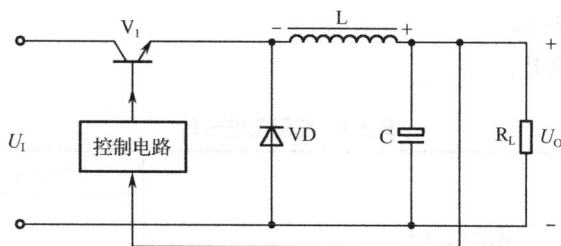

图 2.22　串联式开关稳压电源的基本电路

四、技术文件

技术文件是电子整机产品研究、设计、试制与生产实践经验积累所形成的一种技术资料，也是产品生产、使用和维修的基本依据。在电子整机产品规模生产的制造业中，技术文件具有生产法规的效力，必须执行统一的标准和规范管理，不允许随意更改。技术文件应具有完备性、权威性和一致性。技术文件可分为设计文件和工艺文件两大类。设计文件主要是在研究、设计过程中形成的技术文件，这里主要介绍工艺文件。

工艺文件是组织和指导生产、开展工艺管理等的各种技术文件的总称。它是产品加工、装配、检验的技术依据，也是企业组织生产、产品经济核算、质量控制和生产者加工产品的主要依据。工艺文件是根据设计文件，结合企业的生产大纲、生产设备、生产布局和工人技能等实际情况而制定的最合理的产品加工过程和加工方法的文件。其主要作用是为生产提供必要的资料、工艺方法和流程，为保证产品质量提供检测方法和计量仪器等。

工艺文件一般包含封面、目录、路线表、配套明细表、装配工艺卡片、工艺说明及简图卡、更改通知单等。

工艺文件的封面在工艺文件装订成册时使用。简单的设备可以按整机装订成册，复杂设备可按分机单元装订成若干册。填写时，在"共 X 册"栏填写工艺文件的总册数，在"第 X 册"栏填写该册在全套工艺文件中的序号，在"共 X 页"栏填写该册的总页数，在"型号""名称""图号"栏分别填写产品型号、名称、图号，在"本册内容"栏填写该册主要内容；最后由相关人员（单位技术负责人）执行批准手续，并填写批准日期。

装订成册的工艺文件通常应编写目录，以反映产品工艺文件的齐套性。填写时，"产品型号""产品名称""产品图号"栏与封面的"型号""名称""图号"栏保持一致；"拟制""审核"栏由相关职能人员签署姓名和日期；在"更改"栏填写更改事项；在"底图总号"栏，由企业技术归档部门在接收底图时填写文件的基本底图总号；在"旧底图总号"栏填写被本底图所代替的旧底图总号；在"文件代码"栏填写文件的简号，不必填写文件的名称；其余各栏按标题填写。

草图是设计产品时所绘制的原始资料，它是供生产和设计部门使用的一种临时性设计文件，草图可以徒手绘制。

原图是供描绘底图用的设计文件。

底图是确定产品的基本凭证，它是用于复制的设计文件，如用硫酸纸绘制的底图、印制底图等都属于设计类底图。

工艺文件格式通用栏是各种工艺文件格式的表头、标题栏及登记栏的统称，用于填写产品名称、产品图号、编号等。

表 2.1 为装配工艺卡片。

表 2.1 装配工艺卡片

装配工艺卡片			工序名称		产品名称	
			插装及焊接		三端集成稳压电源	
					产品型号	
工序号	装入件及辅材代号、名称、规格			数量	插装工艺要求	
1	R1、R2	金属膜电阻	RJ114-2.2k±1%	2	贴板卧式安装	
2	C1、C2	电解电容	CC1-25V-1000μF±20%	2	立式安装，引脚高度 1～2mm	
3	C5、C6	电解电容	CC1-25V-470μF±20%	2	立式安装，引脚高度 1～2mm	
4	C3、C4	瓷片电容	CC1-100V-104P±20%	3	立式安装，引脚高度 3～5mm	
5	D1～D6	二极管	1N4007	6	贴板卧式安装	
6	LED1、LED2	发光二极管	LED	2	立式安装，引脚高度 3～5mm	
7	U1	稳压集成块	L7809CV	1	立式安装，引脚高度 5～7mm	
8	U2	稳压集成块	L7909CV	1	立式安装，引脚高度 5～7mm	
9	P1、P2	接线座	含螺母（3 孔）	2	贴板安装	
10	S1、S2	选择开关	单刀双掷	2	贴板安装	
焊接工艺要求：符合通用手工焊接规范，焊点整洁、圆润、光滑，无虚焊、漏焊、冷焊、毛刺等现象。剪脚整齐，引脚末端留存 0.5～1mm						

旧底图总号	更改标记	数量	更改单号	签名		签名	日期	第　页
				拟制				
				审核				共　页
底图总号								
				标准化				第　册 第　页

五、电子产品焊接装配流程

电子产品焊接装配流程包括以下几个环节：前期准备、元器件检测、元器件整形、电路板检查、元器件安装、元器件焊接、通电检查、功能调试、产品检验。每个环节都必须严格遵守操作规程。

1. 前期准备

任务实施前应仔细阅读任务书，明确工作任务，理解产品的工作原理，规划工作流程，准备相关工具和仪器，整理好工作台。

2. 元器件检测

根据元器件列表，进行元器件数量核准和质量检测，保证元器件无缺漏，元器件型号、性能符合产品要求，同时熟悉元器件的极性、引脚等。

3. 元器件整形

（1）上锡。如果元器件引脚氧化或有杂质，需要用工具去除并上锡。导线须用剥线钳剥去绝缘层，多股导线须捻紧、上锡。

（2）成形。所有元器件引线均不得从根部弯曲，一般应留 1.5mm 以上。弯曲可使用尖嘴钳和镊子，或者借助圆棒。弯曲一般不要弯成死角，圆弧半径应大于引线直径 1～2 倍。要尽量将有字符的元器件面置于容易观察的位置。

4. 电路板检查

焊接、装配前要对电路板进行检查，主要检查电路板表面是否有杂物、印迹、氧化，焊盘是否脱落，导线是否翘起等。对出现的问题要进行处理，如擦拭清洗、跨接导线等。

5. 元器件安装

电子元器件种类繁多，外形不同，引出线也多种多样，实际应用中必须根据产品结构、装配密度、产品的使用方法和要求来决定如何安装，一般须遵循以下原则。

（1）元器件安装顺序一般为先低后高、先小后大、先轻后重、先中心再四周、先一般元器件后特殊元器件。

（2）元器件的标记方向应满足图纸规定的要求，安装后应能看清元器件上的标记。若装配图上没有指明方向，则应使标记向外，并按从左到右、从下到上的顺序读出。

（3）安装高度应符合规定要求，同一规格的元器件应尽量安装在同一高度上。元器件在印制电路板上的分布应尽量均匀、疏密一致，排列整齐、美观，不允许斜排、立体交叉和重叠排列。

（4）元器件外壳和引线不得相碰，要保证 1mm 左右的安全间隙，无法避免时，应套绝缘套管。元器件的引线与印制电路板上的焊盘孔之间应有 0.2～0.4mm 的合理间隙。

（5）发热元器件不允许贴板安装，安装较大的元器件时应采取绑扎、粘固等措施。

6．元器件焊接

元器件焊接是电子产品装配中的一项基本功，是保证电路工作可靠的重要环节。除掌握焊接的基本技术外，还要注意以下事项。

（1）防静电。焊接时应佩戴防静电手环。

（2）焊剂挥发出的化学物质对人体有害，如果操作时鼻子距离烙铁头太近，则很容易将有害气体吸入。一般烙铁头与鼻子之间的距离应不小于 30cm，以 40cm 为宜。

（3）铅是对人体有害的重金属，由于焊丝中含有一定比例的铅，因此操作时应戴手套或操作后洗手，避免食入。

7．通电检查

切忌焊接装配完成后直接通电，通电前必须进行外观检查及短路检查，否则会造成电子产品或设备仪器损坏，还可能引发危险事故。

（1）目测检查。可使用带灯放大镜检查有无漏焊、错焊、虚焊、桥接等，检查有极性、方向的元器件是否安装正确，如有极性电容、半导体元件、集成块等。

（2）触动检查。可用手指触动、镊子拨动、拉线等，检查有无导线断线、焊盘剥离等缺陷。

（3）短路检查。用万用表检查电源输入端和输入信号端有无短路现象。

8．功能调试

按照产品功能说明及电路图进行调试，使其性能指标满足使用要求。

9．产品检验

按照质量标准和技术文件要求，对产品进行自检和互检，使产品达到质量标准。

六、电子产品维修方法

电子产品在安装、使用过程中，经常会出现各种各样的故障问题，需要通过维修使其正常工作。专业维修人员应具备扎实的理论知识和一定的逻辑推理能力，以及丰富的实践经验；除此之外，还要有充足的硬件资源，如原理图、配件、参考资料等。电子产品故障千变万化，要根据不同的故障采用不同的维修方法。

1．直观法

通过人的眼睛或其他感觉器官发现故障、排除故障。该方法是最基本的检查故障的方法之一，实施过程中应遵循先简单后复杂、先外面后里面的原则。用直观法检修时主要分三个步骤。

（1）打开机壳前的检查。主要观察电器的外表、按键、插口、连线有无损坏。

（2）打开机壳后的检查。主要观察线路板及机内各种装置是否有熔断、相碰、断线等现象，电阻有无烧焦、变色，电解电容有无漏液、变形，印制板上的焊点、铜箔是否良好等。

（3）通电后的检查。观察电器内部有无打火冒烟现象，听有无异常声音，闻有无焦糊味，手摸管子、集成电路等是否烫手，如有应立即关机。

2．电阻法

利用万用表欧姆挡测量电器的集成电路、晶体管各引脚和各单元电路的对地电阻值，以及各元器件自身的电阻值来判断故障。电阻法分为在线电阻测量和脱焊电阻测量。进行在线电阻测量时，因为被测元器件与其他支路相连，所以所测阻值会比元器件的标称值小，不可能大于标称值，若大于标称值，则说明被测元器件存在故障。脱焊电阻测量是将被测元器件一端或将整个元器件从印制板上脱焊下来，再用万用表电阻挡测量的方法，该方法虽然操作烦琐，但测量结果准确可靠。

3．电压法

通过测量电子线路或元器件的工作电压，并与正常值进行比较来判断故障。该方法是最基本、最常用的方法，需要测量的电压有各级电源电压、晶体管的各级电压及集成电路各引脚电压等。电压偏离正常值较多的地方往往是故障所在的部位。

学生工作页

信息收集

1．请把下列二极管 D1～D4、D5～D8 连成桥式整流电路。

2．如果图 2.23 所示电路出现下列故障，请问会有什么现象？

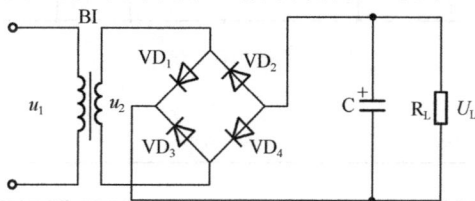

图 2.23　题 2 图

（1）VD_1 接反。

（2）VD_1 开焊。

（3）VD_1 被击穿短路。

3．连接下列元器件，组成桥式整流电容滤波电路。

4．直流稳压电源电路仿真（表 2.2）。

表2.2 直流稳压电源电路仿真

编号	任 务 内 容	评 价 标 准
1	画出稳压二极管稳压电路图 XMM1 3　R₁ 100Ω V₁ 12V D₁ 02BZ2.2　R₂ 100Ω　1 0	（1）软件打开正确（2分） （2）文件创建、打开正确（3分） （3）能准确找到元器件（3分） （4）能正确修改元器件参数（2分） （5）会正确使用导线连接元器件（3分） （6）能准确找到测量仪器仪表（2分） （7）能将仪器仪表正确接入电路（5分）
2	改变输入电压，填写下表 直流输入电压：1V 2V 4V 7V 10V 12V 输出电压：	（1）表格内的值每正确测出一个得1分（5分） （2）练习认真（4分）
3	用仿真软件画出7805构成的直流稳压电源电路 XSC1 XFG1 D₁ 1N4007 D₃ 1N4007 U1 LM7805CT LINE VREG VOLTAGE COMMON D₂ 1N4007 D₄ 1N4007 C₁ 470µF C₂ 470µF R₁ 100Ω	（1）文件创建、打开正确（5分） （2）能准确找到元器件（5分） （3）能正确修改元器件参数（5分） （4）会正确使用导线连接元器件（5分） （5）能准确找到测量仪器仪表（5分） （6）能将仪器仪表正确接入电路（5分）
4	按下表要求进行测量 输入电压/V：5 8 10 12 输出电压/V： 输入50Hz、10V的正弦波信号，画出电路的输入波形、整流滤波之后的波形、稳压之后的波形，用万用表测量输出电压为_____V，是_____（直流、交流）电压	每个波形5分，每空2分

续表

编号	任 务 内 容	评 价 标 准
5	用仿真软件画出 317 构成的直流稳压电源电路 	完成电路连接，功能调试正常（7分）
6	调节电位器，使输出电压为下表中所列电压，填写对应的电位器位置 <table><tr><td>输出电压/V</td><td>1.5</td><td>4</td><td>6</td><td>9</td><td>15</td><td>18</td><td>30</td></tr><tr><td>电位器位置</td><td></td><td></td><td></td><td></td><td></td><td></td><td></td></tr></table>	每空 1 分
7	学习体会	
得分	合计	

5．搭建直流稳压电源电路。

1）元器件识别、筛选与检测（30分）。

准确清点和检查全套装配材料的数量和质量，进行元器件的识别与检测，填写表2.3。

表 2.3　元器件识别与检测

元 器 件	识别及检测内容			配 分	评分标准	得 分
电阻器 2 只	色环（最后一位为误差）	标称值（含误差）		每空 2 分 共 6 分	检测错不得分	
	红橙红橙棕					
	R_1	标称值	挡位			
电容器	C_1	容量值/μF	耐压值/V	每空 2 分 共 4 分	检测错不得分	
	C_2	容量值/μF	介质	每空 4 分 共 8 分	检测错不得分	

元 器 件		识别及检测内容			配　　分	评 分 标 准	得　　分
二极管	VD₁	正向电阻	反向电阻	挡位	每空 2 分 共 6 分	检测错不得分	
稳压二极管	DZ	正向电阻	反向电阻	挡位	每空 2 分 共 6 分	检测错不得分	

2）电子电路的调试（70 分）。

（1）桥式整流电路搭建及功能实现（35 分）。

参考电路原理图，在模拟电子线路实验箱上搭建桥式整流电路。负载电阻为 1kΩ。

将 6V 交流信号输入电路，在示波器上显示输入信号波形，填写表 2.4。

表 2.4　输入信号波形及挡位

记录示波器波形（6 分）	示波器挡位（每个 1 分）
	时间挡位（SEC/DIV）： 周期： 幅度挡位（VOLTS/DIV）： 峰–峰值：

在示波器上显示负载上的电压波形，填写表 2.5。

表 2.5　负载电压波形及挡位

记录示波器波形（6 分）	示波器挡位（每个 1 分）
	时间挡位（SEC/DIV）： 周期： 幅度挡位（VOLTS/DIV）： 峰–峰值：

（2）滤波电路搭建及功能实现（22 分）。

在桥式整流电路之后接上滤波电容 C_1 和 C_2，用万用表测量电路输入信号电压为____V，万用表选用_____（直流挡、交流挡）的____V 挡；测量滤波后的电压为____V，万用表选用_____（直流挡、交流挡）的____V 挡。

画出滤波之后的电压波形（表 2.6）。

表 2.6　滤波之后的电压波形及挡位

记录示波器波形（6 分）	示波器挡位（每个 1 分）
	时间挡位（SEC/DIV）： 周期： 幅度挡位（VOLTS/DIV）： 峰-峰值：

（3）稳压电路搭建及功能实现（13 分）。

按图 2.24 所示电路原理图搭建电路，测量滤波电容两端电压为____V，万用表选用____（直流挡、交流挡）的____V 挡；测量负载电阻 R_L 两端电压为____V，万用表选用_____（直流挡、交流挡）的____V 挡。

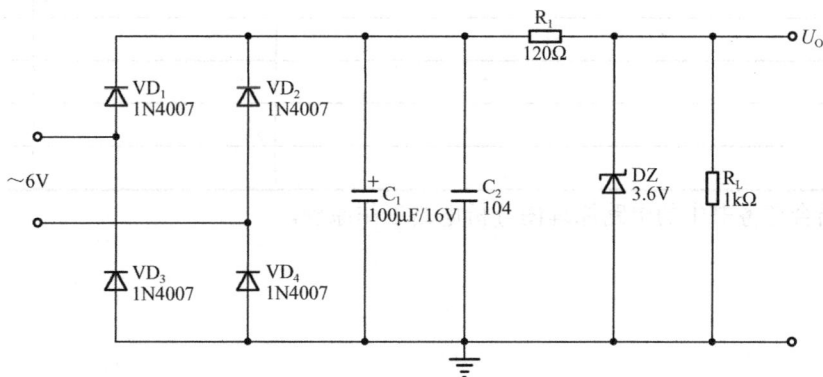

图 2.24　电路原理图

6．找出图 2.25 所示稳压电路的错误之处，并画出正确的连接电路。

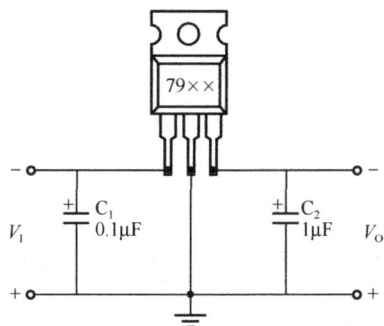

图 2.25　题 6 图

分析计划

1. 通读装配任务书后，你认为需要准备哪些工具？还要做好哪些准备工作？

2. 请结合任务书按照电子产品设计与生产流程填写任务计划表（表 2.7）。

表 2.7　任务计划表

序　号	任 务 内 容	计 划 用 时	备　注

3. 请结合任务书中的电路原理图分析电路工作原理。

4. 请写出 PCB 板上所有元器件的安装顺序。

5．请写出你们小组贯彻 5S 的具体措施。

任务实施

完成可调式直流稳压电源的安装与调试。

可调式直流稳压电源产品说明

1．功能说明

可调式直流稳压电源将电网供给的交流电压（220V、50Hz）经电源变压器降压后，得到符合电路需求的交流电压，然后由整流电路变换成方向不变、大小随时间变化的脉动电压，再用滤波器滤波，就可得到比较平直的直流电压。

2．电路功能简介

可调式直流稳压电源由变压、整流、滤波、稳压四部分组成（图 2.26）。其工作原理如下。

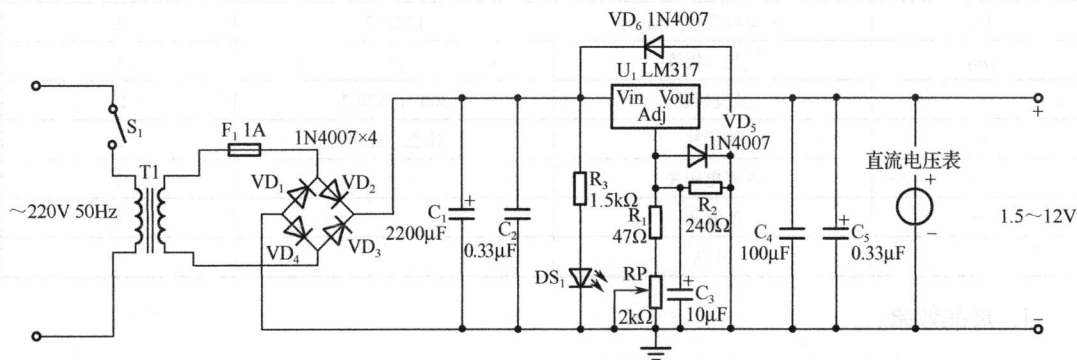

图 2.26　可调式直流稳压电源电路图

可调式直流稳压电源是以三端可调式集成稳压器 LM317 为核心器件的一种应用广泛的直流稳压电源。这种稳压电源结构简单，稳压性能较高（输出电压实际偏差≤±2%），输出电压可以在一定范围内连续调节。输入端接 220V 交流电，经变压器 T_1 降压至 14V 后进入整流滤波电路，将得到的脉动直流电作为 LM317 的输入信号。LM317 的输出电压调节范围是 1.2～37V，当 RP 阻值为 0 时，经上拉电阻 R_1 将输出电压从 1.2V 提高到 1.5V。调整可调电阻 RP 的阻值，就可改变输出电压的大小，而且输出电压不会随着输入电压的变化而变化。在调整端接一滤波电容 C_3，能得到比固定式三端稳压器高得多的纹波抑制比。电路中的输出电容 C_4、C_5 能改变瞬态响应。

3．元器件清单（表2.8）

表2.8　元器件清单

元器件编号	元器件名称	规 格 参 数	数 量
CT-H	电源插头	2A/250V	1
S_1	电源开关	2A/250V	1
T_1	变压器	电流1.2A，次级电压14V	1
F_1	熔丝	1A/250V	1
F_1外壳	熔丝外壳	250V	1
$VD_1\sim VD_4$	整流二极管	1N4007，1A/250V	4
VD_5、VD_6	保护二极管	1N4007，1A/250V	2
C_1	电解电容	CC1，2200μF/25V	1
C_2	电容	CC4，0.33μF/400V	1
C_3	电解电容	10μF/25V	1
C_4	电解电容	100μF/25V	1
C_5	电容	0.33μF	1
R_1	电阻	1/8W，47Ω	1
R_2	电阻	1/8W，240Ω	1
R_3	电阻	1/8W，1.5kΩ	1
RP	可调电阻	1/8W，2kΩ	1
U_1	三端可调稳压器	LM317	1
DS_1	发光二极管	$\phi 5$	1
—	多股导线	300V，VW-1	10
—	接线柱	黑色、红色	2
—	直流电压表	—	1
—	PCB板	—	1
—	外壳	—	1

4．成品效果

1）前面板（图2.27）

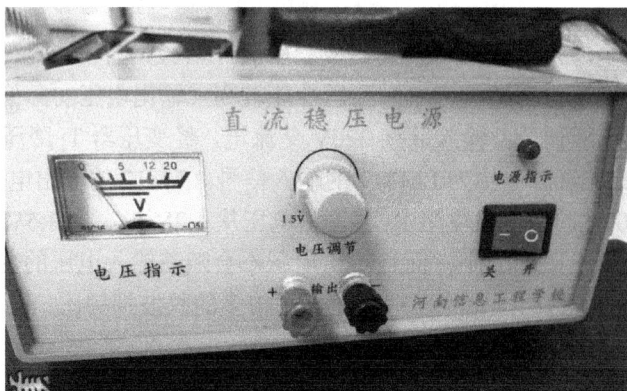

图2.27　可调式直流稳压电源前面板

2）后面板（图 2.28）

图 2.28　可调式直流稳压电源后面板

3）内部装配（图 2.29）

图 2.29　可调式直流稳压电源内部装配

4）元器件与印制电路板的连接示意图（图 2.30）

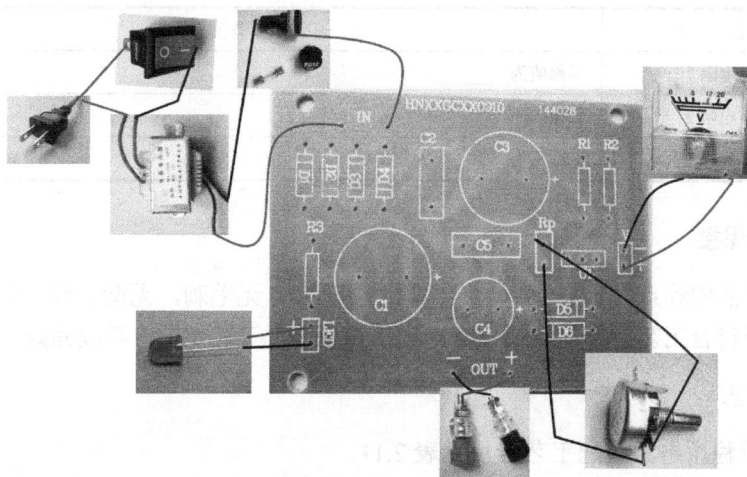

图 2.30　元器件与印制电路板的连接示意图

可调式直流稳压电源安装与调试任务书

1. 元器件的选择与测试

根据图 2.26 所示电路图，从所给的元器件中选出电路所需的元器件，按表 2.9 中的要求进行识读和测试，填写识读、测试结果；对电路未用到的元器件按表 2.10 中的要求进行识读和测试，填写相应结果。

表 2.9 可调式直流稳压电源元器件清单

序 号	名 称	代 号	识读与测试结果
1	电阻	R_1	测量值为_____kΩ，选用的万用表挡位是_____
2	电阻	R_2	测量值为_____kΩ，选用的万用表挡位是_____
3	可调电阻	RP	画出电路符号、外形图并标明标称值：
4	电容	C_1	长引脚为_____极，耐压值为_____V
5	电容	C_3	长引脚为_____极，耐压值为_____V
6	电容	C_4	长引脚为_____极，耐压值为_____V
7	电容	C_2	容量标称值是_____；检测质量时，应选用万用表的_____挡位，测量结果为_____
8	电容	C_5	容量标称值是_____；检测质量时，应选用万用表的_____挡位，测量结果为_____
9	二极管	VD_1、VD_2、VD_3、VD_4、VD_5、VD_6	检测质量时，应选用的万用表挡位是_____；反向截止的那次测量中，黑表笔所接的是____极，所测得的阻值是_____
10	发光二极管	DS_1	长引脚为___极；检测质量时选用的万用表挡位是_____，红表笔接二极管____极测量时，发光二极管可发光
11	稳压集成块	U_1	画出外形图并标明引脚名称：

表 2.10 筛选后多余的元器件

序 号	名 称	识读与测试结果
1	电阻 1	标称值为_____
2	电阻 2	标称值为_____
3	可调电阻	标称值为_____，测量值为_____

2. 电路板焊接

要求电子产品的焊点大小适中、光滑、圆润、干净、无毛刺，无漏、假、虚、连焊；引脚加工尺寸及成形符合工艺要求；导线长度、剥头长度符合工艺要求，芯线完好，捻头镀锡。

3. 装配工艺

可调式直流稳压电源装配工艺卡片见表 2.11。

表 2.11　可调式直流稳压电源装配工艺卡片

装配工艺卡片				工序名称	产品名称
				插装及焊接	可调式直流稳压电源
					产品型号
工序号	装入件及辅材代号、名称、规格			数量	插装工艺要求
1	R_1	金属膜电阻	RJ114-47Ω±1%	1	贴板卧式安装
	R_2	金属膜电阻	RJ114-240Ω±1%	1	贴板卧式安装
	R_3	金属膜电阻	RJ114-1.5kΩ±1%	1	贴板卧式安装
2	$VD_1 \sim VD_6$	二极管	1N4007	6	贴板卧式安装
3	C_2、C_5	瓷片电容	0.33μF±20%	2	立式安装，引脚高度为1～2mm
4	C_4	电解电容	100μF±20%	1	立式安装，引脚高度为1～2mm
5	C_3	电解电容	10μF±20%	1	立式安装，引脚高度为1～2mm
6	C_1	电解电容	CC1-25V-2200μF±20%	1	立式安装，引脚高度为1～2mm
7	U_1	稳压集成块	LM317	1	竖直安装，贴板
8	—	导线	—	10	插焊
9	RP	可调电阻	2kΩ	1	前面板安装，螺帽固定，导线勾焊
10	DS_1	发光二极管	LED	1	前面板安装，502固定，导线搭焊
11	—	直流电压表	—	1	前面板安装，502固定，导线搭焊
12	—	接线柱	—	2	前面板安装，螺帽固定，导线搭焊
13	S_1	开关	—	1	前面板安装，502固定，导线搭焊
14	—	保险座	—	1	后面板安装，螺帽固定，导线搭焊
15	T_1	变压器	—	1	底座安装，自攻丝固定，导线搭焊
16	—	电源线	—	1	后面板安装，胶棒固定，导线搭焊

焊接工艺要求：符合通用手工焊接规范，焊点整洁、圆润、光滑，无虚焊、漏焊、冷焊等现象。剪脚整齐，引脚末端留存0.5～1mm

装配注意事项：

（1）熟悉印制电路板上的元器件。

（2）在印制电路板上依次进行元器件的安装，按工艺要求对元器件的引脚进行成形加工。

（3）按焊接工艺要求对元器件进行焊接，直到所有元器件焊接完为止。

（4）安装LM317时，要先用螺钉固定好散热片，再进行插装、焊接。

（5）要求：

① 不漏装、错装，不损坏元器件。

② 无虚焊、漏焊和桥接，焊点标准，大小均匀，表面光滑、干净。

③ 焊接面干净无划痕。

④ 元器件的引脚成形和插装符合工艺要求。

4．电路测试

1）调试并实现可调式直流稳压电源电路基本功能

（1）变压器电路工作正常。

（2）整流电路工作正常。

（3）滤波电路工作正常。

（4）稳压电路工作正常。

（5）调节电路工作正常。

2）检测

PCB 板装接完毕，检查无误后，用万用表测量电路的电源两端，若无短路，方可通电测试。

（1）测量印制电路板输入端电压为＿＿＿＿＿＿＿V。

（2）使用示波器测量 LM317 输入端电压波形信号，记录波形参数并填写表 2.12。

表 2.12　LM317 输入端电压波形

记录示波器波形	T28 频率
	频率：

（3）将可调电阻阻值调至最小，测量输出电压为＿＿＿＿＿＿＿＿＿V。

（4）将可调电阻阻值调至最大，测量输出电压为＿＿＿＿＿＿＿＿＿V。

5．整机测试

按照整机安装效果图组装完成后，进行以下测试。

（1）使用万用表欧姆挡测量电源插头，阻值应为＿＿＿＿＿＿Ω。

（2）插好电源后开机，电源指示灯应＿＿＿＿＿＿（亮或灭），电压表指针会＿＿＿＿＿＿（摆动或不摆动）。

（3）用万用表＿＿＿＿＿＿＿＿挡测量黑、红接线柱两端。

（4）调节可调电阻，用万用表测量输出端，调节空载输出电压为 6V，接入 100Ω 负载电阻，测量输出电压为＿＿＿＿＿＿＿V；接入 1MΩ 负载电阻，测量输出电压为＿＿＿＿＿＿V。

（5）调节可调电阻，使输出电压分别为 3、6、9、12、15V，在可调电阻旁画出相应的挡位刻度线。

（6）你的表头刻度线准吗？如果不准，误差为多少？

检验评估

按照表 2.13 所列标准对本次任务进行评价。

表 2.13　任务评价表

编　号	评价内容	分　值	评价标准		评　分	备　注
1	电路仿真	10	软件使用熟练，能正确选择元器件及虚拟设备			
2	电路原理	20	原理分析正确			
3	元器件筛查	10	元器件名称准确（4分），规格型号描述准确（3分），数量与电路图对应（3分）			
4	制作可调式直流稳压电源	40	功能实现(20分)	输出正常		
			装配工艺(20分)	见表 2.11。不符合 1 处扣 1 分，扣完为止		
5	安全规范操作	10	工具仪表使用规范，有防护措施，无带电操作，符合 5S 要求			
6	团结协作	10	（1）分工明确，完成各自职责（5分）　（2）互相协作（5分）			

回顾总结

通过装配可调式直流稳压电源，你学到了哪些知识、技能和职业素养？

制作迎宾器

情境描述

迎宾器又称感应门铃，安装在一些商场、店铺、饭店、办公室门口，宾客一进门就报出"你好，欢迎光临"等语音，不仅起到了礼貌问候的作用，而且起到了提醒店员有人进店，准备迎宾的作用。

迎宾器是利用三极管放大电路制作而成的电子产品，三极管是非常重要的一种半导体器件，应用非常广泛。某学校电子专业为提升学生的专业技能，激发学生的学习兴趣，打算利用实训课组织一次安装、调试迎宾器大赛，并选出优秀的作品在全校进行展览。

相关知识

一、三极管认知及检测

1. 认识三极管

1）常见三极管外形（图 3.1）

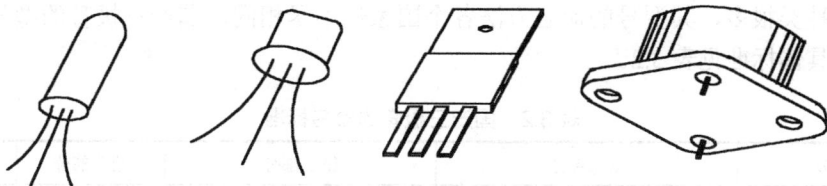

图 3.1　常见三极管外形

2）三极管的结构和符号

三极管是在一块半导体基片上制作两个相距很近的 PN 结，两个 PN 结把整块半导体基片分成三部分，中间部分是基区，两侧分别是发射区和集电区，排列方式有 PNP 和 NPN 两种。其结构及电路符号如图 3.2 所示，文字符号为"VT"。从三个区分别引出对应的电极，分别称为集电极 c、基极 b、发射极 e。发射区与基区之间的 PN 结称为发射结，集电区与基区之间的 PN 结称为集电结。电路符号中对应的箭头表示发射结加正偏电压时的电流方向。

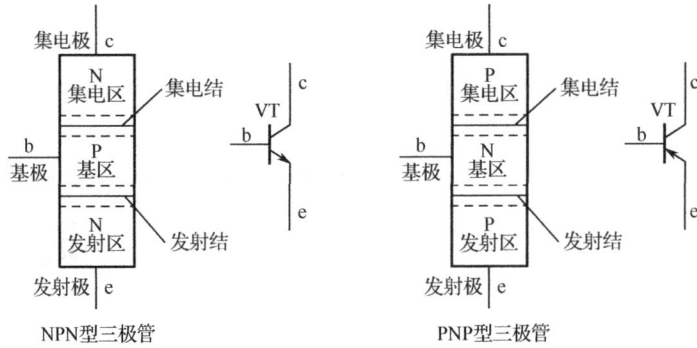

图 3.2　三极管的结构及电路符号

3）三极管的分类

三极管的种类很多，分类方法也有多种，见表 3.1。

表 3.1　三极管的分类

分 类 方 法	种　类	应　用
按极性分	NPN 型三极管	目前常用的三极管，电流从集电极流向发射极
	PNP 型三极管	电流从发射极流向集电极
按材料分	硅三极管	热稳定性好，是常用的三极管
	锗三极管	反向电流大，受温度影响较大，热稳定性差
按工作频率分	低频三极管	工作频率比较低，用于直流放大、音频放大电路
	高频三极管	工作频率比较高，用于高频放大电路
按功率分	小功率三极管	输出功率小，用于功率放大器末前级
	大功率三极管	输出功率较大，用于功率放大器末级（输出级）
按用途分	放大管	应用在模拟电子电路中
	开关管	应用在数字电子电路中

4）三极管的命名标准

三极管种类很多，其型号的命名方法各个国家也不尽相同。国产三极管的型号一般由五部分组成，具体标准见表 3.2。

表 3.2　国产三极管的命名标准

第一部分		第二部分		第三部分		第四部分	第五部分
用数字表示 器件电极数目		用字母表示三极管 材料和极性		用字母表示 三极管类型		用数字 表示序号	
符号	意义	符号	意义	符号	意义		用字母表 示规格号
3	三极管	A	PNP 型锗材料	X	低频小功率	反映参数的 差别	
		B	NPN 型锗材料	G	高频小功率		
		C	PNP 型硅材料	D	低频大功率		
		D	NPN 型硅材料	A	高频大功率		
		E	化合物材料				

5）三极管的电流放大特性

三极管最基本、最重要的特性是电流放大。也就是说，三极管能以基极电流微小的变化量控制集电极电流较大的变化量。要实现这一功能，必须给三极管的发射结加正向偏置电压，给集电结加反向偏置电压，三极管供电示意图如图 3.3 所示。

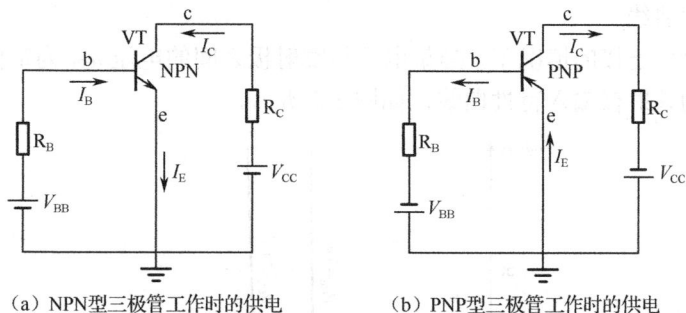

（a）NPN型三极管工作时的供电　　　　（b）PNP型三极管工作时的供电

图 3.3　三极管供电示意图

为了进一步了解三极管的电流放大作用，可以通过一个电流测试实验加以说明，实验电路如图 3.4 所示。

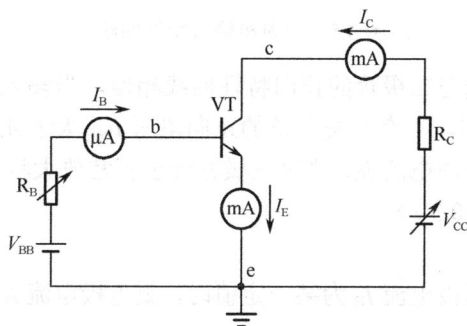

图 3.4　三极管电流测试实验电路

在该电路中，b、e 之间加电源电压 V_{BB}，c、e 之间加电源电压 V_{CC}，且 $V_{CC} > V_{BB}$，以满足发射结正偏、集电结反偏的要求。通过调节电位器 R_B 的阻值，可调节基极的偏置电压，从而调节基极电流 I_B 的大小。每取一个 I_B 值，从毫安表中可读取对应的集电极电流 I_C 和发射极电流 I_E，实验数据见表 3.3。

表 3.3　三极管三个电极对应电流值

I_B/mA	0.01	0.02	0.03	0.04	0.05
I_C/mA	0.56	1.14	1.74	2.33	2.91
I_E/mA	0.57	1.16	1.77	2.37	2.96

分析实验数据，可以得出以下两个重要结论。

集电极电流与基极电流之间的关系：$I_C = \beta I_B$，即三极管具有电流放大作用。

三个电极电流之间的关系：$I_E = I_B + I_C$，即发射极电流等于基极电流与集电极电流之和。

6）三极管的特性曲线

三极管外部各极电压和各极电流的关系曲线称为三极管的特性曲线，又称伏安特性曲线。通常有输入特性曲线和输出特性曲线，可由晶体管特性图示仪直接测得，最常用的共发射极特性曲线可以用描点法绘出。

（1）输入特性曲线。

在三极管共射极连接的情况下，当集电极与发射极之间的电压 u_{CE} 为定值时，u_{BE} 和 i_B 之间的关系曲线称为共射极输入特性曲线，如图 3.5 所示。

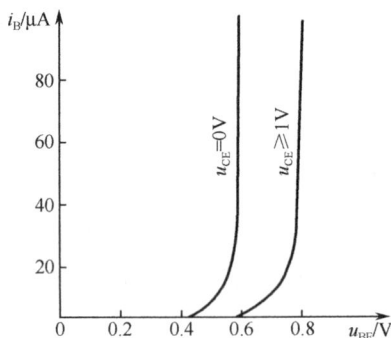

图 3.5　共射极输入特性曲线

三极管的输入特性曲线与二极管的正向特性曲线相似，当输入电压 u_{BE} 较小时，基极电流 i_B 也很小，通常近似为零。只有当发射结的正向电压 u_{BE} 大于死区电压（硅管约为 0.5V，锗管约为 0.2V）时才产生基极电流 i_B，这时三极管处于正常放大状态，发射结两端电压为 u_{BE}（硅管约为 0.7V，锗管约为 0.3V）。

（2）输出特性曲线。

输出特性曲线是指当基极电流 I_B 为某一定值时，集电极电流 I_C 与集电极电压 U_{CE} 之间的关系曲线。

输出特性曲线可分为截止区、饱和区、放大区三个区域，如图 3.6 所示。

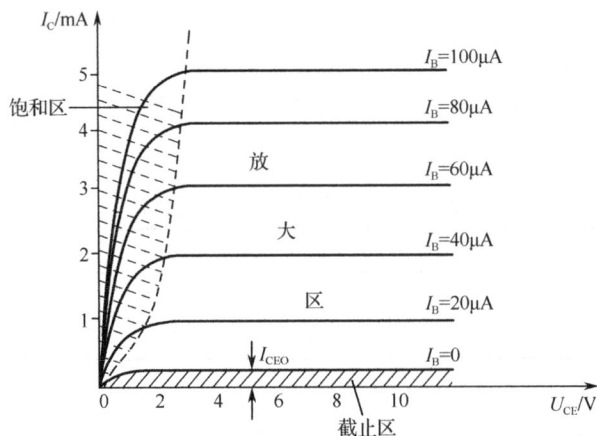

图 3.6　三极管的输出特性曲线

① 截止区：指 $I_B=0$ 曲线以下的区域。在此区域内，三极管的发射结和集电结都处于反向偏置状态，三极管失去了放大作用，集电极只有微小的穿透电流 I_{CEO}，一般可忽略不计，

认为截止时 I_C 近似为零。

② 饱和区：在此区域内，不同 I_B 值的输出特性曲线几乎重合在一起。也就是说，U_{CE} 较小时，虽然 I_C 增加，但 I_C 增加不大，即 I_B 失去了对 I_C 的控制能力。这种情况称为三极管饱和。饱和时，三极管的发射结和集电结都处于正向偏置状态。三极管集电极与发射极间的电压称为集-射饱和压降，用 V_{CES} 表示。V_{CES} 很小，通常中小功率硅管的 V_{CES} 约为 0.3V，锗管约为 0.1V。

③ 放大区：在此区域内，三极管的发射结处于正向偏置状态，集电结处于反向偏置状态。特性曲线近似于一簇平行等距的水平线，I_C 的变化量与 I_B 的变化量基本保持线性关系，即 $\Delta I_C = \beta \Delta I_B$，且 $\Delta I_C \gg \Delta I_B$。也就是说，在此区域内，三极管具有电流放大作用。此外，集电极电压对集电极电流的控制作用也很弱，当 $U_{CE} > 1V$ 时，继续增大 U_{CE}，I_C 几乎不再增大。此时，若 I_B 不变，则三极管可以看成一个恒流源。

从上述分析可以看出，三极管工作在饱和或截止状态时，具有"开关"作用，可在数字电子电路中作为开关管使用；三极管工作在放大状态时，可用在模拟电子电路中起放大作用。

7）三极管的主要参数

（1）性能参数。

① 直流电流放大系数 h_{FE}：三极管集电极电流与基极电流的比值，即 $h_{FE} = I_C/I_B$，反映三极管的直流电流放大能力。

② 交流电流放大系数 β：三极管集电极电流的变化量与基极电流的变化量之比，即 $\beta = \Delta I_C/\Delta I_B$，反映三极管的交流电流放大能力。

③ 同一只三极管，在相同的工作条件下 $h_{FE} \approx \beta$，应用中不再区分，均用 β 来表示。选管时，β 值应恰当，β 值太小，放大作用差；β 值太大，性能不稳定。通常选用 β 值为 30～100 的管子。

④ 集电极与基极间的反向饱和电流 I_{CBO}：发射极开路时，反向饱和电流 I_{CBO} 越小，集电结的单向导电性越好。

⑤ 集电极与发射极间的反向饱和电流 I_{CEO}：基极开路时（$I_B=0$），C、E 极间的反向电流。该电流看起来像是从集电极直接穿透三极管到达发射极的电流，故又称"穿透电流"。$I_{CEO} = (1+\beta)I_{CBO}$，它反映了三极管的稳定性。选管子时，$I_{CEO}$ 越小，管子受温度影响越小，工作越稳定。

（2）极限参数。

① 集电极最大允许电流 I_{CM}：集电极电流过大时，三极管的 β 值要降低，一般规定 β 值下降到正常值的 2/3 时的集电极电流为集电极最大允许电流。使用时，一般 $I_C < I_{CM}$，否则管子易被烧毁。选管时，$I_{CM} \geqslant I_C$。

② 集电极与发射极间的反向击穿电压 $U_{(BR)CEO}$：基极开路时，加在 C、E 极间的最大允许电压。使用时，一般 $U_{CE} < U_{(BR)CEO}$，否则易造成管子被击穿。选管时，$U_{(BR)CEO} \geqslant U_{CE}$。

③ 集电极最大允许耗散功率 P_{CM}：集电极消耗功率的最大限额。根据三极管的最高温度和散热条件来规定最大允许耗散功率 P_{CM}，要求 $P_{CM} \geqslant I_C U_{CE}$。$P_{CM}$ 的大小与环境温度有密切关系，环境温度升高，P_{CM} 减小。对于大功率管，常在管子上加散热器或散热片，以降低环境温度，从而增大 P_{CM}。工作时，$I_C U_{CE} < P_{CM}$，否则管子会因过热而损坏。选管时，$P_{CM} \geqslant I_C U_{CE}$。

2．检测三极管

1）用指针式万用表检测三极管

（1）判断基极 B 和管子类型。

选择万用表 $R \times 100$ 或 $R \times 1k$ 挡。用黑表笔接一引脚（假定其为基极 B），红表笔分别接另外两引脚，测得两个电阻值。

① 如两个阻值均为小数值，则管子为 NPN 管，黑表笔接触的为基极 B，假定正确。

② 如两个阻值均为无穷大，则管子为 PNP 管，黑表笔接触的为基极 B，假定正确。

③ 如一个阻值为无穷大，另一个为小数值，则假定错误，须重新假定，直到找到基极为止。

（2）判断集电极 C 和发射极 E。

将万用表置于 $R \times 1k$ 挡（以 NPN 管为例），红表笔接基极以外的引脚，左手拇指与中指将黑表笔与基极以外的另一引脚捏在一起，同时用左手食指触摸余下的引脚，这时表针应向右摆动。将基极以外的两引脚对调后再测一次。两次测量中，表针摆动幅度较大的那一次，黑表笔所接为集电极，红表笔所接为发射极。表针摆动幅度越大，说明被测三极管的 β 值越大。

2）用数字式万用表检测三极管

利用数字式万用表不仅可以判别三极管引脚极性、测量管子的共发射极电流放大系数 h_{FE}，还可以鉴别硅管与锗管。由于数字式万用表电阻挡的测试电流很小，所以不适于检测三极管，应使用二极管挡或 h_{FE} 挡进行测试。

（1）判断三极管基极 B。

将数字式万用表置于二极管挡，红表笔任接某个引脚，用黑表笔依次接触另外两个引脚，如果两次显示值均小于 1V 或都显示溢出符号"OL"或"1"，则红表笔所接的引脚就是基极 B。如果在两次测试中，一次显示值小于 1V，另一次显示溢出符号"OL"或"1"（视不同的数字式万用表而定），则表明红表笔接的引脚不是基极 B，应更换其他引脚重新测量，直到找出基极 B 为止。

（2）判断集电极 C 和发射极 E。

基极 B 确定后，用红表笔接触基极，黑表笔依次接触另外两个引脚，如果显示屏上的数值为 $0.600 \sim 0.800V$，则所测三极管属于硅 NPN 型中、小功率管。其中，显示数值较大的一次，黑表笔所接引脚为发射极 E。如果显示屏上的数值为 $0.400 \sim 0.600V$，则所测三极管属于硅 NPN 型大功率管。其中，显示数值大的一次，黑表笔所接的引脚为发射极 E。

用红表笔接基极 B，黑表笔先后接触另外两个引脚，若两次都显示溢出符号"OL"或"1"，则调换表笔测量，即黑表笔接触基极 B，红表笔接触另外两个引脚，若显示数值都大于 0.400V，则表明所测三极管属于硅 PNP 型，此时数值大的那次，红表笔所接的引脚为发射极 E。

注意：用数字式万用表测量时，若显示屏上的显示数值都小于 0.400V，则表明所测三极管属于锗管。

二、共发射极放大电路

放大电路就是利用三极管的电流放大特性，把微弱的电信号放大成较强电信号的电路。放大电路是使用最广泛的电路之一，也是构成各种电路的基本单元电路。放大电路的种类很多，其中最基本的放大电路是由单个三极管组成的放大电路。

1．电路构成及各元件作用

1）共发射极放大电路的组成

共发射极放大电路如图 3.7 所示。由于该电路以三极管发射极作为交流输入、输出回路的公共端，因此称为共发射极放大电路，简称共射放大电路。

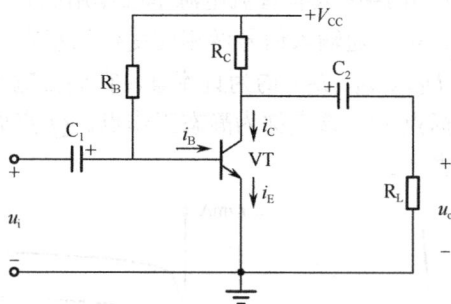

图 3.7　共发射极放大电路

2）各元件作用

各元件作用见表 3.4。

表 3.4　共发射极放大电路中各元件作用

序　号	名　称	作　用
1	电源 V_{CC}	放大电路的能源，为输出信号提供能量，并保证发射结处于正向偏置状态、集电结处于反向偏置状态，使三极管工作在放大区。V_{CC} 取值一般为几伏到几十伏
2	三极管	放大电路的核心元件。利用三极管在放大区的电流控制作用，即 $i_C = \beta i_B$ 的电流放大作用，将微弱的电信号进行放大
3	集电极电阻 R_C	三极管的集电极负载电阻，它将集电极电流的变化转换为电压的变化，实现电路的电压放大作用，阻值一般为几千欧到几十千欧
4	基极电阻 R_B	设置静态工作点，保证三极管工作在放大状态，阻值一般取几十千欧到几百千欧
5	耦合电容 C_1、C_2	起隔直流、通交流的作用。在信号频率范围内，认为容抗近似为零，所以分析电路时，在直流通路中将电容视为开路，在交流通路中将电容视为短路。一般采用十几微法到几十微法的有极性的电解电容

3）放大器中电压、电流符号及正方向的规定

从图 3.7 中可以看出，在放大电路中，既有输入信号源 u_i 产生的交流量，又有直流电源 V_{CC} 产生的直流量。因此，为避免分析电路时出现符号上的混淆，特作如下规定。

（1）电压、电流符号规定见表 3.5。

表 3.5　电压、电流符号规定

物　理　量	表　示　符　号
直流量	大写字母带大写下标，如 U_{BE}、U_{CE}、I_B、I_C
交流量	小写字母带小写下标，如 i_c、i_b、v_{be}
交直流叠加量	小写字母带大写下标，如 i_B、i_C、i_E、u_{BE}、u_{CE}
交流分量的有效值	大写字母带小写下标，如 I_b、I_c、I_e、U_{be}、U_{ce}

（2）电压、电流的正方向。

电压用+、−表示，电流用箭头表示。

4）静态工作点

在基本放大电路中交流量、直流量共存，工作状态有静态和动态两种。静态是指没有交流信号输入（即输入端短路），电路中只有直流电源单独作用的直流工作状态。动态是指有交流信号输入，电路中的电压、电流随输入信号做相应变化的状态。放大电路在静态时，三极管各极的电压、电流（U_{BE}、U_{CE}、I_B、I_C）均为直流量，它们在输入、输出特性曲线上可以确定为一个如图 3.8 所示的坐标点 Q，该点称为静态工作点。Q 点处的直流电流、电压一般用 I_{BQ}、I_{CQ}、I_{EQ}、U_{BEQ}、U_{CEQ} 表示。

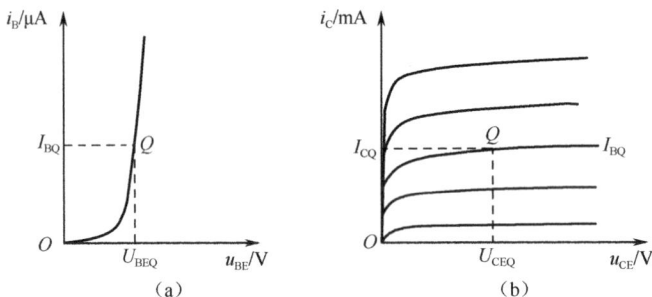

图 3.8　特性曲线上的静态工作点

假设共发射极放大电路的基极偏置电阻 R_B 开路，$I_B=0$，则静态工作点 Q 就在如图 3.8（b）所示的坐标原点上。如果这时输入正弦波信号 u_i，则在 u_i 的正半周期，发射结正偏，当正向电压大于三极管的死区电压时，产生基极电流 i_B；在 u_i 的负半周期，发射结反偏，基极电流 $i_B=0$。这时会出现失真，波形如图 3.9（a）所示。这种由于三极管非线性造成的失真称为放大电路的非线性失真。

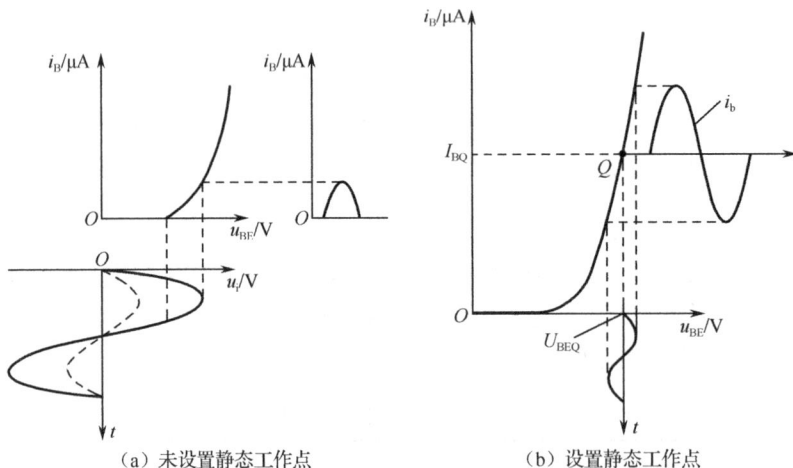

（a）未设置静态工作点　　　　　（b）设置静态工作点

图 3.9　未设置静态工作点时产生失真

因此，为了避免放大电路的非线性失真，必须设置合适的静态工作点，这样才能保证放大电路不失真地放大输入信号，波形如图 3.9（b）所示。

5）共发射极放大电路的工作原理

放大电路在未加输入信号时（$u_i=0$），三极管各电极上只有直流电压和直流电流 U_{BE}、U_{CE}、I_B、I_C，此时 $u_o=0$，共发射极放大电路中各处电压、电流如图 3.10 所示。各电流和电压只含有直流分量，即 $u_{BE}=U_{BE}$，$i_B=I_B$，$i_C=I_C$，$u_{CE}=U_{CE}$。

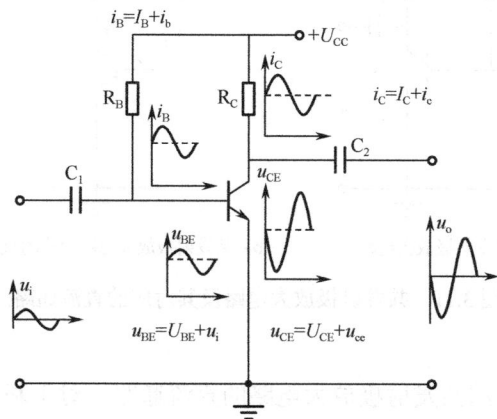

图 3.10 共发射极放大电路中各处电压、电流

从图 3.10 中可见，当输入信号 u_i 加到三极管的基极时，引起基极电流 i_B 在原来直流 I_B 的基础上进行相应的变化。由于 u_i 是正弦信号，因而 i_B 也相应地以正弦规律变化，这时的 i_B 实际上是直流分量 I_B 和交流分量 i_b 的叠加。同时，i_B 的变化使集电极电流 i_C 也发生变化，因此，i_C 也是直流分量 I_C 和交流分量 i_c 的叠加，但 i_C 要比 i_B 大得多（是 i_B 的 β 倍）。电流 i_C 在电阻 R_C 上产生压降，集电极电压 $u_{CE}=U_{CC}-i_C R_C$，这个集电极电压 u_{CE} 也是由直流分量和交流分量两部分叠加的。因此，各电流和电压都含有直流分量和交流分量。

$$u_{BE}=U_{BE}+u_i$$

$$i_B=I_B+i_b$$

$$i_C=I_C+i_c$$

$$u_{CE}=U_{CC}-i_C R_C=U_{CE}+u_{ce}=-i_c R_C$$

从 u_{CE} 表达式可知，当 i_C 增大时，u_{CE} 减小，反之亦然，即 u_{CE} 和 i_C 相位相反。由于 C_2 的隔直流作用，放大电路的输出电压 u_o 只有 u_{CE} 中的交流分量。

放大电路输出电压 u_o 的幅值比输入电压 u_i 大得多，说明共发射极放大电路具有电压放大作用；同时，输出电压 u_o 的相位与输入电压 u_i 正好相反，说明共发射极放大电路具有反相作用。

2. 静态分析

1）静态

静态是指无交流信号输入时，电路中的电流、电压都不变的状态。静态工作点 Q 是指三极管放大电路处于静态时，各极的电流和电压值（主要指 I_{BQ}、I_{CQ} 和 U_{CEQ}）。静态分析主要是借助放大电路的直流通路确定放大电路中的静态值 I_{BQ}、I_{CQ}、U_{CEQ}。

2）直流通路

直流通路是指在 $u_i=0$ 时（即输入端短路），放大电路中只有直流电源 U_{CC} 单独作用的情况下直流电流流经的通路。画直流通路时可将耦合电容视为开路，因此把电容支路断开即可，共发射极放大电路及其对应的直流通路如图 3.11 所示。

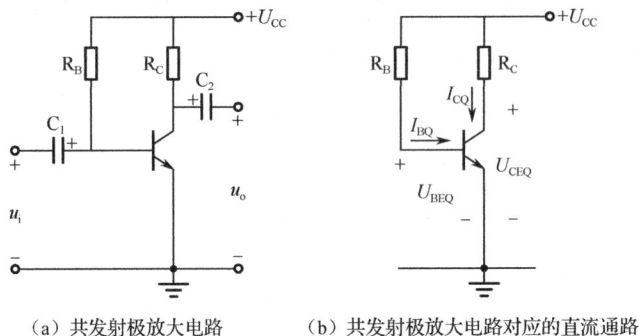

（a）共发射极放大电路　　　（b）共发射极放大电路对应的直流通路

图 3.11　共发射极放大电路及其对应的直流通路

3）确定静态值

根据图 3.11（b）所示的共发射极放大电路的直流通路，对于基极回路可得到：

$$I_{BQ} = \frac{U_{CC} - U_{BEQ}}{R_B}$$

由于 $U_{BEQ} \ll U_{CC}$，可忽略不计，因此上式可写成：

$$I_{BQ} \approx \frac{U_{CC}}{R_B}$$

根据电流放大作用，有

$$I_{CQ} \approx \beta I_{BQ}$$

根据图 3.11（b）所示的共发射极放大电路的直流通路，对于集电极回路可得到：

$$U_{CEQ} = U_{CC} - I_{CQ} R_C$$

3. 动态分析

1）动态

动态是指有交流信号输入，电路中的电压、电流随输入信号做相应变化的状态。动态分析是借助放大电路的交流通路估算放大电路的主要性能指标，即输入电阻、输出电阻和电压放大倍数等。

2）交流通路

交流通路是指交流信号流经的通路。画交流通路时把电容和直流电源都视为交流短路。共发射极放大电路及其对应的交流通路如图 3.12 所示。

3）主要性能指标估算

（1）三极管输入电阻 r_{be} 的估算。

三极管的发射结正向导通时，b、e 之间存在一个等效电阻，称为三极管的输入电阻，用 r_{be} 表示。小功率三极管采用共发射极接法时，r_{be} 常用下式估算：

$$r_{be} = 300 + (1 + \beta) \frac{26}{I_{EQ}}$$

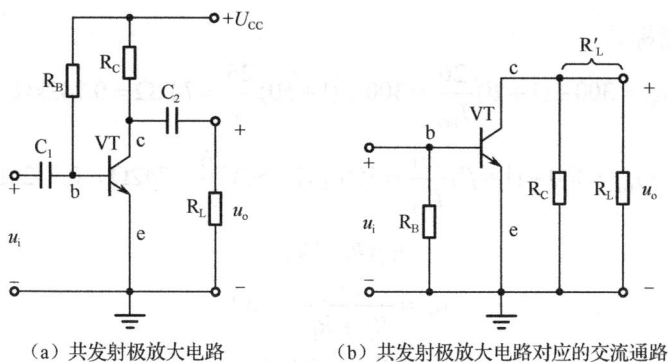

（a）共发射极放大电路　　　　（b）共发射极放大电路对应的交流通路

图 3.12　共发射极放大电路及其对应的交流通路

（2）放大电路输入电阻 R_i 的估算。

从图 3.12（b）中可看出，放大电路的输入电阻可等效为 r_{be} 与 R_B 的并联。一般有 $R_B \gg r_{be}$，所以可得到以下估算公式：

$$R_i \approx r_{be}$$

（3）放大电路输出电阻 R_o 的估算。

将图 3.12（b）所示交流通路的外接负载断开，从放大电路的输出端看进去的等效电阻为 R_C 与输出电阻 r_{ce} 并联，即

$$R_o = R_C // r_{ce}$$

因为 $r_{ce} \gg R_C$，所以 $R_o \approx R_C$。

（4）电压放大倍数的估算。

放大电路的电压放大倍数是指放大电路输出电压与输入电压的比值，即

$$A_u = \frac{u_o}{u_i}$$

由交流等效电路可知：

$$u_o = -i_c R'_L \quad u_i = i_b r_{be}$$

那么，电压放大倍数为

$$A_u = -\beta \frac{R'_L}{r_{be}}$$

其中

$$R'_L = R_C // R_L$$

例题 1　在图 3.13 所示的共发射极放大电路中，设 $U_{CC}=12V$，$R_B=200k\Omega$，$R_C=2k\Omega$，$\beta=50$，$R_L=2k\Omega$，试求静态工作点、输入电阻 R_i、输出电阻 R_o 及电压放大倍数 A_u。

解： ① 估算静态工作点。

$$I_{BQ} \approx \frac{U_{CC}}{R_B} = \frac{12}{200 \times 10^3} = 0.06mA = 60\mu A$$

$$I_{CQ} \approx \beta I_{BQ} = 50 \times 0.06 = 3mA$$

$$U_{CEQ} = U_{CC} - I_{CQ}R_C = 12 - 3 \times 2 = 6V$$

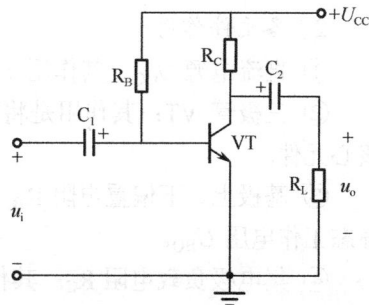

图 3.13　共发射极放大电路

② 估算性能指标。

$$r_{be} = 300 + (1+\beta)\frac{26}{I_{EQ}} = 300 + (1+50)\frac{26}{3} = 742\Omega = 0.742k\Omega$$

$$R_i \approx r_{be} = 300 + (1+\beta)\frac{26}{I_{EQ}} = 300 + (1+50)\frac{26}{3} = 742\Omega = 0.742k\Omega$$

$$R_o \approx R_C = 2k\Omega$$

$$R_L' = \frac{R_C R_L}{R_C + R_L} = 1k\Omega$$

$$A_u = -\frac{\beta R_L'}{r_{be}} = -\frac{50 \times 1}{0.742} \approx -67$$

三、分压式偏置放大电路

共发射极放大电路结构简单，静态工作点不够稳定，容易引起放大信号失真，为了保证放大电路在各种复杂情况下都能工作，常采用能稳定静态工作点的放大电路——分压式偏置放大电路。

1. 电路构成及各元件作用

1）电路构成

分压式偏置放大电路如图 3.14 所示。

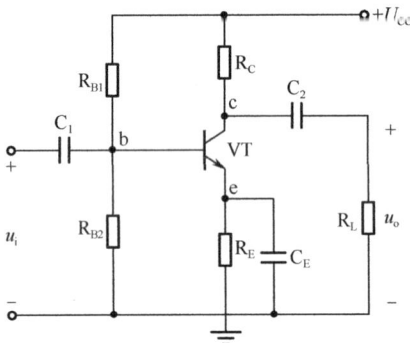

图 3.14　分压式偏置放大电路

2）各元件作用

① 直流电源 U_{CC}：其作用一是为电路提供能源，二是为电路提供工作电压。

② 三极管 VT：其作用是将微小的基极电流转换成较大的集电极电流，它是放大电路的核心元件。

③ 基极上、下偏置电阻 R_{B1}、R_{B2}：U_{CC} 通过 R_{B1}、R_{B2} 分压后，为三极管 VT 提供稳定的静态工作电压 U_{BQ}。

④ 集电极负载电阻 R_C：其作用是将三极管的电流放大转换成电压放大。

⑤ 输入、输出耦合电容 C_1、C_2：其作用一是隔直流，二是通交流。

⑥ 发射极电阻 R_E：其作用是稳定静态工作点。

⑦ 发射极旁路电容 C_E：C_E 容量较大，对交流信号短路，可消除 R_E 对电压放大倍数的影响。

3）工作原理

为稳定静态工作点，电路参数的选取应满足 $I_1=I_2>>I_{BQ}$，因此

$$U_{BQ} = \frac{R_{B2}}{R_{B1}+R_{B2}}U_{CC}$$

分压式偏置放大电路的基极电压由上、下偏置电阻决定，与三极管参数无关。

2. 动态及静态分析

1）动态分析

分压式偏置放大电路对应的交流通路如图 3.15 所示。

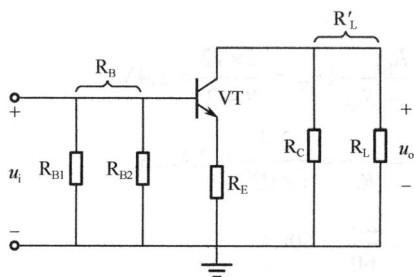

图 3.15　分压式偏置放大电路对应的交流通路

2）交流参数的估算

分压式偏置放大电路的交流通路与固定式偏置放大电路的交流通路基本相同，只是分压式偏置放大电路用 $R_{B1}//R_{B2}$ 代替了固定式偏置放大电路中的 R_B，所以估算输入电阻、输出电阻和电压放大倍数的方法与固定式偏置放大电路相同。

$$A_u = -\frac{\beta R'_L}{r_{be}}$$

$$R_i = R_{B1}//R_{B2}//r_{be}$$

$$R_o = R_C$$

3）静态分析

分压式偏置放大电路对应的直流通路如图 3.16 所示。

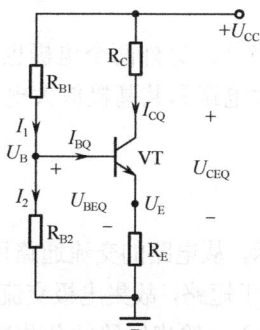

图 3.16　分压式偏置放大电路对应的直流通路

4）直流参数的估算

$$U_{BQ} = \frac{R_{B2}}{R_{B1} + R_{B2}} U_{CC}$$

$$I_{CQ} \approx I_{EQ} = \frac{U_B - U_{BEQ}}{R_E}$$

$$I_{BQ} = \frac{I_{CQ}}{\beta}$$

$$U_{CEQ} = U_{CC} - I_{CQ}(R_C + R_E)$$

例题 2 在图 3.14 中，若 R_{B1}=8kΩ，R_{B2}=2kΩ，R_C=2kΩ，R_L=2kΩ，R_E=1kΩ，U_{CC}=12V，三极管的 β=60。求：①放大电路的静态工作点；②放大电路的输入电阻 R_i、输出电阻 R_o 及电压放大倍数 A_u。

解：①估算静态工作点。

$$U_{BQ} = \frac{R_{B2}}{R_{B1} + R_{B2}} U_{CC} = \frac{2 \times 12}{8 + 2} = 2.4V$$

$$I_{CQ} \approx I_{EQ} = \frac{U_{BQ}}{R_E} = \frac{2.4}{1 \times 10^3} = 2.4mA$$

$$I_{BQ} = \frac{I_{CQ}}{\beta} = \frac{2.4}{60} = 40\mu A$$

$$U_{CEQ} = U_{CC} - I_{CQ}(R_C + R_E) = 12 - 2.4 \times (1 + 2) = 4.8V$$

② 估算输入电阻 R_i、输出电阻 R_o 及电压放大倍数 A_{ul}。

$$r_{be} = 300 + (1 + \beta)\frac{26}{I_{EQ}} = 300 + (1 + 60)\frac{26}{2.4} \approx 960\Omega = 0.96k\Omega$$

$R_i \approx r_{be}$=0.96kΩ

$R_o \approx R_C$=2kΩ

$$R_L' = \frac{R_C R_L}{R_C + R_L} = \frac{2 \times 4}{2 + 4} \approx 1.33k\Omega$$

$$A_u = -\frac{\beta R_L'}{r_{be}} = -\frac{60 \times 1.33}{0.96} \approx -83$$

四、共集电极、共基极放大电路

在三极管放大电路中，除发射极外，另外两个电极也可以作为放大电路的输入、输出回路的公共端，分别构成共集电极放大电路和共基极放大电路。

1．电路构成

1）共集电极放大电路

共集电极放大电路如图 3.17 所示。从电路的交流通路可以看出，输入信号加在基极与集电极之间（直流电源对于交流信号相当于短路，故集电极交流接地），而放大后的信号电压从发射极和集电极之间输出，集电极成为输入、输出回路的公共端，因此称为共集电极放大电路。

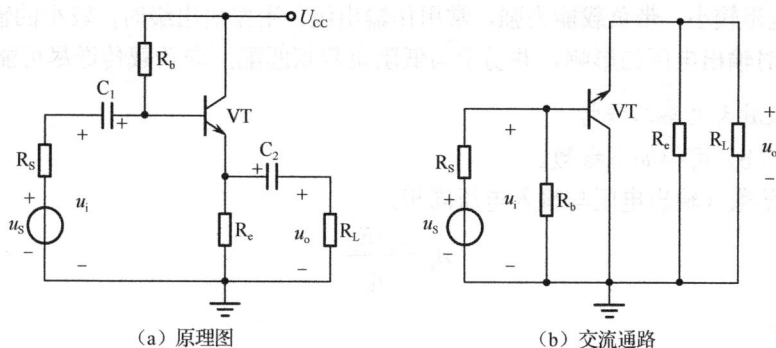

图 3.17　共集电极放大电路

2）共基极放大电路

共基极放大电路如图 3.18 所示。从电路的交流通路可以看出，输入信号加在基极与发射极之间，而放大后的信号电压从集电极和基极之间输出，基极成为输入、输出回路的公共端，因此称为共基极放大电路。

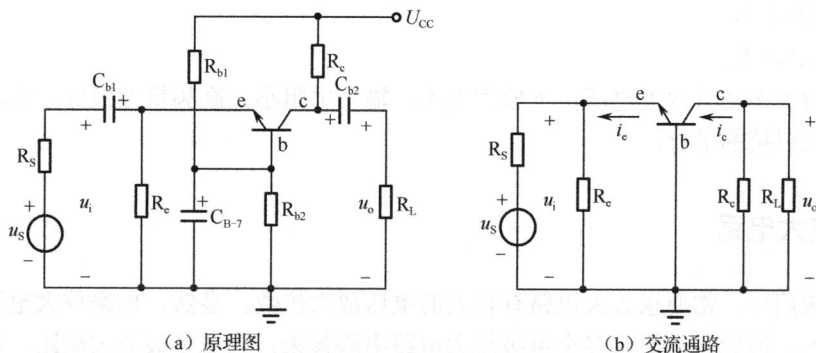

图 3.18　共基极放大电路

2. 工作特点

1）共集电极放大电路工作特点

由图 3.17（b）可得如下参数。

电压放大倍数：

$$A_u = \frac{u_o}{u_i} = \frac{(1+\beta)R_L}{r_{be}+(1+\beta)R_L}$$

输入电阻：

$$R_i = R_b // [r_{be}+(1+\beta)R_L]$$

输出电阻：

$$R_o = R_e // \frac{r_{be}+R_s}{1+\beta}$$

由上述参数可知：

① 电压放大倍数小于 1，但约等于 1。

② 输入电阻较大，可用作多级放大电路的输入级。

③ 输出电阻较小，带负载能力强，常用作输出级。用作输出级时，较小的输出电阻可以降低负载变化对输出电压的影响，并易于与低阻负载相匹配，向负载传送尽可能大的功率。

2）共基极放大电路工作特点

由图 3.18（b）可得如下参数。

电压放大倍数（输出电压与输入电压同相）：

$$A_u = \frac{\beta R'_L}{r_{be}}$$

输入电阻：

$$R_i = R_e // \frac{r_{be}}{1+\beta} \approx \frac{r_{be}}{1+\beta}$$

输出电阻：

$$R_o \approx R_c$$

由上述参数可知：

① 电压放大倍数大。

② 输入电阻小。

③ 输出电阻大。

共基极放大电路只放大电压，不放大电流，输入电阻小，高频特性很好，常用于高频或宽频带低输入阻抗的场合。

五、多级放大电路

在实际应用中，常要求放大电路有较大的电压放大倍数。显然，单级放大电路是无法满足这一要求的。因此，需要将多个单级放大电路串联起来，构成多级放大电路，以获得更大的电压放大倍数。多级放大电路的组成框图如图 3.19 所示。输入级、中间级的主要功能是放大电压，即根据实际需要把微弱的输入电压放大到足够大。输出级的主要功能是放大功率，驱动负载动作。

图 3.19　多级放大电路的组成框图

1. 电路构成及耦合方式

在多级放大电路中，各级之间的连接方式称为级间耦合方式。常用的耦合方式有：阻容耦合、直接耦合、变压器耦合、光电耦合。

1）阻容耦合

将前级放大电路的输出端通过耦合电容与后级放大电路的输入端进行连接，传递交流信号，这种连接方式称为阻容耦合方式。阻容耦合多级放大电路如图 3.20 所示。

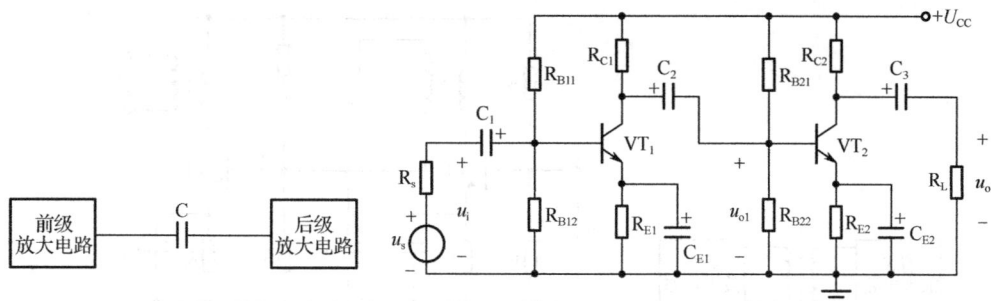

图 3.20 阻容耦合多级放大电路

阻容耦合多级放大电路的优点是级与级之间由电容隔离了直流电，所以静态工作点互不影响，可以各自调整到合适位置。缺点是低频特性不是很好，不适宜传递缓慢变化的信号，更不能用于直流放大器中，一般应用在低频电压放大电路中。

2）直接耦合

前级放大电路的输出端直接与后级放大电路的输入端进行连接，无耦合元件，信号通过导线直接传递，这种连接方式称为直接耦合方式。直接耦合多级放大电路如图 3.21 所示。

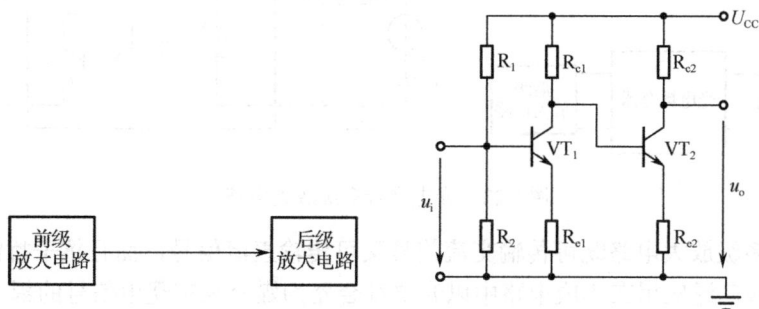

图 3.21 直接耦合多级放大电路

直接耦合多级放大电路的级与级之间直接连接，没有耦合元件，因此适合传递直流信号或变化缓慢的交流信号；直接耦合便于电路的集成化，因此它被广泛应用于集成电路中。缺点是前、后级的静态工作点互相影响，给电路的设计和调试增加了难度。

3）变压器耦合

前级放大电路输出的交流信号通过变压器耦合到后级放大电路的输入端，这种连接方式称为变压器耦合方式。变压器耦合多级放大电路如图 3.22 所示。

由于变压器依靠磁路传输信号，一、二次绕组彼此绝缘，因此变压器耦合使放大电路的各级静态工作点彼此独立，互不影响。变压器有阻抗变换作用，易于实现级间的阻抗匹配，有利于提高放大器的输出功率。其缺点是体积大，低频特性差，无法集成，因此一般应用于高频调谐放大器或功率放大器中。

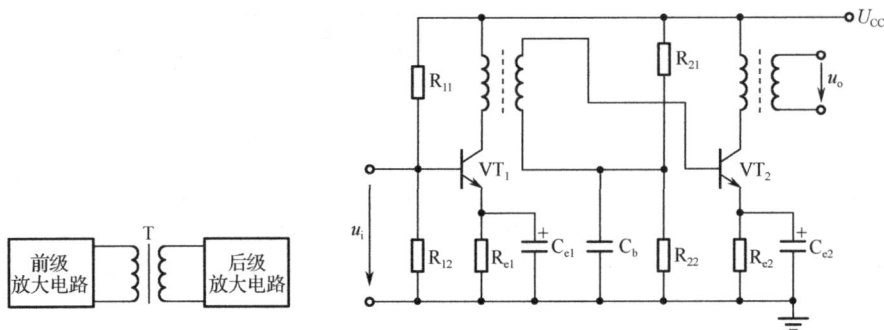

图 3.22　变压器耦合多级放大电路

4）光电耦合

前级放大电路的输出端通过光电耦合器与后级放大电路的输入端连接，这种连接方式称为光电耦合方式。光电耦合多级放大电路如图 3.23 所示。

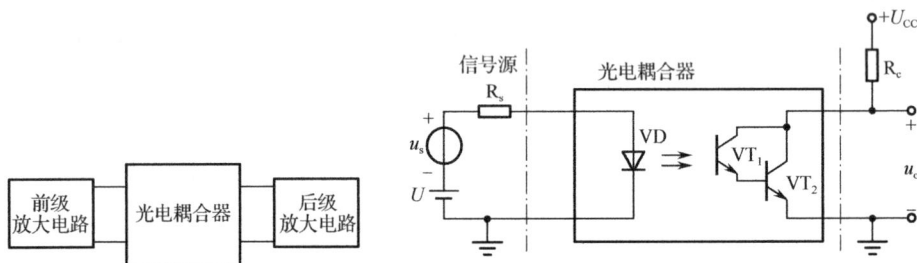

图 3.23　光电耦合多级放大电路

光电耦合多级放大电路既可传输交流信号又可传输直流信号，而且抗干扰能力强，易于集成化，因此被广泛应用在集成电路中以光电耦合器为媒介来实现电信号的耦合和传输。

2．电路指标分析

多级放大电路的主要性能指标有电压放大倍数、输入电阻、输出电阻、通频带等。

1）电压放大倍数

多级放大电路对放大信号而言，属于串联关系，前一级的输出信号即后一级的输入信号。因此，多级放大电路总的电压放大倍数等于各级电压放大倍数的乘积，即

$$A_u = A_{u1} \times A_{u2} \times A_{u3} \times \cdots \times A_{un}$$

式中，n 为多级放大电路的级数。

为方便计算，通常对电压放大倍数取对数，其值称为电压增益，单位为分贝（dB）。总的电压增益为各级电压增益的代数和，即

$$G_u = G_{u1} + G_{u2} + G_{u3} + \cdots + G_{un}$$

2）输入电阻

输入电阻连接着信号源，主要任务是从信号源获得输入信号。多级放大电路的输入电阻就是第一级的输入电阻，即

$$R_i = R_{i1}$$

3）输出电阻

多级放大电路的输出电阻就是最后一级的输出电阻，即

$$R_o = R_{on}$$

4）通频带

幅频特性曲线是描述放大电路的电压放大倍数的幅度与频率变化关系的曲线，如图 3.24 所示。从图中可以看出，在一定频率范围内，电压放大倍数高且稳定，这个频率范围称为中频区。在中频区以外的区域，随着频率的升高或下降，电压放大倍数都会急剧下降。

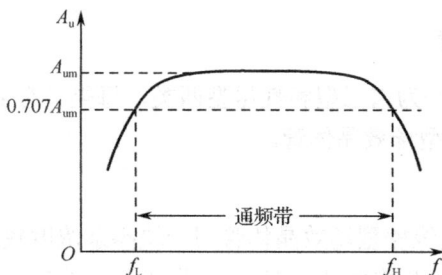

图 3.24 放大电路的幅频特性曲线

工程上将电压放大倍数下降到中频的 0.707 倍时所对应的低端频率称为下限频率 f_L，所对应的高端频率称为上限频率 f_H。f_L 与 f_H 之间的频率范围称为通频带，用 BW 表示，则

$$BW = f_H - f_L$$

如图 3.25 所示，第一级、第二级为两个参数完全相同的单级放大电路，B_1、B_2 为它们的通频带，将这两个单级放大电路连成一个两级放大电路后，通频带为 B。由图 3.25 可见，B 比 B_1、B_2 都窄，且放大电路级数越多，通频带就越窄。因此，为了满足多级放大电路通频带的要求，必须把每个单级放大电路的通频带选得宽一些。

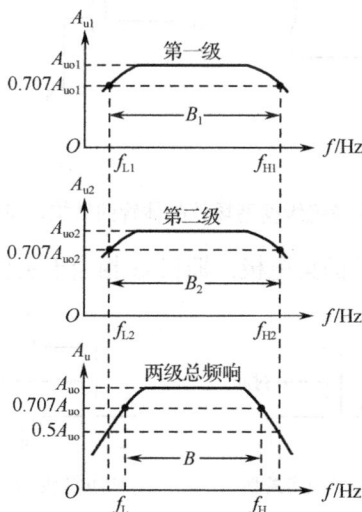

图 3.25 两级放大电路的通频带

六、场效晶体管

场效晶体管是利用输入电压产生的电场效应来控制输出电流变化的放大元件。与三极管相比，它具有输入阻抗高、噪声小、热稳定性好等优点，因而得到了迅速发展与广泛应用。

场效晶体管也是由 PN 结构成的，根据结构和工作原理的不同可分为两类：一类是结型场效晶体管，另一类是绝缘栅型场效晶体管。场效晶体管根据其沟道所采用的半导体材料不同，可分为 P 沟道和 N 沟道两种。沟道就是电流通道。

1. 绝缘栅型场效晶体管

绝缘栅型场效晶体管可分为增强型和耗尽型两类，每类又有 P 沟道和 N 沟道两种。下面以 N 沟道为例，介绍绝缘栅型场效晶体管。

1）结构

图 3.26 所示的 N 沟道绝缘栅型场效晶体管用一块掺杂浓度较低的 P 型硅片作为衬底，在上面扩散出两个相距很近、掺杂浓度高的 N+区，分别引出源极 S 和漏极 D；在硅片表面生成一层薄薄的 SiO_2 绝缘层，在绝缘层上再制作一层铝金属膜作为栅极 G。栅极和其他电极之间是绝缘的，所以称为绝缘栅型场效晶体管，或称金属-氧化物-半导体场效晶体管，简称 MOS 管。D 极与 S 极之间有 3 条虚线，表示增强型（若是实线，则表示耗尽型）。各种绝缘栅型场效晶体管的符号如图 3.27 所示。

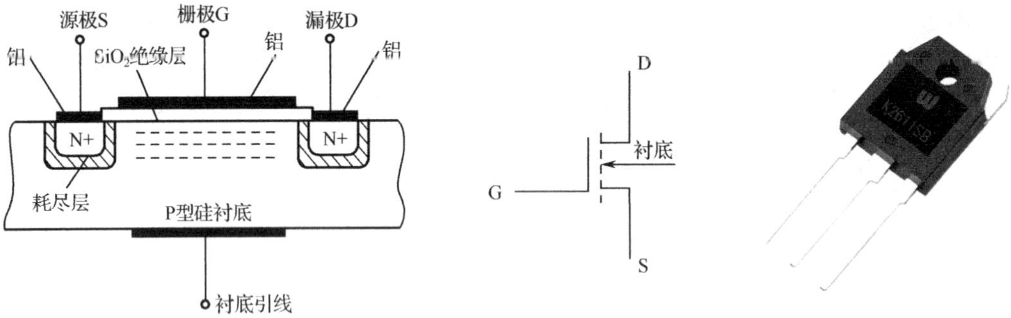

（a）结构　（b）符号　（c）实物图

图 3.26　N 沟道绝缘栅型场效晶体管的结构、符号及实物图

漏极 D 相当于双极型三极管的集电极，栅极 G 相当于基极，源极 S 相当于发射极。

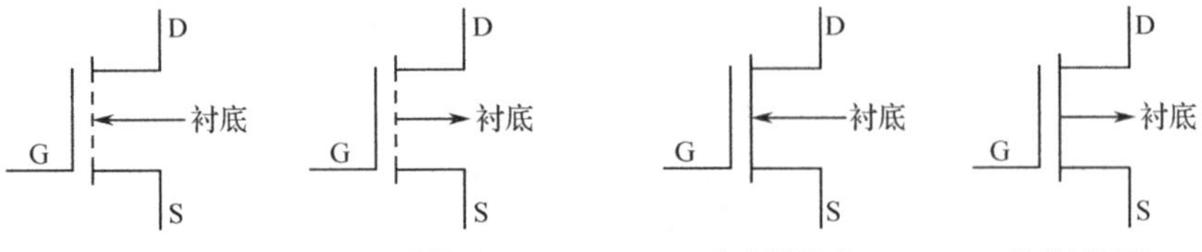

N沟道增强型　P沟道增强型　N沟道耗尽型　P沟道耗尽型

图 3.27　各种绝缘栅型场效晶体管的符号

2）工作原理

① $U_{GS}=0$ 时，如图 3.28（a）所示，漏极 D 和源极 S 之间有两个背靠背的 PN 结，漏极

与源极间没有导电沟道，所以这时漏极电流 $i_D \approx 0$。

② $U_{GS} > 0$ 时（超过开启电压），栅极和衬底之间的 SiO_2 绝缘层中便产生一个电场，这个电场能排斥空穴而吸引电子。当 U_{GS} 达到某一数值时，这些电子在栅极附近的 P 型衬底表面形成一个 N 型薄层，且与两个 N+ 区互相连通，即在漏极与源极间形成 N 型导电沟道，如图 3.28（b）所示。此时，如果在漏极与源极之间加正向电压 U_{DS}，则会有电流经沟道到达源极，形成漏极电流 i_D，场效晶体管处于导通状态，如图 3.28（c）所示。

显然，U_{GS} 越大，导电沟道越宽，沟道电阻越小，i_D 越大，这就是 N 沟道增强型绝缘栅型场效晶体管 U_{GS} 控制 i_D 的基本原理。

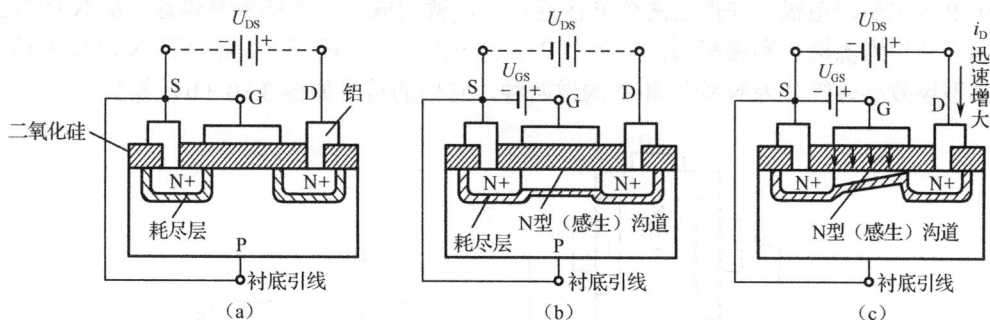

图 3.28　N 沟道增强型绝缘栅型场效晶体管的工作原理图

3）主要特性

（1）转移特性曲线。

转移特性曲线是指漏源电压 U_{DS} 为定值时，漏极电流 i_D 与栅源电压 U_{GS} 之间的关系曲线，如图 3.29（a）所示。只有当 U_{GS} 大于开启电压 $U_{GS(th)}$ 时，才有漏极电流 i_D，且 i_D 随 U_{GS} 的增大而增大。

（2）输出特性曲线。

输出特性曲线是指栅源电压 U_{GS} 为定值时，漏极电流 i_D 与漏源电压 U_{DS} 的关系曲线，如图 3.29（b）所示。按场效晶体管的工作特性可将输出特性曲线分为三个区域。

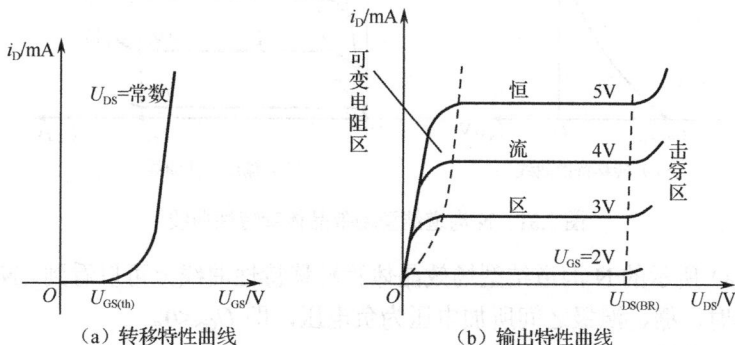

图 3.29　N 沟道增强型绝缘栅型场效晶体管特性曲线

① 可变电阻区。U_{DS} 相对较小，i_D 随 U_{DS} 增大而增大。U_{GS} 增大，曲线变陡，说明沟道电阻随 U_{GS} 变化而变化，故称可变电阻区。

② 恒流区。漏极电流 i_D 基本不随 U_{DS} 的变化而变化，只随 U_{GS} 的增大而增大，体现了

U_{GS} 对 i_D 的控制作用。

③ 击穿区。当 U_{DS} 增大到一定值时，场效晶体管内的 PN 结被击穿，i_D 突然增大，管子进入击穿区。

2. 结型场效晶体管

1）结构

图 3.30（a）所示的 N 沟道结型场效晶体管是在两个高掺杂浓度的 P 区中间，夹着一层低掺杂浓度的 N 区（N 区一般做得很薄），形成了两个 PN 结。从 N 区的两端各引出一个电极，从两个 P 区也引出电极，并把这两个 P 区连起来，就构成了一个场效晶体管。从 N 区引出的两个电极分别为源极 S 和漏极 D，从两个 P 区引出的电极为栅极 G，很薄的 N 区称为导电沟道。结型场效晶体管分为 N 沟道和 P 沟道两种，它们的符号如图 3.30（b）所示。

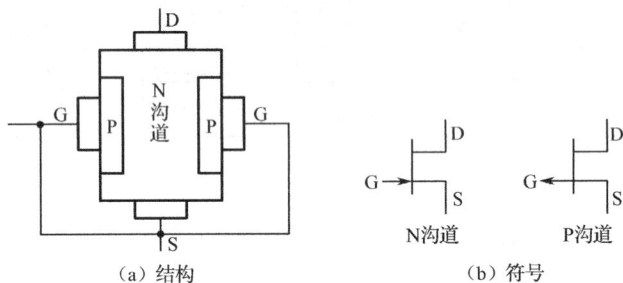

图 3.30 结型场效晶体管

2）N 沟道结型场效晶体管特性曲线（图 3.31）

（1）转移特性曲线。

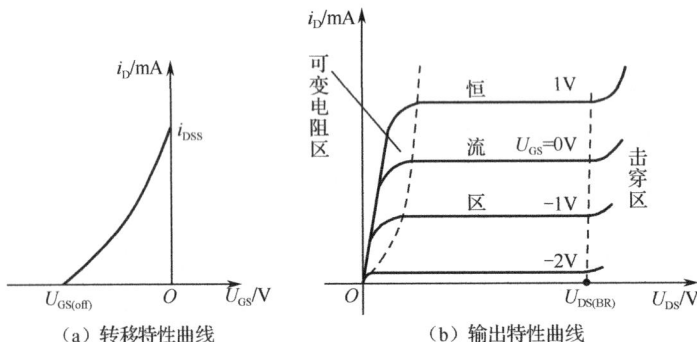

图 3.31 N 沟道结型场效晶体管特性曲线

从图 3.31（a）所示的 N 沟道结型场效晶体管转移特性曲线上可以看到，N 沟道结型场效晶体管正常工作时，栅、源极之间所加电压为负电压，即 $U_{GS}<0$。

（2）输出特性曲线。

如图 3.31（b）所示是 N 沟道结型场效晶体管输出特性曲线，它分为可变电阻区、恒流区和击穿区，三个区域的含义与绝缘栅型场效晶体管相同。

3. 场效晶体管放大电路

场效晶体管与三极管一样，具有放大能力，利用场效晶体管同样可以制作各种放大电路，其中最常见的是共源极放大电路。

1）自偏压共源极放大电路

如图 3.32 所示为 N 沟道结型场效晶体管构成的自偏压共源极放大电路。该电路从栅极输入信号，漏极输出信号，源极是信号输入、输出的公共端。该电路中仅使用了下偏置电阻，在 $U_{GS}=0$ 时，也有漏极电流流过 R_S，这会在 R_S 上产生源极电位 $U_S=i_D R_S$，由于栅极基本不取用电流，所以 $U_G=0$，$U_{GS}=U_G-U_S=-i_D R_S$，该压降为栅、源极间提供负栅压，使管子工作在放大区。这种栅偏压依靠场效晶体管自身电流 i_D 产生，故称自偏压共源极放大电路。

2）分压式自偏压放大电路

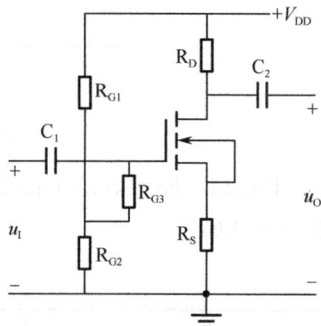

如图 3.33 所示，分压式自偏压放大电路是在自偏压放大电路的基础上加分压电阻后构成的。R_{G1}、R_{G2} 为分压电阻，R_{G3} 采用高阻值电阻。因为场效晶体管栅极电流近似为 0，所以 R_{G3} 上无电流流过。

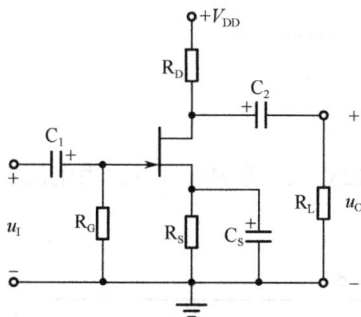

图 3.32 自偏压共源极放大电路　　　图 3.33 分压式自偏压放大电路

静态时栅极电位为

$$U_G = V_{DD} \frac{R_{G2}}{R_{G1} + R_{G2}}$$

而源极上的电位为 $U_S=i_D R_S$，所以栅极偏置电压为

$$U_{GS} = U_G - U_S$$

学生工作页

信息收集

1．结合三极管相关知识的学习，完成下面的填空题。

（1）三极管工作在饱和区时，发射结＿＿＿＿偏，集电结＿＿＿＿偏。

（2）三极管按结构分为＿＿＿＿和＿＿＿＿两种类型，均具有两个 PN 结，即＿＿＿＿和＿＿＿＿。

（3）三极管的发射结和集电结都正向偏置或反向偏置时，三极管的工作状态分别是＿＿＿＿和＿＿＿＿。

（4）三极管有放大作用的外部条件是发射结＿＿＿＿偏，集电结＿＿＿＿偏。

（5）若一三极管在发射结加上反向偏置电压，在集电结也加上反向偏置电压，则这个三极管处于_____状态。

（6）用万用表测得 PNP 型三极管三个电极的电位分别是 $V_C=6V$，$V_B=0.7V$，$V_E=1V$，则三极管工作在_____状态。

2．测量三极管各极的电流并分析各极电流关系。

（1）按图 3.34 连接电路。

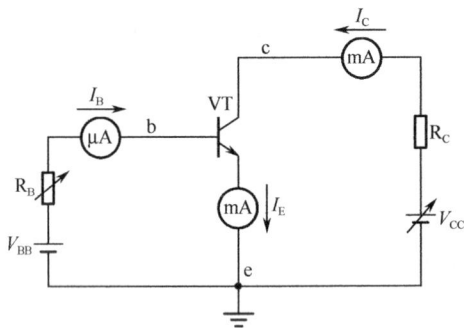

图 3.34　题 2 图

（2）令 $R_B=100k\Omega$，$R_C=1k\Omega$，$V_{BB}=3V$，$V_{CC}=12V$，改变 R_B、V_{CC}，用电流表测量相应的 I_B、I_C、I_E，填写表 3.6。

表 3.6　题 2 表

I_B/mA					
I_C/mA					
I_E/mA					

三极管各极电流关系为_____，三极管具有_____作用。

3．三极管的检测。

现有一批三极管，请你根据三极管检测的相关知识，完成下面的填空题。

1）判断三极管的基极和类型。

选择万用表 $R\times100$ 或 $R\times1k$ 挡，用黑表笔接一引脚（假定其为 B 极），红表笔分别接另外两引脚，测得两个电阻值。

（1）如两个阻值均为小数值，则管子为_____管，黑表笔接触的为_____极，假定正确。

（2）如两个阻值均为无穷大，则管子为_____管，黑表笔接触的为_____极，假定正确。

（3）如一个阻值为无穷大，另一个为小数值，则假定的_____极错误，须重新假定，直到找到基极为止。

2）确定集电极和发射极。

将万用表置于_____挡（以 NPN 型三极管为例），红表笔接基极以外的引脚，左手拇指与中指将黑表笔与基极以外的另一引脚捏在一起，同时用左手食指触摸余下的引脚，这时表针应向右摆动。将基极以外的两引脚对调后再测一次。两次测量中，表针摆动幅度较大的那一次，黑表笔所接为_____，红表笔所接为_____。表针摆动幅度越大，说明被测三极管的 β 值越大。

4．什么是放大电路的静态工作点？为什么要设静态工作点？

5．电路如图 3.35 所示，已知三极管的 $\beta=60$。

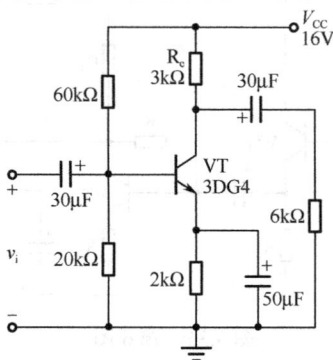

图 3.35　题 5 图

（1）说明放大电路中各元件的作用。

（2）试画出图 3.35 所示电路的直流通路和交流通路。

（3）求静态工作点。

（4）求输入电阻 R_i、输出电阻 R_o 及电压放大倍数 A_u。

6. 根据图 3.36 所示电路回答问题。

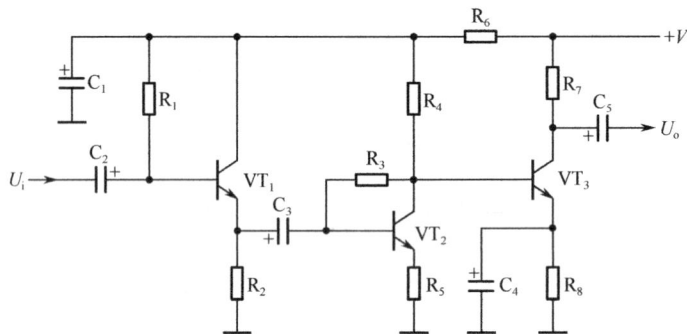

图 3.36 题 6 图

（1）该电路由几级放大电路构成？各级之间采用何种耦合方式？

（2）各级采用哪类偏置电路？

（3）画出电路框图。

分析计划

请认真阅读套件资料，清点元件，做好装配准备工作。

迎宾器电路简介及元件清单

1. 电路简介

迎宾器连接电路如图 3.37 所示。当有人经过感光器件时，光敏电阻接收到的光线强度发生变化，这个变化经 C_2 耦合，再经 VT_1 等组成的高增益放大电路后，输入 IC_1 的反相输入端，这个信号与同相输入端输入的信号在 IC_1 内部经运算放大处理后，形成一个控制信号，驱动 IC_1 内部的音频电路工作，产生"您好，欢迎光临"的音频信号，最后经 SP_1 完成电声转换。

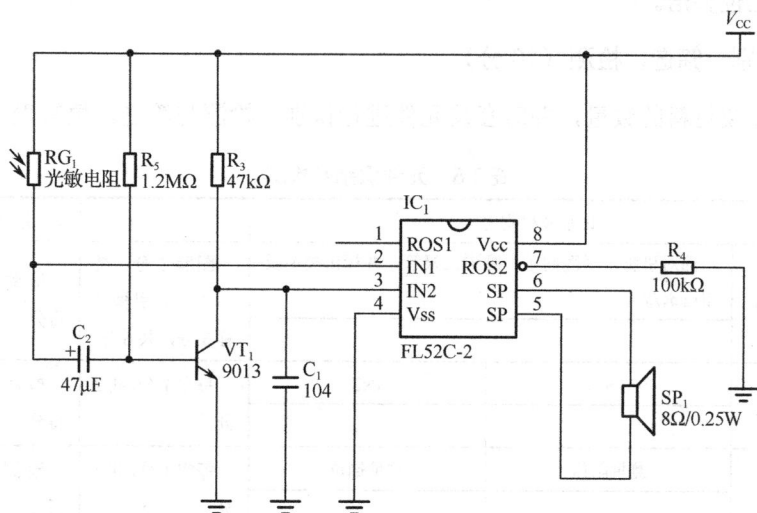

图 3.37　迎宾器连接电路

2. 元件清单（表 3.7）

表 3.7　元件清单

序　号	元　件	名　称	数　量	规　格　型　号
1	RG_1	光敏电阻	1	—
2	R_3	电阻	1	47k
3	R_4	电阻	1	100k
4	R_5	电阻	1	1.2M
5	C_2	电容	1	47μF
6	VT_1	三极管	1	9013
7	C_1	电容	1	104
8	IC_1	集成电路	1	—
9	SP_1	扬声器	1	—
10	E	电池盒	1	—

任务实施

实施前应全面检查人员分工是否到位、材料和工具是否齐全，实施中应注意操作规范、安全，实施后应严格按照 5S 进行整理。

迎宾器装配任务书

本次任务的实施时间为 2 小时。具体要求如下：

（1）注意操作安全，装配完成后必须通知教师，经教师同意后才可通电。

（2）仪器仪表的使用应符合操作规程。

（3）工具使用应安全、规范。

（4）保持工位整洁。

1. 元件识别、筛选、检测（10分）

仔细清点套装材料的数量，并对套装元件进行识别、检测与筛选，填写表 3.8。

表 3.8　元件识别及检测

元　件		识别及检测内容		配　分	评分标准	得　分
三极管	VT₁	面对引脚，平面向下，画出三极管，并标出类型及引脚名称		图形2分，类型1分，引脚名称3分，共6分	检测错不得分	
集成电路	IC₁	IN1	IN2	每空1分，共2分	检测错不得分	
扬声器	SP₁	测量阻值	测量挡位	每空1分，共2分	检测错不得分	

2. 迎宾器的焊接（25分）

要求焊点大小适中、光滑、圆润、干净、无毛刺，无漏、假、虚、连焊；引脚加工尺寸及成形符合工艺要求；导线长度、剥头长度符合工艺要求，芯线完好，捻头镀锡。

疵点：1处扣1分，2～4处扣5分，5～10处扣10分，10处以上扣25分。

3. 迎宾器的装配（35分）

要求元件、插件位置正确，元件极性正确；插件、紧固件安装可靠、牢固，印制板安装对位；无烫伤和划伤处，整机清洁无污物。

装配不符合工艺要求：1处扣4分，2～4处扣10分，5～8处扣20分，8处以上扣35分。

4. 迎宾器的调试（30分）

1）调试并实现迎宾器的基本功能（10分）

（1）供电电路工作正常。（2分）　　　　教师签字：＿＿＿＿＿＿

（2）放大电路工作正常。（4分）　　　　教师签字：＿＿＿＿＿＿

（3）音频电路工作正常。（4分）　　　　　　　　教师签字：＿＿＿＿＿＿＿＿

2）检测（20分）

（1）电路中所用的三极管工作在＿＿＿＿＿＿＿（放大、开关）状态。（2分）

（2）电路中的 IC_1 起＿＿＿作用。（3分）

（3）如何判断扬声器质量优劣？（5分）

（4）画出迎宾器电路的组成框图，并简述该电路工作过程。（10分）

检验评估

1. 按照表 3.9 中的标准对本次任务进行评价。

表 3.9　任务评价表

编　号	评价内容	分　值	评 价 标 准		评　分	备　注
1	理论知识	10	掌握相关理论知识			
2	元件识别、检测	20	元件识别、检测无误（15分） 安装位置正确（5分）			
3	领料清单	10	元件名称准确（4分） 规格型号描述准确（3分） 数量与电路图对应（3分）			
4	安装效果	40	功能实现 （20分）	发现1处故障扣5分，扣完为止		
			装配工艺 （20分）	按任务书中电子产品装配工艺标准，不符合1处扣1分，扣完为止		
5	安全规范操作	10	工具仪表使用规范，有防护措施，无带电操作，符合5S要求			
6	团结协作	10	（1）分工明确，完成各自职责（5分） （2）互相协作（5分）			

2．认真分析失分原因，你准备通过哪些措施避免以后再出现同类错误？

回顾总结

通过装配迎宾器，你学到了哪些知识，提升了哪些技能，试着总结一下。

情境描述

有很多电子制作爱好者通过 DIY 锻炼动手能力，培养逻辑思维。自己动手焊接组装电子产品，不仅有利于提高对硬件的认知，达到学习、分析电路的目的，而且能够对机械结构、电子技术、传感器原理、自动控制及单片机编程等知识理解得更透彻，大大提高灵活应用理论知识解决实际问题的能力。本项目将介绍广受欢迎的循迹小车制作，即将散件组装成成品并完成循迹测试。如图 4.1 所示为智能循迹小车竞技比赛现场。

图 4.1 智能循迹小车竞技比赛现场

其实，循迹小车只是众多智能小车中的一种。例如，可以在具有扩展性的智能小车多功能底盘上，根据自己的需求搭配 51 单片机控制板或 Arduino 开发板等，通过添加一些控制电路模块、编写主控板结构的程序等，实现循迹、红外避障、遥控、自动平衡、超声波避障、灭火、无线蓝牙控制、重力感应、报警等功能，完成循迹小车、避障机器人、遥控汽车、救火机器人、足球机器人等多项科技课题，搭建出多种应用场景以满足学习或电子设计比赛等需求。

本项目遵循由浅入深的学习规律及从简到繁的实践原则，先制作一款由电路控制的纯硬件、非编程智能小车，实现循迹功能。本项目介绍的 D2-5 型循迹小车是沿着白色 A4 纸上打印的黑线行驶的，因此也称巡线小车，其元器件较少，机械结构简单，刚刚接触智能小车的初学者也能轻松上手。在焊接、装配过程中，读者不但可以提高电路焊接熟练度，掌握更多的焊接技巧，还能熟悉机械传动和减速原理，逐步学习传感器、电压比较器、电动机驱动电路等相关电子知识。如图 4.2 所示是循迹小车散件及组装后的成品。

图 4.2　循迹小车散件及组装后的成品

　　制作好的循迹小车能沿着宽 15～20mm 的黑色跑道自动行驶，即使原本笔直的跑道发生弯曲，小车也能跟着拐弯并调整路线，自动沿着黑色跑道行驶，自动辨别方向。这里用红色 LED 作为光源，光线通过地面反射到车头底部万向轮两边的光敏电阻上，通过检测光敏电阻的阻值变化就能判断小车是否行驶在白色区域。如果检测到黑色，说明小车跑偏，则将地面的颜色转化为数字电平信号，再将这个电平信号传输给电动机驱动模块，从而控制电动机转动，驱动小车转向，这样就能修正小车行驶路线，保证小车始终沿着跑道自动行驶。

　　循迹小车的"眼睛"与人不同，只能分辨颜色的深浅，所以它的路只能是浅底色上的深色道路（或者反之），通常称之为"轨迹"，如果没有这个轨迹，循迹小车就无法行驶。可以在白色纸张上打印黑色跑道或喷绘大型跑道。如图 4.3 所示是循迹小车跑道实例。

图 4.3　循迹小车跑道实例

图 4.3　循迹小车跑道实例（续）

相关知识

一、电路中的反馈

1. 反馈的概念

反馈理论广泛应用于电子技术、控制科学、生命科学和人类社会学等领域。在电子电路中，反馈是改善放大电路工作性能的重要手段之一，工程实际中的实用放大电路几乎都带有反馈。在对精度、稳定性等方面要求比较高的放大电路中，大多存在着某种形式的反馈。

反馈是指把放大电路输出信号量（电压或电流）的一部分或全部，通过某种电路（反馈网络）形式回送到输入端，与原来的输入信号相作用并产生影响的过程。如果说，将输入回路的输入信号放大后送至输出回路的过程是信号的正向传输过程，那么，反馈就是信号的反向传输过程，体现了输出信号对输入信号的反作用。

含有反馈网络的放大电路称为反馈放大电路，其组成框图如图 4.4 所示，主要由不带反馈的基本放大电路（可以是单级或多级的）和反馈电路（联系放大电路输出电路和输入电路的环节）两部分组成，箭头的指向表示信号的传输方向，可以是电压，也可以是电流。其中，反馈放大电路的输入信号和反馈信号在输入端求和后得到基本放大电路的净输入信号，根据比较环节的正负号，有 $X_{id}=X_i-X_f$。反馈网络可以是各种电子电路，包括放大电路，除了信号的反向传输，实际上也存在相反的正向传输，即输入信号经过反馈网络自左向右传送。但是，因为反馈网络多由无源元件（多数是电阻）构成，没有放大作用，所以其正向传输作用可以忽略，即认为信号从输入到输出的正向传输（放大）只通过基本放大电路，而不通过反馈网络。同时在基本放大电路内也存在信号的反向传输，但与反馈网络相比，这种反向传输作用非常微弱，在电路分析时也忽略不计，即认为信号从输出到输入的反向传输只通过反馈网络，而不通过基本放大电路。这种对反馈电路中信号传输的近似处理称为信号传输的单向化，这种处理完全能够满足反馈放大电路工程上的分析与设计要求。

在基本放大电路中引入反馈网络后有可能使信号反相，因此会形成两种不同性质的反馈。根据反馈的效果可以区分反馈的极性，如果反馈信号对输入产生的影响是使净输入信号减弱（闭环增益减小），则称为负反馈；反之，使净输入信号增强的反馈称为正反馈。放大电路的正、负反馈称为反馈极性。

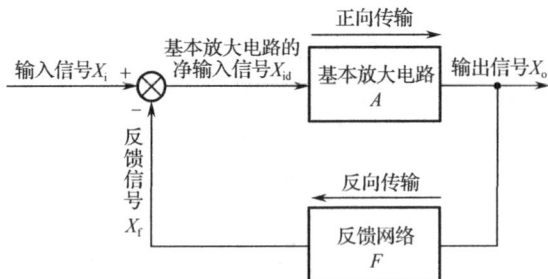

图 4.4　反馈放大电路的组成框图

2. 反馈的分类

1）正反馈和负反馈

不同的反馈极性对放大电路产生的影响是完全相反的，正反馈通常可以提高放大电路的闭环增益，但正反馈电路性能不稳定，一般不用于放大电路，放大电路中普遍采用的是负反馈，利用负反馈可以提高基本放大电路的工作稳定性。

判断正、负反馈可以采用瞬时极性法。瞬时极性是指某一时刻电路中相关节点电压（相对于"地"而言）变化的斜率，不是电压的正、负极性，而是电压变化的趋势，当电压向增加的方向变化时为正斜率，即瞬时极性为"正"，反之为"负"。

首先假设输入端的瞬时极性为正，然后沿着放大信号路径和反馈信号路径，逐级标出相关节点的瞬时极性，最后判断反馈量对输入量的影响，确定净输入信号是减小了（即负反馈）还是增大了（即正反馈）。

2）直流反馈和交流反馈

如果反馈信号只包含直流分量，则称为直流反馈。直流反馈影响放大电路的直流性能，如静态工作点。存在于交流通路中的反馈称为交流反馈。交流反馈影响放大电路的交流性能，如增益、输入电阻、输出电阻和带宽等动态指标。反馈通路中有电容元件时通常为交流反馈。在很多情况下，反馈信号中同时存在直流成分和交流成分，即同一条反馈通路中既有直流反馈又有交流反馈。判别方法：分别画出直流通路和交流通路，考察反馈通路是否存在，来进行判别。

3）电压反馈和电流反馈

根据反馈信号在放大电路输出端采样方式的不同，反馈可分为电压反馈和电流反馈。如果在放大电路输出端反馈信号取自输出电压信号，则称为电压反馈，反馈信号和输出电压成正比；如果取自输出电流信号，则称为电流反馈，反馈信号和输出电流成正比。

判别方法：

① 短路法。将负载短路，若反馈信号因此消失，则为电压反馈；若反馈信号没有消失，则为电流反馈。

② 取信号法。对于共射极放大电路，如果反馈信号取自输出端的集电极，则为电压反馈；若取自输出端的发射极，则为电流反馈。

电压、电流反馈举例如图 4.5 所示。

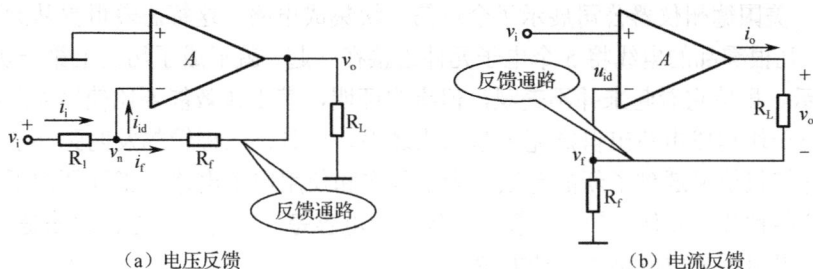

（a）电压反馈　　　　　　　　　　　　　　（b）电流反馈

图 4.5　电压、电流反馈举例

4）串联反馈和并联反馈

根据反馈信号被送回输入回路时与输入信号的连接方式不同，反馈可分为串联反馈和并联反馈。如图 4.6 所示，如果在反馈放大电路的输入回路，反馈网路的输出端与基本放大电路的输入端串联，则称为串联反馈，输入回路各电量以电压形式求和；如果反馈信号与输入信号在输入端并联，则称为并联反馈，输入回路各电量以电流形式求和，即反馈信号与输入信号以电流比较的方式出现在输入端。

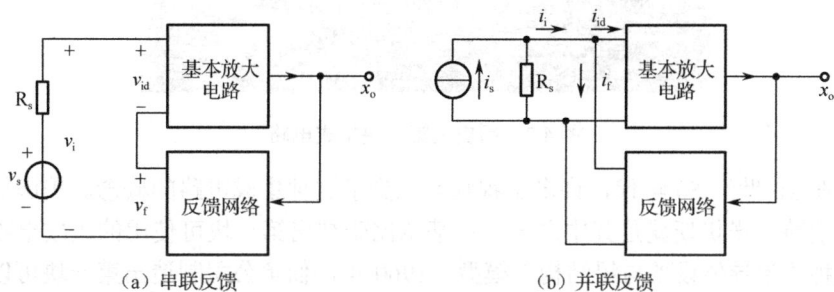

（a）串联反馈　　　　　　　　　　　　　　（b）并联反馈

图 4.6　串联反馈与并联反馈

判别方法：

① 根据电路结构进行判断，反馈信号与输入信号接在不同点为串联反馈，反馈信号与输入信号接在同一点为并联反馈。

② 对于由三极管组成的反馈放大电路，若反馈信号被送回发射极则为串联反馈，若反馈信号被送回基极则为并联反馈。

二、集成运算放大器

1. 集成电路发展历史

电视机、录像机、音响、收音机、洗衣机、电冰箱、空调等家用电器，程控电话机、无线终端机等通信设备，数控机床、仪器仪表等工业设备，计算机、取款机等电子设备，导弹、卫星、飞机、船舰、战车等武器装备，几乎都离不开集成电路的应用，它涉及农业生产、航空航天、医疗卫生、交通运输、移动通信、国防科技等各个领域。在当今的智慧互联世界，说它无孔不入并不过分。集成电路已成为各行各业实现信息化、智能化的基础，无论是在军事方面还是在民用方面，它都起着不可替代的作用。

1958 年，美国德州仪器公司展示了全球第一块集成电路，这标志着世界从此进入了集成电路的时代。几根零乱的电线将 5 个电子元件连接在一起，就形成了历史上第一块集成电路，如图 4.7 所示。虽然它看起来并不美观，但事实证明，其工作效能要比使用离散的部件高得多。历史上第一块集成电路出自杰克·基尔比之手。当时，三极管的发明弥补了电子管的不足，但工程师们很快又遇到了新的麻烦。为了制作和使用电子电路，工程师们不得不亲自动手组装和连接各种分立元件，如三极管、二极管、电容等。很明显，这种做法是不切实际的。于是，基尔比提出了集成电路的设计方案。

图 4.7　历史上第一块集成电路

其实，在 20 世纪 50 年代，许多工程师都想到了这种集成电路的概念。美国仙童公司联合创始人罗伯特·诺伊斯就是其中之一。在基尔比研制出第一块可使用的集成电路后，诺伊斯提出了一种"半导体设备与铅结构"模型。1960 年，仙童公司制造出第一块可以实际使用的单片集成电路。诺伊斯的方案最终成为集成电路大规模生产中的实用技术。基尔比和诺伊斯都被授予"美国国家科学奖章"。他们被公认为集成电路的共同发明者。

集成电路，就是利用半导体制造工艺，在一小块单晶硅基片上制作许多二极管、三极管、电阻、电容等元件，并连接成实现特定电子技术功能的固体电路，再从这个硅片上引出几个引脚，作为电路供电和外界信号的通道。从外观上看，它是一个不可分割的完整器件。

集成电路具有体积小、重量轻、引出线和焊点少、耗电低、寿命长和可靠性高等优点，在电性能方面远远优于晶体管等元件组成的电路，成本也相对低廉，便于进行大规模生产。用集成电路来装配电子设备，其装配密度相比晶体管可以提高几十倍至几千倍，设备的稳定工作时间也得以大大提高。如今，集成电路工艺突飞猛进，芯片制造商（如 Intel、AMD 等公司）生产的芯片上所集成的晶体管数量已达到了空前的水平，而且晶体管变得非常微小。例如，一个针尖大小的区域可以容纳 3000 万个晶体管。此外，现在的处理器上单个晶体管的价格仅仅是 1968 年晶体管价格的百万分之一。按集成度的不同，集成电路有小规模、中规模、大规模和超大规模之分；按功能、结构的不同，可以分为模拟集成电路、数字集成电路和数/模混合集成电路；按封装形式的不同分为单列直插式、双列直插式、扁平贴片式、金属圆壳式等，如图 4.8 所示。目前国内应用最多的是双列直插式。

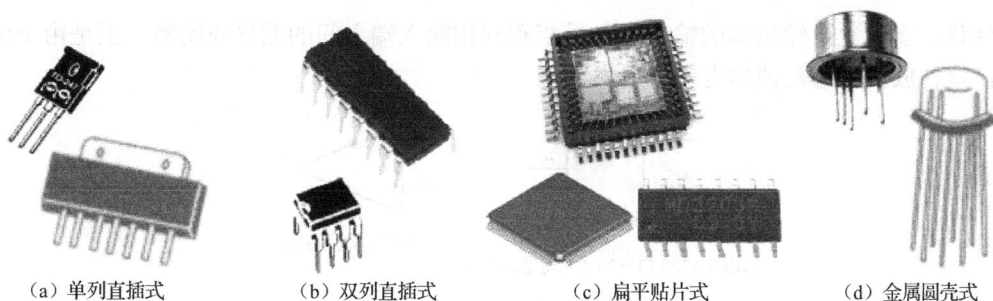

(a) 单列直插式   (b) 双列直插式   (c) 扁平贴片式   (d) 金属圆壳式

图 4.8 集成电路封装形式

2. 集成运算放大器的组成

阻容耦合和变压器耦合放大器无法传递变化极其缓慢（频率接近于零）的信号或者极性固定不变的直流信号，因此，电子工程师们采用集成电路技术，制造出了一种能够放大缓慢变化信号和直流信号的放大电路——集成运算放大器。集成运算放大器（简称集成运放）是由多级直接耦合放大电路组成的高增益模拟集成电路。近年来，集成运放得到了迅速发展，非常接近具有无限增益的理想放大器。各种高性能、低价格的集成运放应运而生，型号很多，内部电路结构也各有差异，但它们的基本组成是相同的，主要由输入级、中间级、输出级和偏置电路等组成，级间直接耦合，如图 4.9 所示。

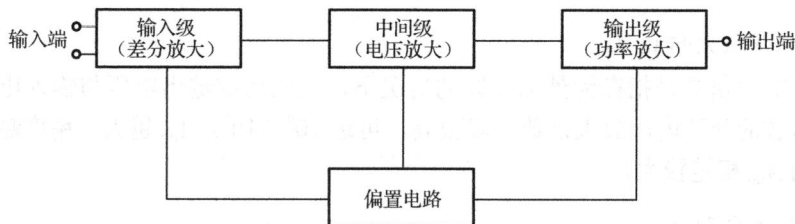

图 4.9 集成运放基本组成框图

输入级一般采用具有恒流源的差分放大电路，是接收微弱电信号，减小零点漂移，提高运算放大器性能、质量的关键部分，要求其输入电阻阻值大，主要利用其对称特性提高整个电路的共模抑制比。

中间级常采用复合结构的共射极（或共源极）放大电路，一般由多级放大电路组成，其主要作用是进行电压放大，提供高电压放大倍数，经输出部分传到负载，集成运放的总增益主要由中间级提供。

输出级与负载相接，通常由互补式（或准互补式）射极输出器（或复合管射极输出器）组成，用来减小输出电阻阻值，提高运放的负载能力，主要向负载提供足够大的输出功率，能输出足够大的电压和电流，通常装有过载保护电路。

偏置电路常采用小电流的恒流源，其主要作用是为各级放大电路提供合适的工作电流，以保证各级静态工作点的稳定。

此外，集成运放通常还有调零、相位补偿、电平偏移、过流保护等辅助电路。

电路图中集成运放的符号如图 4.10 所示，图中 "▷∞" 表示额定开路增益极高。它有同相（标有 "+" 符号）和反相（标有 "−" 符号）两个输入端，前者的电压变化和输出端的电压变化方向一致，后者则相反。如果将相同的电压同时施加到两个输入端，那么输出端应该没有变化。实际上，输出端的输出量与反相和同相输入端之间的差异成比例。正是由于这个原因，这种放大器通常被称为差分放大器。

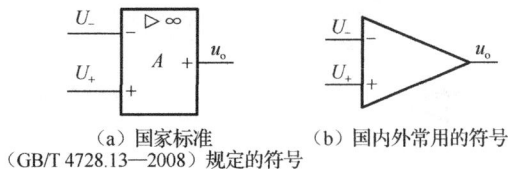

（a）国家标准
（GB/T 4728.13—2008）规定的符号

（b）国内外常用的符号

图 4.10　集成运放的符号

3. 集成运算放大器的主要参数及工作特点

如何在种类繁多的集成运放中选择满足应用需求的产品？依据就是评价集成运放性能优劣的参数，选用时应该综合考虑。例如，在没有特殊要求的场合，应尽量选用主要技术指标适中的通用型集成运放，这样既可兼顾可靠性、稳定性，又容易保证货源、降低成本，技术性与经济性较统一；在对某项技术参数有突出要求时可以选用专用型集成运放，但往往难以兼顾其他参数，如满足低噪声的产品往往带宽较窄，满足高速要求的产品常常精度不够高；在使用多个运放的系统中，尽可能选用多运放集成电路，如 LM324、LF347 等都是将 4 个运放封装在一起的集成块。

集成运放的一部分技术指标与差分放大器和功率放大器相同，另一部分则根据运算放大器本身的特点而设立。性能均衡的通用型集成运放的主要参数有以下 4 个。

1）开环电压放大倍数 A_{uo}

开环电压放大倍数是指在无外加反馈的情况下，集成运放输出电压与输入电压的变化量之比。集成运放的开环电压放大倍数一般很高，可达 $10^4 \sim 10^7$。A_{uo} 越大，精度越高，不同功能集成运放的 A_{uo} 相差较大。

2）差模输入电阻 r_{id}

集成运放两个输入端之间的等效电阻称为差模输入电阻。通常，电路输入差模信号时，希望集成运放的 r_{id} 尽量大，一般在几百千欧到几十兆欧。r_{id} 越大，对信号源的影响及所引起的动态误差越小。

3）闭环输出电阻 r_o

不带反馈的放大器的输出电阻称为开环输出电阻，带反馈（集成运放一般工作在深度负反馈条件下）的放大器的输出电阻称为闭环输出电阻。两者很有可能不一样，如放大器引入了电压负反馈后，闭环输出电阻要小于开环输出电阻，如果引入了电流负反馈则相反。开环时，纯粹是输出级对负载的阻抗，负载引起的输出电压一定幅度的"波动"不能被自动消除；闭环时，负载引起的输出电压一定幅度的"波动"能被自动消除。

一般集成运放的 r_o 小于 200Ω，值越小，带负载能力越强，一些超高速芯片的 r_o 更是小到零点零几欧。

4）最大共模输入电压 U_{icmax}

最大共模输入电压是指集成运放所能承受的最大的共模输入电压，超过此值，共模抑制比就要显著下降，导致集成运放工作不正常，失去差模放大能力，甚至造成器件损坏。高质量集成运放的 U_{icmax} 可达十几伏。

在分析由集成运放构成的应用电路时，一般将集成运放的各项技术指标理想化，以便忽略次要因素，抓住主要因素，大大简化分析过程。在电压放大电路模型中，为了避免在信号源内阻上产生过大的衰减，通常要求电压放大器最好不从信号源吸取电流，即要求放大器的输入电阻越大越好。同时，为了避免放大器带不同负载时输出电压不产生变化，通常要求放大器的输出电阻越小越好。运算放大器也不例外，因而运算放大器理想化条件如下。

（1）开环电压放大倍数 $A_{uo} \to \infty$。

（2）差模输入电阻 $r_{id} = \infty$。

（3）输出电阻 $r_o = 0$。

（4）共模抑制比 $K_{CMR} \to \infty$。

（5）开环带宽足够大，即 BW $\to \infty$。

（6）输入失调电压、失调电流及它们的温漂均为零。

由于实际集成运放的上述技术指标接近理想化条件，因此，在做集成运放的一般原理性分析时，用理想集成运放代替实际集成运放所引起的误差并不严重，在一般的工程计算中是允许的。以后若无特别说明，只要实际应用条件不使集成运放的某个技术指标明显下降，均将集成运放产品视为理想集成运放来考虑。

集成运放的电压传输特性如图 4.11 所示。电压传输特性表示输出电压与输入电压之间的关系。图 4.11 中虚线表示实际集成运放的电压传输特性，斜线部分是集成运放工作的线性区，输出电压和两个输入端之间的电压的函数关系是线性的，由于集成运放的电压放大倍数极高，斜线部分实际上十分接近纵轴，说明集成运放的线性区很小。在理想情况下，可认为该斜线与纵轴重合，即 ab 段垂直线，理想条件下的开环增益趋于无穷大。平顶部分为集成运放工作的非线性区，由于集成运放的开环电压放大倍数很高，即使输入信号是微伏数量级的，也足以使集成运放工作于饱和状态，使输出电压保持稳定。当 $U_+ > U_-$ 时，输出电压 u_o 会跃变为正饱和值 $+U_{OM}$，接近于正电源电压值；当 $U_+ < U_-$ 时，输出电压 u_o 会跃变为负饱和值 $-U_{OM}$，接近于负电源电压值。根据此特点，可得出集成运放在理想条件下的电压传输特性，如图 4.11 中粗实线所示。

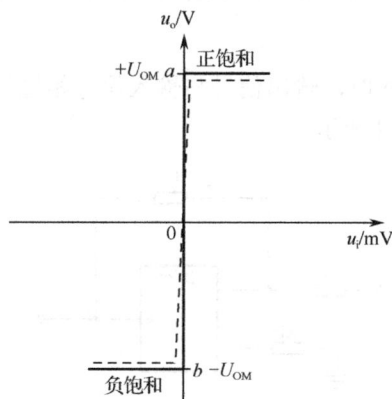

图 4.11　集成运放的电压传输特性

根据理想化条件，工作在线性状态（线性区）的集成运放，其输出电压随输入电压成比例变化，可以在输入端导出下面两个重要结论，它们是分析各种集成运放线性应用电路的有力法则。

（1）虚短。

当集成运放工作在线性区时，作为一个线性放大元件，其输出信号和输入差值信号呈线性关系，即 $u_o = A_{uo}(U_+ - U_-)$，由于输出电压 u_o 不能超过饱和电压 $\pm U_{OM}$，所以 $A_{uo} \to \infty$ 时，得到 $U_+ - U_- \to u_o/\infty \to 0$，也就是说，输入信号 $U_+ - U_-$ 趋近于零，或者写为 $U_+ \approx U_-$，这看起来像两个输入端形成短路，而事实上并不是短路，故称"虚短"。

（2）虚断。

由于集成运放的输入电阻 $r_{id} = \infty$，所以输入端流经集成运放的电流 $i_i = (U_+ - U_-)/r_{id} \to 0$，即理想集成运放的两个输入端不取用电流，这种现象称为"虚断"。

利用"虚短"和"虚断"这两个结论分析各种运算及处理电路的线性工作情况十分方便。

当集成运放处于开环状态或同相输入端和输出端之间有通路（正反馈）时，集成运放工作在非线性区，同相输入端 U_+ 与反相输入端 U_- 不等，输出电压为正/负饱和值，两个输入端的输入电流也等于零。

总之，分立元器件精度不高，受温度影响较大，而集成运放是在同一硅片上用相同工艺制造出来的，元器件性能比较一致，对称性好，相邻元器件的温度差别小，因而同类元器件温度特性也基本一致。集成运放具有很多优点，如具有近乎无穷大的增益、无穷大的输入阻抗、零偏置电流及零失调电压，不受封装尺寸限制，引线短，外接线和焊点少，组装工作量小，而且体积小、密度大、重量轻、功耗低、寿命长、可靠性高、性能好、成本低。

三、集成运算放大器的应用

1. 线性应用

由集成运放构成的电路通过外接电路引入不同的反馈时，可实现反相比例、同相比例、加法、减法、积分、微分、对数及指数等运算。对模拟量进行上述运算时，要求输出信号必须反映输入信号的某种运算结果，这就要引入深度负反馈，使集成运放呈闭环状态且工作于线性区，这可构成模拟信号运算放大电路、正弦波振荡电路和有源滤波电路等。

1）反相比例运算电路

输入信号从反相输入端输入时，输出信号与输入信号相位相反，这样的集成运放电路称为反相比例运算电路，如图 4.12 所示。

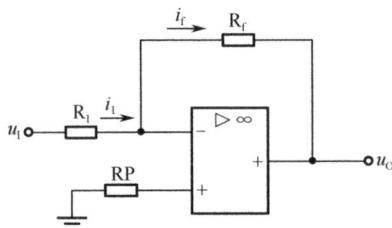

图 4.12　反相比例运算电路

同相输入端通过电阻 RP 接地，电阻 RP 的作用是消除静态电流对输出电压的影响，须符合平衡关系 $RP = R_1 /\!/ R_f$，即 RP 是 R_1 和 R_f 的并联等效值，输入电压 u_I 经过输入电阻 R_1 作用于反相输入端，反馈电阻 R_f 跨接在输出端和反相输入端之间，由于 R_f 可以将输出信号 u_O 引回到输入端，所以称为反馈通路，且 R_f 引入的是负反馈。电路的同相输入端接地，依据"虚断"和"虚短"的概念可得：RP 上无电流而各点等电位，因此 $U_+=0$，$U_-\approx U_+=0$，也就是说，反相输入端虽未真正接地，却也接近于地电位，这种现象称为"虚地"；$i_-=0$，$i_1=i_f$，故有

$$i_1=\frac{u_I-U_-}{R_1}=\frac{u_I}{R_1},\quad i_f=\frac{u_I-u_O}{R_f}=-\frac{u_O}{R_f}$$

$$\frac{u_I}{R_1}=-\frac{u_O}{R_f},\quad u_O=-\frac{R_f}{R_1}u_I$$

$$A_f=\frac{u_O}{u_I}=-\frac{R_f}{R_1}$$

最后一个公式表明，输出电压与输入电压有比例关系，$|A_f|$ 就是比例系数，反相比例运算电路的闭环增益是 R_f 与 R_1 的比值，电路的电压放大倍数由外围电阻决定，而与运放本身的参数无关，这就保证了放大倍数的精确性和稳定性，式中的负号表示输出电压 u_O 与输入电压 u_I 相位相反，当 $R_1=R_f$ 时，$A_f=-1$，$u_O=-u_I$，即输出电压与输入电压大小相等，极性相反，此时运放进行一次变号运算，具有此特征的反相比例运算电路称为反相器。

2）同相比例运算电路

输入信号从同相输入端引入，输出信号与输入信号相位相同，这样的集成运放电路称为同相比例运算电路，如图 4.13 所示。

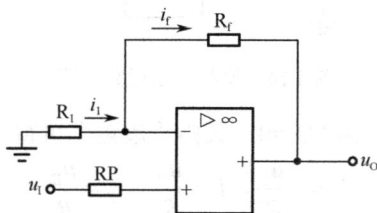

图 4.13 同相比例运算电路

根据"虚断"可知：RP 上各点等电位，$i_+=0$，$i_1=i_f$，同相输入端电位 $U_+=u_I$。由"虚短"又可得到 $U_-\approx U_+=u_I$。显然，无反馈信号时，同相比例运算电路的两个输入端如同加了一对共模信号，净输入电压 $u_d=U_+-U_-\approx 0$，电路无输出。当存在反馈通道时，由"虚断"可得 $i_-=0$，根据 $u_O\to R_f\to R_1\to$ 地回路可得 R_f 和 R_1 构成串联后对 u_O 分压，使反相输入端电位 U_- 发生变化，反馈量为 R_1 上的电压 u_1，$U_-=u_1$，从输出端看，其取自输出电压 u_O，故电路为电压反馈。U_- 的变化改变了净输入电压 u_d（$u_d=U_+-U_-$），在输入端，输入电压 u_I、反馈电压 u_1 和净输入电压 u_d 三者以电压求和形式出现，$u_I=u_1+u_d$，故电路为串联反馈，因此典型同相比例运算电路的反馈类型是电压串联负反馈。综上可得：

$$i_1=\frac{0-U_-}{R_1}=-\frac{u_I}{R_1},\quad i_f=\frac{U_--u_O}{R_f}=\frac{u_I-u_O}{R_f}$$

$$-\frac{u_I}{R_1}=\frac{u_I-u_O}{R_f},\quad u_O=\left(1+\frac{R_f}{R_1}\right)u_I$$

$$A_f=\frac{u_O}{u_I}=1+\frac{R_f}{R_1}$$

最后一个公式表明，同相比例运算电路输出电压与输入电压也有比例关系，电路的闭环电压放大倍数，即比例系数 $A_f \geqslant 1$，为正值，表示输出电压与输入电压同相，输出必然大于输入。A_f 与集成运放本身的参数无关，仅由外接电阻的阻值决定，只要阻值足够精确，就可保证放大倍数的精确性和稳定性。当接地端支路电阻 $R_1=\infty$ 或反馈支路电阻 $R_f=0$（相当于输出端与反相输入端短接）时，$u_O=u_I$，$A_f=1$，这时输出电压跟随输入电压有相同的变化，这种输出总是等于输入的同相比例运算电路称为电压跟随器。

3）加法运算电路

在反相比例运算电路的基础上，在反相输入端增加一条或几条输入支路，就可以对多个输入信号实现代数求和运算，即构成了反相加法运算电路，又称反相加法器。图 4.14 是反相端具有两个输入电压的反相加法运算电路。若在同相比例运算电路的基础上，在同相输入端增加若干条输入支路，便可构成同相加法运算电路，又称同相加法器。一般反相加法运算电路的性能较好，应用较多，下面主要分析反相加法运算电路。

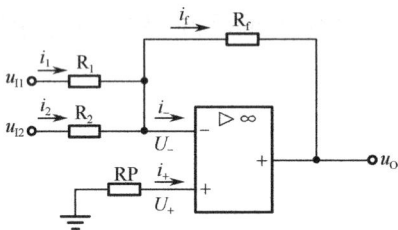

图 4.14　反相加法运算电路

由"虚断"可得 $i_-=0$，$i_f=i_1+i_2$，$U_+=0$，又由"虚短"可得 $U_-\approx U_+=0$（"虚地"），故有

$$i_f=-\frac{u_O}{R_f}, \quad i_1=\frac{u_{I1}}{R_1}, \quad i_2=\frac{u_{I2}}{R_2}$$

$$-\frac{u_O}{R_f}=\frac{u_{I1}}{R_1}+\frac{u_{I2}}{R_2}, \quad u_O=-\left(\frac{R_f}{R_1}u_{I1}+\frac{R_f}{R_2}u_{I2}\right)$$

$$R_1=R_2=R_f \text{时}, \quad u_O=-(u_{I1}+u_{I2})$$

最后一个公式表明，该电路实现了输出对输入的反相求和，输出电压与两个输入电压之间是反相加法运算关系，这种运算关系适用于有更多输入信号的情况。

4）减法运算电路

如图 4.15 所示的减法运算电路，其两个输入端都有信号输入，用来实现输出对输入的差分减法运算，即两个电压 u_{I1} 和 u_{I2} 相减，这种双端输入差分运算电路实际为差动放大器。

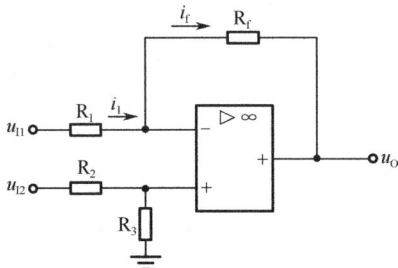

图 4.15　减法运算电路

由图 4.15 可知 R_f 是反馈通道，R_2 和 R_3 串联，根据分压关系，U_+ 等于输入电压乘以分压比，故有

$$U_+ = u_{I2}\frac{R_3}{R_2 + R_3}$$

若 $R_2 = R_3$，根据"虚短"有

$$U_- \approx U_+ = \frac{u_{I2}}{2}$$

$$i_1 = \frac{u_{I1} - U_-}{R_1} = \frac{u_{I1} - u_{I2}/2}{R_1}, \quad i_f = -\frac{u_O - U_-}{R_f} = \frac{-u_O + u_{I2}/2}{R_f}$$

根据"虚断"有

$$i_1 = i_f$$

可得

$$\frac{u_{I1} - u_{I2}/2}{R_1} = \frac{-u_O + u_{I2}/2}{R_f}$$

若 $R_1 = R_f$，整理可得

$$u_O = u_{I2} - u_{I1}$$

为保证电路的平衡性，要求电路中反相输入端等效电阻 R_N 与同相输入端等效电阻 RP 阻值相等，其中 $R_N = R_1 /\!/ R_f$，$RP = R_2 /\!/ R_3$。

2．非线性应用

集成运放的非线性应用也很广泛，可构成电压比较器、波形发生器等。其中，电压比较器的功能主要是对送到输入端的模拟量电压信号和基准参考电压信号进行鉴别与比较。当同相输入端电压高于反相输入端电压时，电压比较器输出高电平；当同相输入端电压低于反相输入端电压时，电压比较器输出低电平。

1）单门限电压比较器

如图 4.16（a）所示为单门限电压比较器电路，运放的同相端通过 R_2 与基准电压 U_R 相连，基准电压 U_R 又称门限电压，输入信号 u_I 通过 R_1 送入反相端，与基准电压相比较，设输出初始状态为 $+U_{OM}$。由图 4.16（b）可看出，$u_I < U_R$ 时，$u_O = +U_{OM}$；$u_I > U_R$ 时，$u_O = -U_{OM}$。u_I 在逐渐增大的过程中，达到门限电压 U_R 时，输出立刻跳变为 $-U_{OM}$，$u_I = U_R$ 是电路的状态转换点，因此，基准电压 U_R 也称阈值电压。在实际应用中，也可以把 u_I 接在同相输入端，而 U_R 作用于反相输入端，那么电路工作特性变为 $u_I < U_R$ 时 $u_O = -U_{OM}$，$u_I > U_R$ 时 $u_O = +U_{OM}$。

对于单门限电压比较器，当门限电压 U_R 为 0 时，只要输入 u_I 达到零值，输出 u_O 立刻发生跳变，这时称之为过零电压比较器，如图 4.17 所示。因为同相端接地，基准电压为 0，当电路的输入为正弦波时，u_I 每次经过零值，u_O 都会产生一次跃变，输出波形为方波，如图 4.17（c）所示。这种电压比较器广泛应用于模/数接口、电平检测、波形变换、波形整形及整形检测等领域中。

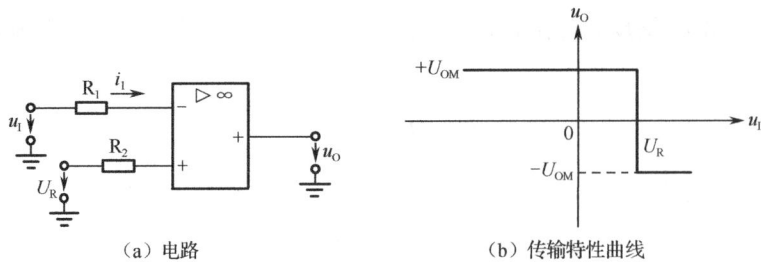

（a）电路 （b）传输特性曲线

图 4.16　单门限电压比较器

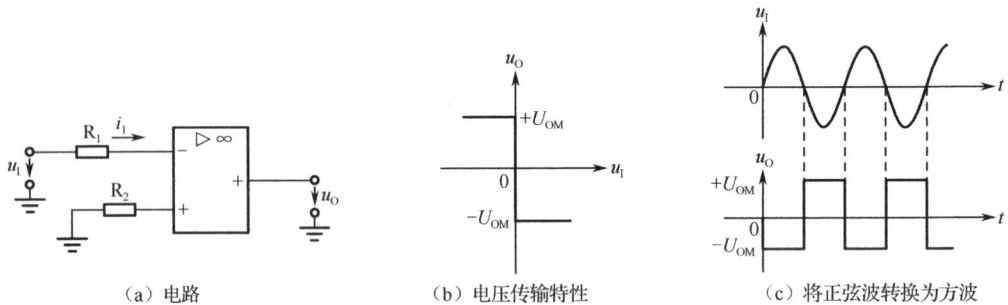

（a）电路 （b）电压传输特性 （c）将正弦波转换为方波

图 4.17　过零电压比较器

有时在输出端与地之间跨接双向稳压二极管，用于双向限幅，将输出电压限制在特定值，与接在输出端的数字电路电平配合，对电路的输出起保护作用，如图 4.18 所示。将输入 u_I 与零电平比较，限制输出 u_O 最大值为 $+U_Z$、最小值为 $-U_Z$。

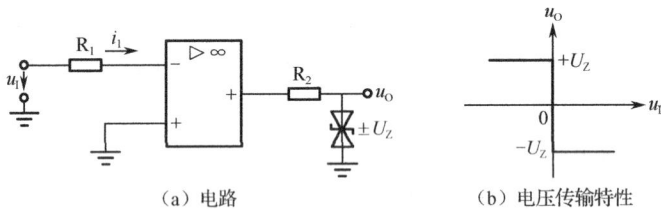

（a）电路 （b）电压传输特性

图 4.18　有限幅的过零电压比较器

单门限电压比较器电路结构简单、灵敏度高，但抗干扰能力差。如果输入信号中叠加了干扰信号，使输入信号在基准信号附近波动，输出就会随干扰信号来回翻转。采用滞回电压比较器可以解决这个问题。

2）滞回电压比较器

在反相输入单门限电压比较器的基础上引入正反馈网络，即组成了具有双门限值的滞回电压比较器，如图 4.19 所示。集成运放通过 R_1 与输入信号相连，通过 R_4 连接到输出，输出连接的双向稳压管限制了输出的正负饱和值为 $\pm U_Z$。同相输入端通过 R_2 接地，输出通过 R_3 连接到同相输入端构成正反馈环节，U_B 为门限电压。显然，滞回电压比较器由于反馈的作用，其门限电压随输出电压的变化而变化，是 U_Z 对 R_2 的分压值，由此构成了双门限滞回电压比较器。传输特性的横轴是输入 u_I，纵坐标是输出 u_O，在 u_I 从小往大变化的过程中，门限值为 U_{B1}，输出电压跃变至负饱和值；在 u_I 从大往小变化的过程中，门限值为 U_{B2}，输出电压由负饱和值跃变至正饱和值。滞回电压比较器具有迟滞回环传输特性，电路中的回差电压为$U_{B1}-U_{B2}$。滞回电压比较器的灵敏度比单门限电压比较器稍低，电路结构较为复杂，但引入的正反馈环节使其抗干扰能力大大提高。

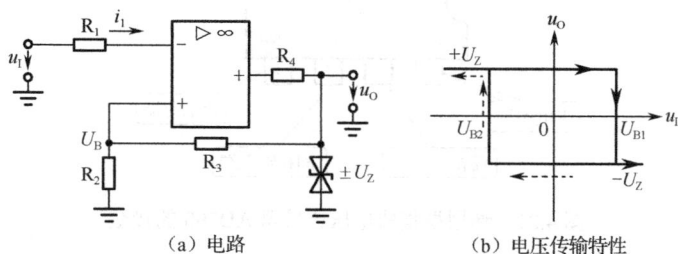

（a）电路　　　　　　　　　（b）电压传输特性

图4.19　滞回电压比较器

3）窗口电压比较器

滞回电压比较器、单门限电压比较器在输入电压单方向变化时，输出电压仅发生一次跃变，无法比较在某一特定范围内的电压大小，图4.20所示的窗口电压比较器则可以用来判断输入信号是否在两个电压之间。窗口电压比较器具有两个门限电压和两种稳定输出状态，当输入信号单方向变化时，可使输出电压跳变两次。

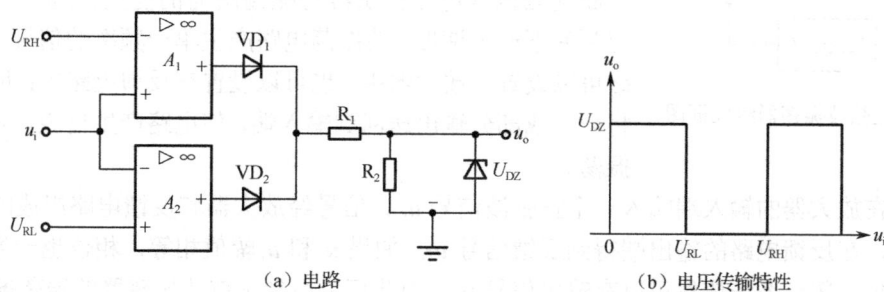

（a）电路　　　　　　　　　（b）电压传输特性

图4.20　窗口电压比较器

4）集成电压比较器

集成电压比较器是常用的信号处理单元电路，广泛应用于信号幅度的比较、信号幅度的选择、波形变换及整形等方面。集成电压比较器可分为单电压比较器、双电压比较器和四电压比较器。集成电压比较器具有响应速度快、传输时间短的特点，一般不需要外加限幅电路，便可直接驱动 TTL、CMOS 和 ECL 等电路。不足之处是开环增益较低，失调电压较大，共模抑制比较小。通用型集成电压比较器 AD790 是一款快速（45ns）的集成电压比较器，功能丰富，易于使用，可以采用+5V 单电源或±15V 双电源供电。在单电源模式下，其输入可以地为参考，这是其他电压比较器所不具备的特性。AD790 有 8 个引脚，接法如图4.21所示。其引脚 1 是正电源端；引脚 2 是反相输入端；引脚 3 是同相输入端；引脚 4 是负电源端；引脚 5 为锁存控制端，当锁存控制端为低电平时，锁存输出信号；引脚 6 为接地端；引脚 7 是输出端；引脚 8 为逻辑电源端，逻辑电源端取值决定负载所需的高电平。

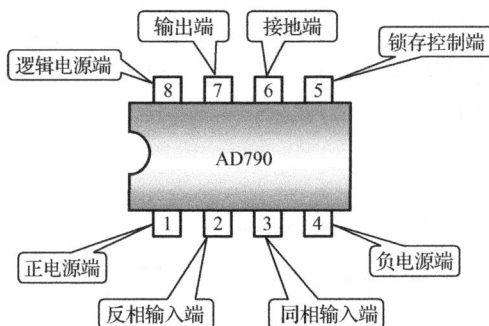

图 4.21　通用型集成电压比较器 AD790 的接法

5）正弦波振荡器

如果在放大电路中引入正反馈，有可能引起放大电路自激振荡，即使没有输入信号，在放大器输出端也有交流信号输出，这种能自动输出一定频率的交流信号的电路称为振荡电路。能输出一定频率和一定幅度正弦波信号的振荡电路称为正弦波振荡电路，也称正弦波振荡器。

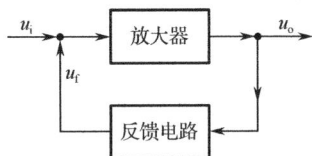

图 4.22　正弦波振荡器组成框图

正弦波振荡器组成框图如图 4.22 所示，一般由放大器、选频网络、反馈电路组成。其中，放大器起着能量转换的作用，不断地为振荡电路提供维持振荡所需的能量；选频网络在一定频率下产生谐振，使振荡电路产生单一频率的信号，选频网络可以设置在放大器中，也可以设置在反馈电路中；反馈电路将全部或部分输出送回到输入端，使电路产生自激，从而形成振荡。

假设在放大器的输入端输入一个正弦波信号 u_i，信号经放大器和反馈电路组成的闭环系统传输后，在反馈电路的输出端得到反馈信号 u_f，如果 u_i 和 u_f 幅值相等，相位也一致，则 u_i 就可以去掉，闭环系统依然可以有输出信号 u_o。由此可以得到正弦波振荡器的振荡条件。

① 振幅平衡条件：反馈信号和输入信号的幅值必须相等，即 $u_i=u_f$，则有

$$|AF|=1$$

式中，A 为基本放大器的电压放大倍数，F 为反馈电路的反馈系数。

② 相位平衡条件：反馈信号和输入信号的相位必须一致，即相位差为 2π 的整数倍，则有

$$\varphi = 2n\pi，\quad n=0,1,2,\cdots$$

式中，φ 为输入信号 u_i 和反馈信号 u_f 的相位差。

由振荡器的概念可知，正弦波振荡器就是一个没有输入信号的带选频网络的正反馈放大器。那么，在没有外加信号的情况下，正弦波振荡器中的振荡是怎么建立起来的，又是如何保持稳定的呢？其实，在振荡电路通电后，振荡电路并不是马上就能进入稳幅振荡，一般有一个振荡建立过程。在电路通电后，电路中总会有频率范围很宽的噪声，噪声经放大电路放大后，选频网络从噪声中选出频率为 f_0 的信号，通过反馈电路送回振荡电路输入端再放大，如此不断循环，由弱到强，振荡就建立起来了，并输出频率一定的正弦波。为了保证振荡能建立起来，在振荡建立的过程中，往往要求 $|AF|>1$。振荡建立起来后，信号振幅会不会无限制地放大呢？如果信号振幅过大，三极管就会由线性放大区过渡到非线性区，放大器的放大倍

数就会下降，最终使|AF|=1。此时，振荡电路就进入稳幅振荡状态。

正弦波振荡器根据选频网络组成的不同，可以分为 RC 正弦波振荡器、LC 正弦波振荡器和石英晶体正弦波振荡器。

RC 正弦波振荡器有移相式、双 T 网络式和桥式三种形式，这里只介绍最常用的 RC 桥式正弦波振荡器，其电路如图 4.23 所示。

RC 桥式正弦波振荡器由基本放大器和 RC 正反馈选频网络组成。其中，基本放大器由运算放大器组成，选频网络由 R_1、C_1 和 R_2、C_2 的串并联电路组成，RC 串并联电路引入正反馈，满足相位平衡条件。R_4 引入电压串联负反馈，以稳定输出正弦波幅度，R_4 通常选用具有负温度系数的热敏电阻（非线性元件）。在电路中，如果令 R_1 和 C_1 串联阻抗为 Z_1，R_2 和 C_2 并联阻抗为 Z_2，则 Z_1、Z_2、R_3 和 R_4 组成电桥的四个臂，RC 桥式正弦波振荡器的名称即由此而来。

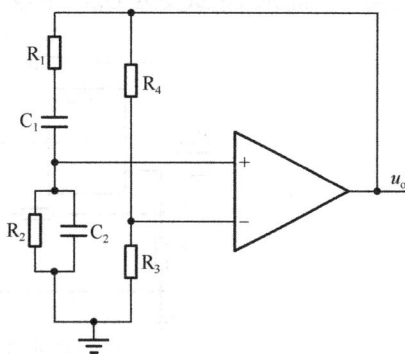

图 4.23　RC 桥式正弦波振荡器电路

接下来介绍 RC 桥式正弦波振荡器电路的工作原理。在电路中，RC 串并联电路作为选频网络引入正反馈，反馈系数 $F=1/3$，只要基本放大器放大倍数略大于 3（运算放大器的开环放大倍数很大，这一条件很容易满足），振荡电路就可以产生振荡输出正弦。当基本放大器的放大倍数过大时，就会进入非线性区域，导致输出波形产生失真。利用具有负温度系数的热敏电阻引入负反馈，可以自动调节反馈强弱，以稳定输出信号幅度。

最后分析一下 RC 桥式正弦波振荡器电路的振荡频率，RC 正弦波振荡器一般用来产生 1MHz 以下的低频信号。在电路中，一般取 $R_1=R_2=R$，$C_1=C_2=C$，则振荡频率与 R、C 取值有关，振荡频率计算公式如下：

$$f_0 = \frac{1}{2\pi RC}$$

6）矩形波发生器

在实用电路中，除了常见的正弦波，还有矩形波、三角波、锯齿波等，下面介绍常用的矩形波发生器。结构上，矩形波发生器是在滞回电压比较器的基础上，在输出端与反相输入端之间增加一条 RC 充放电反馈支路构成的。在矩形波发生器中，矩形波电压只有两种状态，不是高电平，就是低电平，所以电压比较器是它的重要组成部分；因为要产生振荡，即要求输出的两种状态自动地相互转换，所以电路中必须引入反馈；因为输出状态要按一定的时间间隔交替变化，即产生周期性变化，所以电路中要有延迟环节来确定每种状态维持的时间。如图 4.24 所示为矩形波发生器，输出端接有两个方向相反的稳压二极管，忽略二极管的正向导通压降，输出为 $\pm U_Z$（U_Z 为稳压二极管的稳定电压）。R_F、C 电路既作为延迟环节，又作为反馈网络，通过 C 放电、充电实现输出状态的转换。

设某一时刻输出电压 $u_o=+U_Z$，则同相输入端电位 $u_R=U_H=\dfrac{R_2}{R_1+R_2}U_Z$。$u_o$ 通过 R_F 对电容 C 正向充电，反相输入端电位 u_C 随时间 t 增长而逐渐升高，u_C 趋于 $+U_Z$，一旦 $u_C=U_H$，再稍增大，就会大于同相输入端电位，u_o 就从 $+U_Z$ 跃变为 $-U_Z$；与此同时，u_R 从 U_H 跃变为 U_L

（$U_L = -\dfrac{R_2}{R_1 + R_2} U_Z$）。随后，$u_o$ 又通过 R_F 开始对电容 C 放电，反相输入端电位随之下降，u_C 趋于$-U_Z$，当降至 U_L 时，再稍减小，就会小于同相输入端电位，u_o 便由$-U_Z$ 跃变为$+U_Z$；与此同时，u_R 从 U_L 跃变为 U_H，电容又开始正向充电。

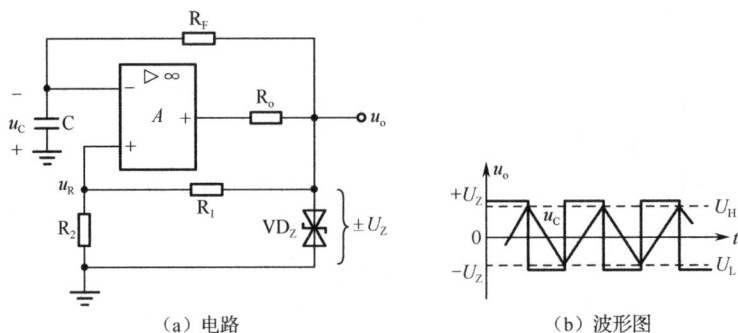

（a）电路　　　　　　　　　（b）波形图

图 4.24　矩形波发生器

上述过程周而复始，电路产生自激振荡，电路输出的矩形波的电压周期取决于电容充、放电的时间常数。经推算，其振荡周期 $T = 2R_F C \ln\left(1 + \dfrac{2R_1}{R_2}\right)$，振荡频率 $f = \dfrac{1}{T}$。所以，改变电容 C 及电阻 R_F 的参数，就可以调节矩形波的频率。

7）三角波发生器

将矩形波发生器的输出作为积分运算电路的输入，在积分运算电路的输出端就得到三角波电压，三角波发生器电路及波形转换示意图如图 4.25 所示。

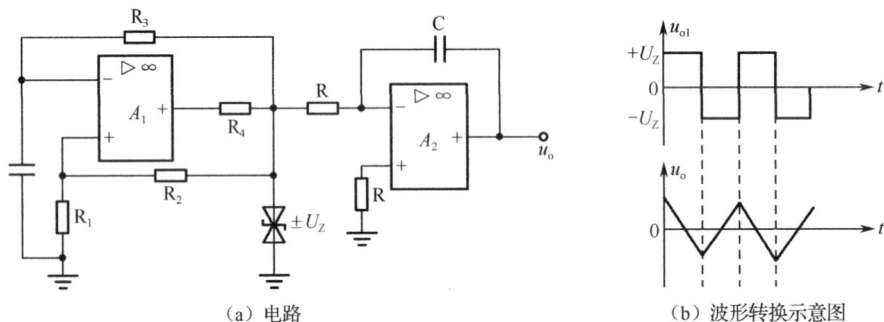

（a）电路　　　　　　　　　（b）波形转换示意图

图 4.25　三角波发生器

学生工作页

信息收集

1. 请根据收集的信息，把运算放大器的思维导图（图 4.26）补充完整。

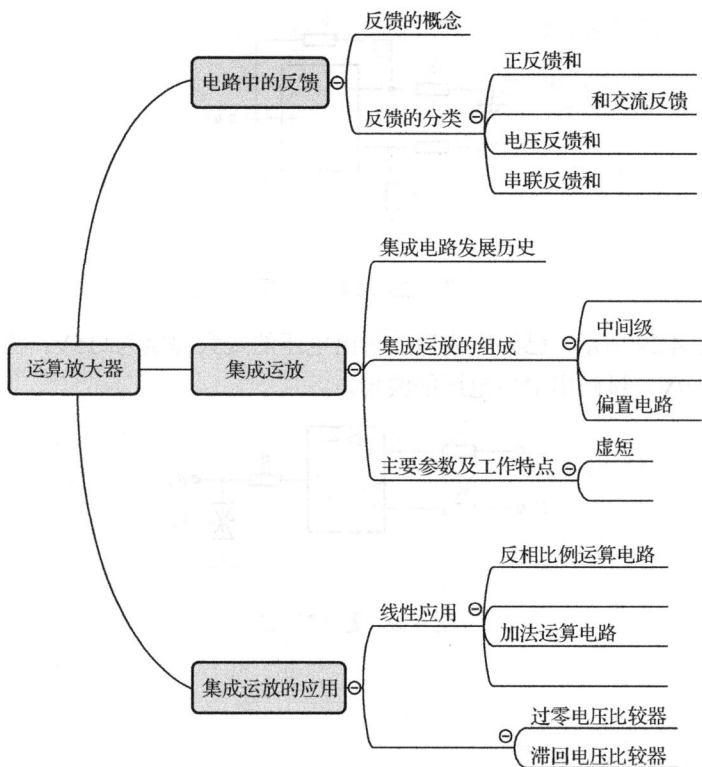

图 4.26 运算放大器的思维导图

2．分析电路。

（1）判断图 4.27 所示各电路中是否存在反馈，如果存在，请判断出反馈的类型。

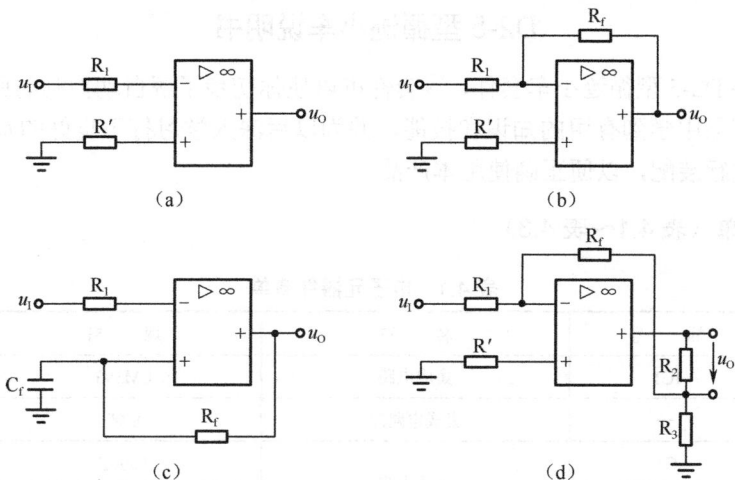

（a）

（b）

（c）

（d）

图 4.27 题（1）图

（2）在图 4.28 所示电路中，已知 $R_1=2\text{k}\Omega$，$R_f=5\text{k}\Omega$，$R_2=2\text{k}\Omega$，$R_3=18\text{k}\Omega$，$u_I=1\text{V}$，求输出电压 u_O。

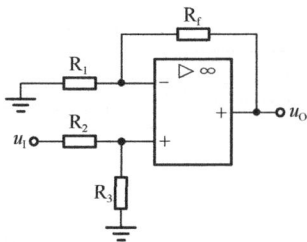

图 4.28　题（2）图

（3）电路如图 4.29 所示，已知集成运放输出电压的最大幅值为±15V，稳压管 U_Z=8V，若 U_R=4V，u_I=10sinωtV，试画出输出电压的波形。

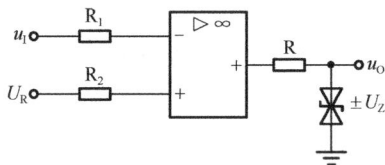

图 4.29　题（3）图

分析计划

通过前面相关知识的学习及信息收集的检测，你是否已经具备对循迹小车的核心模块 LM393 等进行电路分析的能力？下面从认真阅读产品说明书开始，逐步完成循迹小车的装配。动手实践能加深体会并帮助理解，而动手之前要做到脑中有认识、心中有计划，只有思路清晰才能保证操作准确无误。下面以 D2-5 型循迹小车说明书为例。

D2-5 型循迹小车说明书

感谢你购买 D2-5 型循迹小车套件，该套件可以使你初步了解自动控制的原理和技术。希望你能在这款产品中学到有用的知识和技能，并为以后深入学习打下良好的基础。请按照说明书中的要求进行装配，以便正确使用本产品。

1. 配件清单（表 4.1～表 4.3）

表 4.1　电子元器件清单

序　号	标　号	名　称	规　格	数　量
01	IC1	集成电路	LM393	1
02	—	集成电路座	8 脚	1
03	C1	电解电容	100μF	1
04	C2		100μF	1
05	R1	可调电阻	10k	1
06	R2		10k	1

序　号	标　号	名　称	规　格	数　量
07	R5		51	1
08	R6		51	1
09	R7		1k	1
10	R8		1k	1
11	R9	色环电阻	10	1
12	R10		10	1
13	R11		51	1
14	R12		51	1
15	R13	光敏电阻	CDS5	1
16	R14		CDS5	1
17	D1	ϕ5mm	红	1
18	D2	发光二极管	红	1
19	D4	ϕ5mm	白发红	1
20	D5	发光二极管	白发红	1
21	Q1	三极管	8550	1
22	Q2	三极管	8550	1
23	S1	自锁开关	6×6	1

表4.2　机械零部件清单

序　号	标　号	名　称	规　格	数　量
01	M1	直流电动机	JD3-100	1
02	M2		JD3-100	1
03	—	车轮	—	2
04	—	车轴	ϕ2×30	2
05	—	垫片	ϕ2	6
06	—	三通轴套	ϕ2.5	2
07	—	齿轮	ϕ22	2
08	—	螺杆	ϕ5	2
09	—	螺钉	M2.2×8	4
10	—	电动机螺钉	M1.7×4	4
11	—	万向轮螺钉	M5×20	1
12	—	万向轮螺母	M5	1
13	—	万向轮螺钉套	M5	1

表 4.3　其他零部件清单

序　号	名　　　称	规　　格	数　　量
01	电路板	D2-5	1
02	连接导线	—	2
03	胶底电池盒	AA×2	1
04	说明书	A4	1
05	外包装	10×16	1

D2-5 型循迹小车原理图如图 4.30 所示。

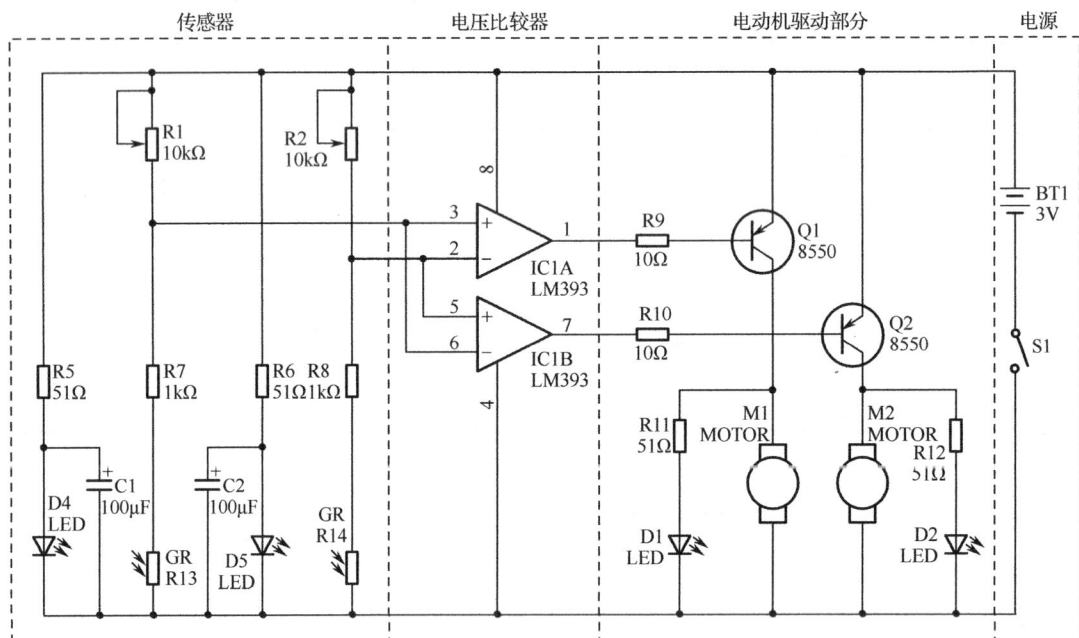

图 4.30　D2-5 型循迹小车原理图

2. 装配说明

1）电路装配

（1）按电路图和电路板上的标记依次将色环电阻、8 脚 IC 座、开关、电位器、三极管、电解电容、ϕ5mm 发光二极管焊接在电路板上，注意 IC 座的方向。为了调试方便，芯片暂不安装。

（2）将电池盒按照电路板上的图示贴到电路板上，电池盒红线为正极，黑线为负极，将电池盒两根引线焊接在板子对应位置处。

（3）将电路板正面向上，将万向轮的支撑螺栓穿入孔中，旋入万向轮的螺母并拧紧，最后装上万向轮并拧紧。

（4）将电路板底面朝上，按照板子上的标记将 ϕ5mm 发光二极管（白发红）和光敏电阻焊接在板子上，发光二极管和光敏电阻距离万向轮球面 5mm 左右即可。

（5）在电池盒内装入两节 AA 电池，按下开关，此时两个 ϕ5mm 发光二极管（白发红）

应发光，如果不发光，可能是发光二极管的正负极接反，应将正负极对调。调试成功后，断开电源待用。

2）机械零部件装配

（1）将 4 个垫片安装在电路板上。垫片的作用是增大车轴和电路板之间的间隙，使安装在轴上的齿轮有足够的转动空间。先将一颗 M2.2×8 螺钉从电路板正面放入安装孔，再将一个垫片从电路板背面套在螺钉上，用小钳子夹住垫片，用小改锥转动螺钉，直到垫片紧贴在电路板上，这样一个垫片就安装好了。用同样的方法将剩余 3 个垫片安装好。

（2）将一根钢轴从车轮的中心孔穿入。注意，应从车轮有凸起轴套的一面插入。钢轴插到与车轮光滑的一面平齐为佳。

（3）将一个三通轴套套入钢轴，与车轮紧邻，然后将一个垫片套入钢轴，紧邻三通轴套。装到位后，拨动三通轴套，应当转动灵活，否则应适当增大间隙。

（4）将一个齿轮套入钢轴，先放在钢轴的中心位置，然后将一个三通轴套套在钢轴的末端，这样小车一侧的车轮组件就做好了。用手拿着车轮，钢轴保持水平，调整钢轴末端三通轴套的位置，钢轴上的齿轮应刚好落入齿轮槽内，否则应对齿轮位置进行调整，直到符合要求。最后将钢轴上的两个三通轴套套入固定垫片的螺钉凸出部分，用小改锥拧紧。用同样的方法将另一侧的车轮组件安装好。

（5）将一个螺杆套入电动机轴，然后将这个螺杆从电路板正面的电动机安装位置孔中穿出，用两个小螺钉从电路板背面对应小孔中固定住电动机。注意，电动机有接线端的一面向前。将连接导线分成两段后上锡，分别焊接在电动机的两个接线端，导线的另一端焊接在电动机的对应安装位置。如果通电时发现电动机反转，将电动机接线端的导线调换即可。

3）整体调试

（1）测试驱动电路。按下开关，接通电源，将 8 脚 IC 的第 1 脚、第 7 脚、第 4 脚连接，这时小车应当向前行驶，否则需要调换电动机的接线。如果电动机不转，应检查三极管是否焊反、基极电阻阻值（10Ω）是否正确。

（2）断电后将 LM393 芯片插在 8 脚 IC 座上，插入时要注意方向。上电后调节电位器，使小车能够沿着黑线行驶。

跑道如图 4.31 所示。

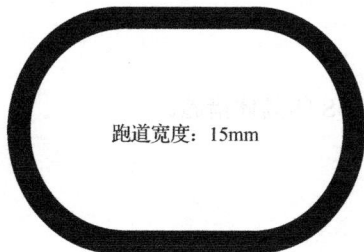

跑道宽度：15mm

图 4.31　跑道

阅读完产品说明书后，回答以下问题。

（1）装配循迹小车的过程中要用到哪些工具？还要做哪些准备工作？

（2）请结合说明书，按照工作流程填写循迹小车的任务计划表（表 4.4）。

表 4.4　任务计划表

序　　号	任 务 内 容	计 划 用 时	实 际 用 时	备注（安全提醒/实际完成情况）

（3）请结合说明书中的电路原理图分析循迹小车电路工作原理。

（4）请按工作流程梳理出电路板上所有元器件的安装顺序。

（5）请写出实施过程中贯彻 5S 的具体措施。

项目实施

下面进行循迹小车的安装与调试。项目实施前应全面检查任务分工，以及材料、工具是否齐全；实施中应注意操作规范、安全；实施后应严格按照 5S 进行整理。

1．注意事项

本项目中的电子元件种类繁多，使用时应注意操作，避免损坏元件。组装过程中，要严格按照产品说明书和工艺规范进行焊接、安装。注意操作安全，工具摆放、包装物品和导线线头等的处理应符合相关要求；要爱惜设备和器材，保持工位整洁。

2．元件检测与识别

将所有元件放在一个盒子里，根据说明书中的材料清单，逐一识别出产品套件中提供的对应元件及其在电路板上的安装位置。D2-5 电路板及 D2-1 电路板装配图如图 4.32 所示。

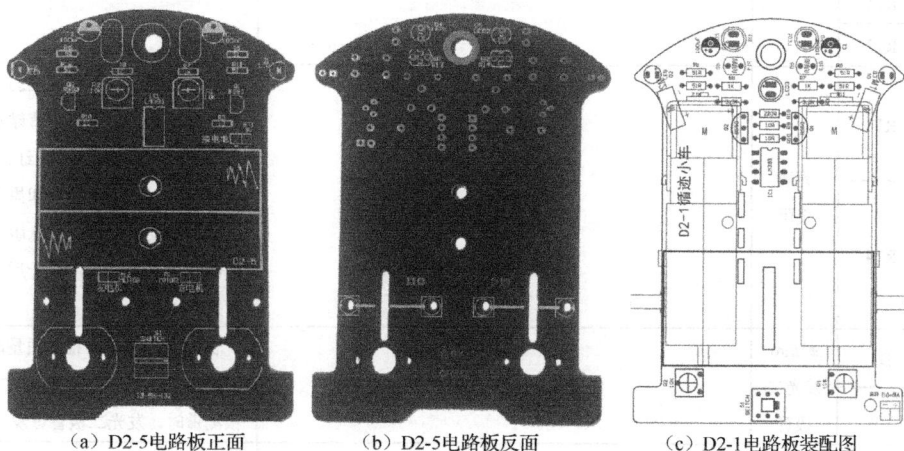

（a）D2-5电路板正面　　（b）D2-5电路板反面　　（c）D2-1电路板装配图

图 4.32　D2-5 电路板及 D2-1 电路板装配图

分析各元件的作用并补全表 4.5。

表 4.5　循迹小车元件的识别与检测

序号	标号	名称	外形图/装配图/电路图	作用分析与质量检测
01	IC1	集成电路		LM393 是双路电压比较器集成电路，由两个独立的精密电压比较器构成。它的作用是比较两个输入电压，根据两路输入电压的高低改变输出电压的高低。输出有两种状态，分别为接近开路及下拉接近低电平，LM393 采用集电极开路输出，所以必须加上拉电阻才能输出高电平
02	—	集成电路座		

序号	标号	名称	外形图/装配图/电路图	作用分析与质量检测
03	C1	电解电容		容量标称值是___；检测质量时，应选用万用表的___挡位，测量结果为___；长引脚为___极；耐压值为___V
04	C2			
05	R1	可调电阻		标称值为___，测量值为___
06	R2			
07	R5	色环电阻		
08	R6			
09	R7			
10	R8			
11	R9			
12	R10			
13	R11			
14	R12			
15	R13	光敏电阻		能够检测外界光线的强弱，外界光线越强，光敏电阻的阻值越小；外界光线越弱，阻值越大。当红色LED发出的光投射到白色区域和黑色跑道上时，因为反射率不同，光敏电阻的阻值会发生明显变化，便于后续电路进行控制
16	R14			
17	D1	ϕ5mm 发光二极管		长引脚为___极；检测质量时选用万用表的___挡位，红表笔接二极管___极测量时，发光二极管可发___光
18	D2			
19	D4	ϕ5mm 发光二极管		
20	D5			
21	Q1	三极管		
22	Q2			
23	S1	自锁开关		

3. 电路焊接

电路焊接比较简单，但需要一定的耐心，认真、细致地完成。焊接元件时应按照从低到高的原则依次进行，首先焊接8个电阻，所有电阻采用卧式安装，安装前务必用万用表测量电阻的阻值，确保阻值与PCB板上标注的阻值一致，符合电路要求。在焊有极性的元件（如电解电容、发光二极管）时务必分清极性，尽量参考产品配套成品图及视频演示中指示的元件方向，检测确认后安装、焊接。焊接电容时注意，长引脚为正极，短引脚或者侧边有白色的是负极。焊接红色LED时注意，长引脚是正极，不要装错，也可以看里面的铁芯，铁芯小的是正极。焊接时注意，不要让焊盘粘在一起造成短路，也不能因焊盘不够造成虚焊，并且焊接时间不能太长，否则容易焊坏。每焊完一个元件就用钳子剪掉多余的引脚，以免妨碍焊接下一个元件。安装三极管与可调电阻时要确保元件与电路板上的标记一致，安装 IC 插座时要确保 IC 插座的缺口与电路板上的标记一致。D4、D5、R13、R14 可以暂时不焊，先将顶层板子正面元件焊完，初步焊接完成后务必细心核对。集成电路芯片 LM393 先不要插上去，等其他元件和配件都装好后再插上，以免焊接时静电损坏芯片。新的芯片引脚是向外的，需要压进来一点。自锁开关一侧有一根竖线标记，安装时这根竖线标记要与电路板上的竖线标记保持一致。

4．机械组装

电池盒用双面胶粘贴在 PCB 板上标记的位置，引出线穿过 PCB 板预留孔并焊接到 PCB 板上，红线接 3V 正电源，黑线（或黄线）接负极，多余的引线可以用于电动机连线。

5mm 螺钉、螺母、螺帽用于固定万向轮。将万向轮螺钉穿入 PCB 板的孔中，并旋入万向轮螺母和万向轮。

将电动机引线焊接到 PCB 板上，引线应适当留长一些，以便在电动机旋转方向错误时调换引线的顺序。

安装齿轮时，要注意齿轮在轴上的位置。三通轴套下要垫一个黄色的垫圈，三通轴套与轴之间通过两个垫圈对轴杆进行限位，以保证齿轮不会与电路板之间产生刮擦。车轮要套上橡胶圈。

5．安装光电回路

白发红 LED 和光敏电阻是反向安装在 PCB 板上的，白发红 LED 安装高度约 3mm，光敏电阻安装高度约 4mm，光敏电阻和白发红 LED 之间的距离为 5mm 左右。白发红 LED 要注意极性，光敏电阻不区分正负极。焊接时要将直引脚，可以先焊接一个引脚，确认高度合适后继续焊接。光敏电阻是小车底部设置的循迹传感器模块，通过探知地面颜色来识别黑色轨迹，是实现循迹的重要元件。

6．测试电路

可以先通电检测一下 LED 点亮情况，光敏电阻旁的两个 LED 都点亮，说明焊接没有问题，电源没有短路，但不表示其他地方也没有短路。如果只有一个 LED 点亮，可以通过调节可调电阻，使碰到黑线或被手遮挡的光敏电阻另一侧的 LED 点亮。如果插上芯片 LED 才会点亮，可以等电动机安装测试完毕且确认没有问题后再插芯片。正转左车轮时左边 LED 点亮，正转右车轮时右边 LED 点亮，如果后退时 LED 点亮，说明电动机线接反。全部元件装配完成后可以通电测试完整电路。

7．整车调试

测试小车时，在电池盒内装入两节 1.5V 电池，开关按下去通电以后，将一侧传感器对准黑色跑道，另一侧 LED 应点亮。如果没有这个效果，就用十字螺丝刀调节两个电位器，以达到这个效果。调整完毕后，可以把小车放在说明书背面的简易测试跑道上测试循迹效果，注意压平纸张，否会则万向轮会被卡住，影响小车行驶。

芯片 LM393 会比较两侧光敏电阻的阻值，当出现不平衡时（如一侧车轮压黑色跑道），立即控制一侧电动机停转，另一侧电动机加速旋转，从而使小车，恢复到正确的方向上，整个过程是一个闭环控制过程，因此能快速、灵敏地控制小车循迹行驶。

小车正确的行驶路线是沿黑色跑道行驶，如果小车后退行驶，可以同时调换两个电动机的接线。如果一侧正常，另一侧后退，则只要调换后退一侧电动机的接线。

检验评估

按照表 4.6 中的标准对本项目完成情况进行评价。

表 4.6　项目评价表

编号	评价内容	分值	评价标准		评　分	备　注
1	思维导图	10	总结完整，思维清晰，描述清楚			
2	布局图及电路图	20	完成电路最小系统设计，电路设计正确（10 分）；电路图美观，符合要求（2 分）；电路标识清楚、准确（2 分）；计算公式正确（4 分）；完成外围应用电路的设计和实现，布局美观（2 分）			
3	检测与识别	10	外形图、装配图、电路图识别、绘制准确（3 分）；完成对硬件的识别、检测和调试工作，数量、阻值、极性等与电路图对应（3 分）；元件作用分析到位（4 分）			
4	制作循迹小车	40	功能实现（20 分）	小车能自动循迹行驶		
			装配工艺（20 分）	符合电子产品装配工艺标准。不符合 1 处扣 1 分，扣完为止		
5	安全规范操作	10	在工作中具有职业与安全意识，工具仪表使用规范，有防护措施，无带电操作，符合 5S 要求			
6	团结协作	10	（1）分工明确，完成各自职责（5 分）（2）互相协作（5 分）			

回顾总结

通过自己动手制作循迹小车，你学到了哪些知识和技能？有什么心得体会？在各小组测试循迹小车的过程中出现了哪些故障？这些故障是如何排除的？

故障举例：

（1）光敏电阻不能有效工作。

（2）电容没判断极性，直接接入电路。

（3）元件布置不合理。

（4）电路接触不良，有短路现象。

排除方法：

（1）将光敏电阻重新焊接，使其能探知实验跑道。

（2）了解电容的类型，并确定其极性。

（3）重新布置各元件。

（4）检查接线，将有问题的地方重新接线。

制作足球有源音箱

情境描述

晚会、演唱会、电影院、家庭影院都对音响效果要求非常高，而音箱是达到这些要求必不可少的部分。音箱应用场景如图 5.1 所示。

图 5.1　音箱应用场景

音箱可以对声音加以处理，使之更加优美动听。

某校足球队要来我校进行交流学习，学校希望为他们准备一件有意义的礼物。经讨论，决定组装一套足球有源音箱（图 5.2）作为礼物赠送给足球队。

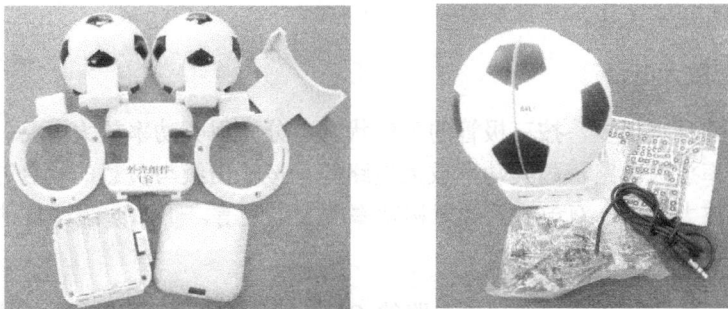

图 5.2　足球有源音箱

有源音箱又称主动式音箱，通常是指带有功率放大器的音箱，如多媒体音箱、监听音箱，以及一些新型的家庭影院有源音箱等。为提高其带负载能力，通常需要在末级加入功率放大电路。能够向负载提供足够信号功率的放大电路，称为功率放大电路，简称功放。

相关知识

一、功率放大电路

1. 功率放大电路的功能及特点

功率放大电路是一种以输出较大功率为目的的放大电路，通常作为多级放大电路的输出级。它一般直接驱动负载，带负载能力强，其输入、输出的电压和电流都比较大，是大信号放大电路，消耗能量多，信号容易失真，输出信号功率大。

良好的功率放大电路应具有以下特点。

1）输出功率 P_0 尽可能大

功率放大电路提供给负载的信号功率称为输出功率。显然，输出功率越大越好。

2）转换效率高

功率放大电路的最大输出功率 P_{om} 与电源提供的直流功率 P_v 的比值称为转换效率，公式如下：

$$\eta = (P_{om} / P_v) \times 100\%$$

显然，功放管管耗 $P_t = P_v - P_{om}$。

3）非线性失真小

功率放大电路必须工作在大信号条件下，其输出电压或输出电流的幅度较大，容易产生非线性失真，所以功率放大电路的非线性失真必须在允许范围内。

4）具有良好的散热装置，并且加装保护电路

在功率放大电路中，有相当大的功率消耗在三极管的集电结上，会导致功率放大电路温度升高，性能受到影响，严重时会损坏元器件。因此，必须加装良好的散热装置及有效的保护电路，以保证其正常工作。

2. 常用功率放大电路

功率放大电路种类很多，按三极管的工作状态可分为甲类功率放大电路、乙类功率放大电路、甲乙类功率放大电路、丙类功率放大电路等，按输出级与负载的耦合方式可分为单电源互补对称功率放大电路、双电源互补对称功率放大电路等。下面介绍这几种电路的特点。

1）甲类功率放大电路

如图 5.3（a）所示，甲类功率放大电路的 Q 点位置适中，管子在全周期内导通，非线性失真小。但是，甲类功率放大电路功率损耗较大，转换效率低，转换效率通常为 30% 左右，最高不超过 50%。

2）乙类功率放大电路

如图 5.3（b）所示，乙类功率放大电路 Q 点位于截止区，管子只在半个周期内导通。显然，乙类功率放大电路非线性失真严重，但是转换效率可高达 78.5%。

3）甲乙类功率放大电路

如图 5.3（c）所示，甲乙类功率放大电路 Q 点较低，导通时间大于信号的半个周期，转换效率较高，非线性失真较为严重，介于甲类和乙类之间。

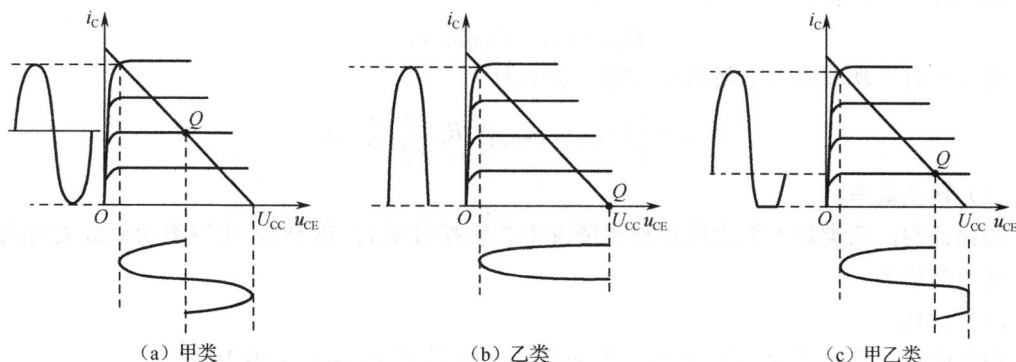

（a）甲类　　　　　　　　　　（b）乙类　　　　　　　　　　（c）甲乙类

图 5.3　功率放大电路的状态与输出波形

4）双电源互补对称功率放大电路（OCL 电路）

由于甲类、乙类、甲乙类功率放大电路都存在转换效率与失真不能兼顾的问题，因此需要对电路进行改进，以提高转换效率并减小非线性失真。双电源互补对称功率放大电路，采用正、负双电源供电，由两个特性相同、导电特性相反的互补管构成，两管轮流工作，互补对方的不足，工作性能对称。由于这种电路输出端没有耦合电容，因此也称无输出电容功率放大电路，简称 OCL 电路。OCL 电路如图 5.4 所示。

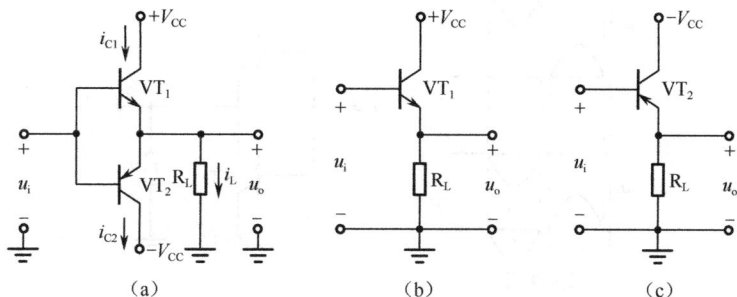

（a）　　　　　　　　　　（b）　　　　　　　　　　（c）

图 5.4　OCL 电路

图 5.4（a）可分解为图 5.4（b）和图 5.4（c）的形式。设管子的导通电压均为 0V。静态时，输入信号 u_i 为 0，两管无偏置电流而截止，无输出。动态时，对输入信号 u_i 进行正、负半周两种情况下的分析。

① u_i 在正半周时，即 $u_i > 0$，VT$_1$ 发射结正偏导通，VT$_2$ 发射结反偏截止，此时电路相当于图 5.4（b），输出电流由正电源 $+V_{CC}$ 流进 VT$_1$ 的集电极，从发射极流出，经过负载 R$_L$ 到地，即 $+V_{CC} \rightarrow$ VT$_1 \rightarrow$ R$_L \rightarrow$ 地，负载上得到了放大信号的正半周。

② u_i 在负半周时，即 $u_i < 0$，VT$_1$ 截止，VT$_2$ 导通，此时电路相当于图 5.4（c），负电源 $-V_{CC}$

供电。同理，经地→VT$_2$→R$_L$→−V$_{CC}$，负载上得到了放大信号的负半周，此阶段负载 R$_L$ 的电压极性与正半周时正好相反。正、负半周叠加后便形成一个完整的波形。

OCL 电路主要性能指标如下。

（1）输出功率 P$_o$。

$$P_o = \frac{1}{2} U_{om} I_{om} = \frac{1}{2} U_{cem} I_{cm}$$

$I_{om} = U_{cem}/R_L$，当管子接近饱和时，有

$$U_{cem} = V_{CC} - U_{CE(sat)} \approx V_{CC}$$

则乙类互补对称功率放大电路的最大输出功率为

$$P_{om} = \frac{1}{2}(V_{CC} - U_{CE(sat)})^2/R_L \approx \frac{1}{2}V_{CC}^2/R_L$$

（2）转换效率。

理论证明，乙类功率放大电路理想情况下的转换效率为 78.5%，比甲类功率放大电路的转换效率高很多。

（3）管耗。

由于电路对称，两管的管耗 P$_{t1}$、P$_{t2}$ 相等，最大管耗 P$_{tm1}$=P$_{tm2}$=0.2P$_{om}$。

前面讨论的 OCL 电路是乙类互补对称功率放大电路，是假设管子的导通电压为零来进行分析的。在实际电路中，三极管都存在导通电压 U$_{on}$，只有当输入信号大于管子的导通电压时，管子才导通。显然，输入信号小于导通电压（即在死区范围内）时不会产生输出电流。当输入信号 u$_i$ 小于导通电压 U$_{on}$ 时，两管都处于截止状态，负载上无电流流过，因而在输出波形的正、负半周交界处产生波形失真，这种失真称为交越失真，如图 5.5 所示。

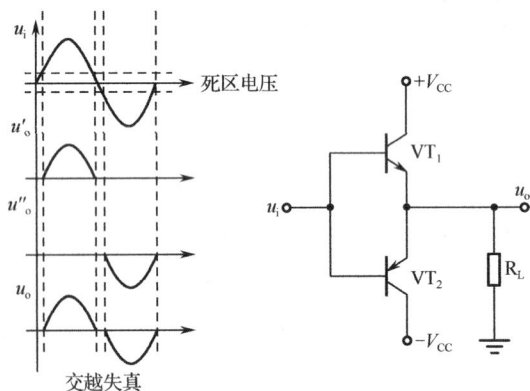

图 5.5　交越失真

为了克服交越失真，可对电路进行改进，给两管的发射结设置一个很小的正向偏压，使它们在静态时就处于微导通状态。这样，即使很小的输入信号也可以被放大，既消除了交越失真，又可以使电路保持较高的转换效率。改进后的电路如图 5.6 所示。这类电路称为甲乙类互补对称功率放大电路。

在图 5.6 中，静态时二极管 VD$_1$、VD$_2$ 两端的管压降加到 VT$_1$、VT$_2$ 的基极之间，使两管处于微导通状态。当有信号时，无论输入信号是正半周还是负半周，总会有一个管子立即导通，从而消除交越失真。

5）单电源互补对称功率放大电路（OTL 电路）

OCL 电路不需要输出电容，频率特性好，易于实现电路集成化。但是，该电路采用双电源供电，给使用带来不便。目前使用较多的是单电源互补对称功率放大电路，也称 OTL 电路。OTL 电路如图 5.7 所示。

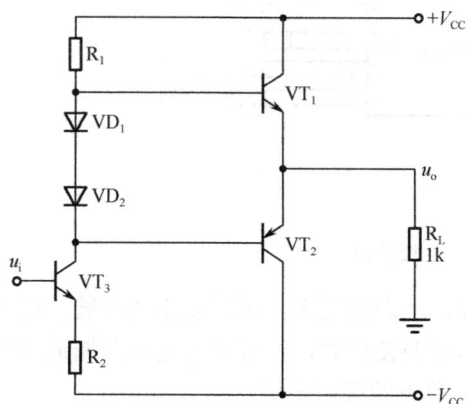

图 5.6 改进后的电路   图 5.7 OTL 电路

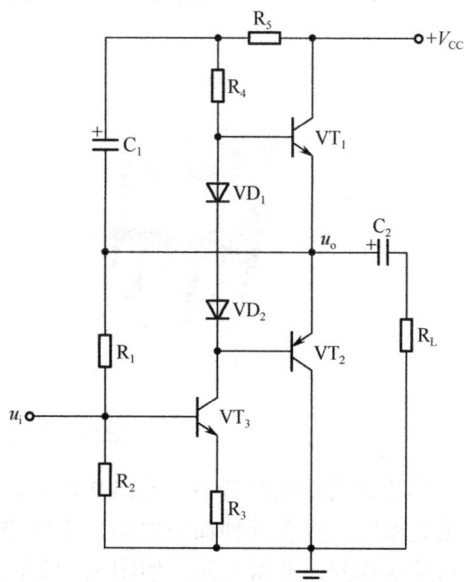

图 5.7 中 VT$_3$ 为前置放大级，VT$_1$、VT$_2$ 组成互补对称功率输出级。

OTL 电路的工作原理与 OCL 电路相似：当输入信号在正半周时，信号经 VT$_3$ 反相放大，输入 VT$_1$、VT$_2$ 基极，此时 VT$_1$ 导通、VT$_2$ 截止，有电流流过负载 R$_L$ 对 C$_2$ 充电，在这个过程中负载 R$_L$ 上获得放大了的正的信号电压；当输入信号在负半周时，VT$_1$ 截止、VT$_2$ 导通，已经充电的电容 C$_2$ 对负载 R$_L$ 放电，使负载获得放大了的负的信号电压。注意，电容 C$_2$ 的容量必须足够大。

电路中 C$_1$ 和 R$_5$ 是为了提高电路的最大输出电压幅度而引入的，通常称为"自举电路"。

大功率的功率放大电路多采用变压器耦合方式来解决阻抗变换问题，使电路得到最佳负载值。但是，在变压器耦合方式下，电路体积大、笨重、频率特性不好，不利于集成。OTL电路是一种没有输出变压器的功率放大电路，电路轻便，只要输出电容容量足够，电路频率特性就可以得到保证，是目前常用的一种功率放大电路。

二、集成功率放大器

前面所讲的是分立元件功率放大电路，元件多，容易失真，实际中一般使用集成功率放大器。集成功率放大器简称集成功放。它不仅具有体积小、重量轻、价格便宜、安装方便等优点，而且功耗低、失真小、电源利用率高、温度稳定性好。其自身设有保护措施，可以在过热、过流、过压等情况出现时自动保护电路。

1. 常用集成功率放大器

目前市场上集成功率放大器的型号很多，对于使用者来说，只要了解其外部引脚功能和外部线路的正确连接方法就可以使用了。下面以集成功率放大器 TDA2030 为例进行介绍。

TDA2030 外形图及引脚排列如图 5.8 所示。

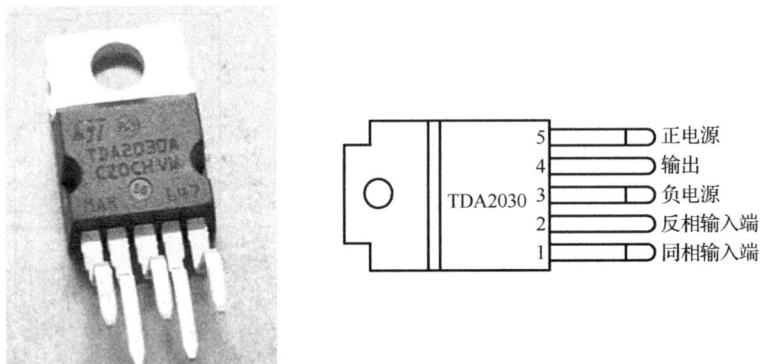

图 5.8　TDA2030 外形图及引脚排列

其特点是开机冲击小，输出功率大，外接元件少，动态范围大；采用超小型封装，可提高组装密度；内含各种保护电路，工作安全可靠；单电源使用时，可直接固定在金属散热器上与地线相通，非常方便。如图 5.9 所示为 TDA2030 单电源应用实例。

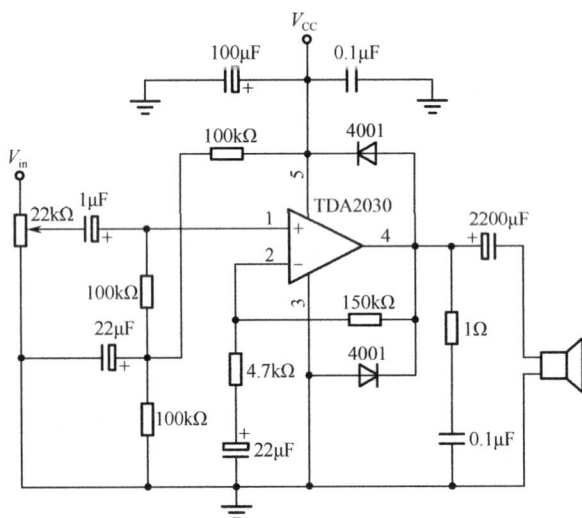

图 5.9　TDA2030 单电源应用实例

2. 集成功率放大器使用注意事项

（1）确保在安全电压内使用，最好用 220V 交流稳压电源或直流高压稳压模块供电。

（2）正、负电源误差不要大于 1V，并且正、负电源及接地要焊接牢固，焊接完毕并确认无误后才能通电。

（3）在通电的初始阶段，其稳定性相对于分立元件是较差的。因此，至少要"煲机"或小音量运行 10min 以上，才能稳定且高效地发挥其优异性能。

学生工作页

信息收集

1. 集成功率放大器按功放管的工作状态可以分为哪几类？各有什么优缺点？

2. 如图 5.10 所示电路是什么电路？它的结构特点是什么？它存在什么问题？试着给出解决或改善方法。

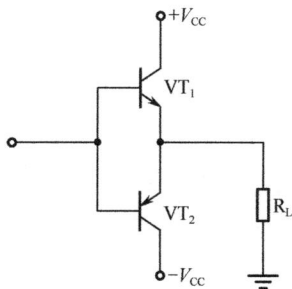

图 5.10　题 2 图

3. 任务内容表（表 5.1）。

表 5.1　任务内容表

编号	任务名称	任务内容	评价标准
1	绘制互补对称功率放大电路的电路图	画出互补对称功率放大电路的电路图	（1）文件创建、保存、打开正确（5分） （2）能快速、准确找到元件并能修改其参数（5分） （3）能正确放置仪器并正确接线（5分） （4）理解电路原理（5分）
2	互补对称功率放大电路仿真实验	（1）调试电路，参考示波器显示波形，观察输入、输出信号的相位关系 （2）调试电路，在保证不失真的情况下，根据电路中万用表读数大致估算出最大输出功率，与理论值进行比较	（1）能调试出最大不失真波形（10分） （2）理解波形相位关系（10分） （3）能对电路中的电压、电流进行正确读数（25分） （4）会计算最大输出功率（10分）

编 号	任 务 名 称	任 务 内 容	评 价 标 准
3	总结	总结互补对称功率放大电路的基本原理	15分
4	学习体会	总结本次仿真实验的个人体会	10分
		合　　计	

4. OCL 电路的特点是什么？

5. OTL 电路的特点是什么？

6．搭建功放电路。

分析计划

1．你认为需要准备哪些工具？还要做好哪些准备工作？

2．按照电子产品设计与生产流程填写任务计划表（表5.2）。

表5.2 任务计划表

序 号	任 务 内 容	计 划 用 时	备 注

3．分析电路工作原理。

4．该产品有没有需要改进的地方？如果有，应如何改进？

任务实施

完成足球有源音箱的安装与调试。

足球有源音箱产品说明书

这是一款造型别致的有源音箱，由两个半球和底座组成，每个半球内装有一只亮膜小喇叭，底座内装有电路板，使用 TDA2822 双声道集成电路，带有电源开关、电源 LED 指示灯、双声道音量电位器、接外接电源用的空心插座。底座下面设有可以装 4 节 7 号电池的电池槽。组装好的足球有源音箱如图 5.11 所示，它就像一个工艺品，可以放在床头、电脑桌上，音源可以使用 MP3、计算机等。

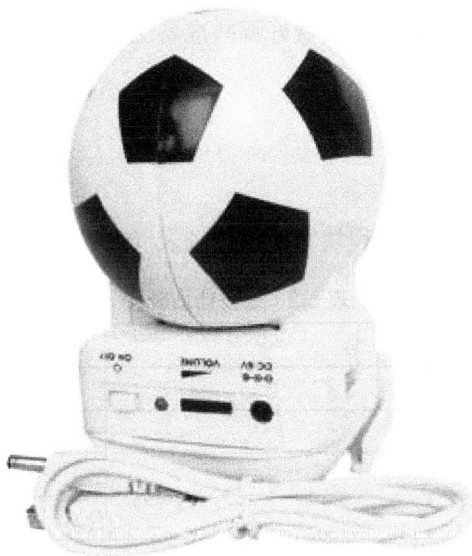

图 5.11　组装好的足球有源音箱

1. 电路原理

足球有源音箱电路原理图如图 5.12 所示。

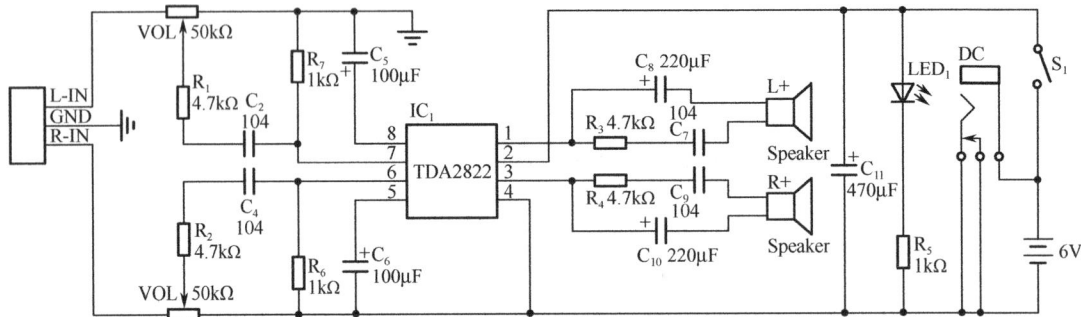

图 5.12　足球有源音箱电路原理图

音频信号经 L-IN、R-IN 输入，输入的音频信号经过电位器，改变电位器滑动部分位置就可改变电压大小，也就能调节音箱音量。LC 串联回路的作用是滤除干扰信号，由电容阻止交流信号通过。核心部件是 TDA2822。其中 5、6、7、8 脚是输入端，1、3 脚是输出端，2 脚是电源端，4 脚接地。1、3 脚输出放大后的信号，再经过 LC 回路滤除杂波，通过喇叭重现声音。

2. 元件清单（表5.3）

表5.3　元件清单

序　号	元件代号	元件名称	规格参数	数　量
1	—	线路板	HX-2822	1
2	IC_1	集成电路	TDA2822	1
3	LED_1	发光二极管	$\phi3mm$，绿色	1
4	VOL	电位器	B50K	1
5	DC	DC插座	—	1
6	K_1	开关	SK22D03VG2	1
7	R_1、R_2	电阻	$4.7k\Omega$	2
8	R_3、R_4	电阻	$4.7k\Omega$	2
9	R_5、R_6、R_7	电阻	$1k\Omega$	3
10	C_2、C_4、C_7、C_9	瓷介电容	104	4
11	C_5、C_6	电解电容	$100\mu F$	2
12	C_8、C_{10}	电解电容	$220\mu F$	2
13	C_{11}	电解电容	$470\mu F/16V$	1
14	LI、RI、G	立体声插头	双芯屏蔽线	1
15	L+、L−、R+、R−	导线	$1.0mm^2$，90mm	4
16	BAT+、BAT−	导线	$1.0mm^2$，60mm	2
17	—	螺钉	PA 2×6	10
18	—	螺钉	PA 2×8	8
19	—	喇叭	$4\Omega/5W$	2
20	—	电池片	—	1
21	—	动作片	—	4

制作足球有源音箱任务书

1. 元件识读与测试

根据图5.12，从所给的元件中选出电路所需的元件，按表5.4中的要求进行识读和测试，填写识读、测试结果。

表5.4　元件识读与测试

序　号	名　称	元件代号	识读与测试结果
1	电阻	R_1	测量值为_____$k\Omega$，选用的万用表挡位是_____
2	电阻	R_3	测量值为_____$k\Omega$，选用的万用表挡位是_____
3	电位器	VOL	画出电路符号、外形图并标明标称值：

续表

序 号	名　　称	元 件 代 号	识读与测试结果
4	电容	C_5	长引脚为＿＿＿＿＿极，耐压值为＿＿＿＿＿V
5	电容	C_8	长引脚为＿＿＿＿＿极，耐压值为＿＿＿＿＿V
6	电容	C_{11}	短引脚为＿＿＿＿＿极，耐压值为＿＿＿＿＿V
7	发光二极管	LED_1	长引脚为＿＿＿＿＿极；检测质量时选用的万用表挡位是＿＿＿＿＿，红表笔接二极管＿＿＿＿＿极测量时，发光二极管可发光
8	集成电路	IC_1	画出外形图并标明引脚名称：
9	喇叭	—	选用的万用表挡位是＿＿＿＿＿，测量值是＿＿＿＿＿

2. 电路板焊接

要求电子产品的焊点大小适中、圆润、光滑、干净、无毛刺，无漏、虚、假、连焊；引脚加工尺寸及成形符合工艺要求；导线长度、剥头长度符合工艺要求，芯线完好，捻头镀锡。

3. 装配工艺

足球有源音箱装配工艺卡片见表5.5。

表 5.5　足球有源音箱装配工艺卡片

装配工艺卡片			工序名称	产品名称
			插装及焊接	足球有源音箱
				产品型号
工序号	装入件及辅材代号、名称、规格		数量	插装工艺要求
1	R_1　金属膜电阻	RJ114−4.7kΩ±1%	1	贴板卧式安装
	R_2　金属膜电阻	RJ114−4.7kΩ±1%	1	贴板卧式安装
	R_3　金属膜电阻	RJ114−4.7kΩ±1%	1	贴板卧式安装
	R_4　金属膜电阻	RJ114−4.7kΩ±1%	1	贴板卧式安装
2	IC_1　集成电路	D2822	1	贴板卧式安装
3	C_2、C_4、C_7、C_9　瓷片电容	104	4	立式安装，引脚高度为1～2mm
4	C_5、C_6　电解电容	CC1-16V-100μF±20%	1	立式安装，引脚高度为1～2mm
5	C_8、C_{10}　电解电容	CC1-25V-220μF±20%	1	立式安装，引脚高度为1～2mm
6	C_{11}　电解电容	CC1-16V-470μF±20%	1	立式安装，引脚高度为1～2mm
7	VOL　电位器	B50K	1	贴板卧式安装
8	K_1　开关	SK22D03VG2	1	贴板卧式安装
9	LI、RI、G　立体声插头	—	1	贴板卧式安装
10	DC　DC插座	—	1	贴板卧式安装
11	LED_1　发光二极管	LED	1	立式安装，引脚高度为3mm

续表

工序号	装入件及辅材代号、名称、规格			数量	插装工艺要求
12	—	导线	—	6	插焊
13	—	喇叭座	—	2	用螺钉固定
14	—	喇叭	—	2	安装喇叭座，导线搭焊
15	—	音频线	—	1	卡扣安装
16	—	电路板	—	1	后面板用螺钉固定

焊接工艺要求：符合通用手工焊接规范，焊点整洁、圆润、光滑，无虚焊、漏焊、冷焊等现象。剪脚整齐，引脚末端留存0.5～1mm。

装配注意事项：

（1）熟悉印制电路板上对应的元件。

（2）在印制电路板上依次进行元件的安装，按工艺要求对元件的引脚进行成形加工。

（3）对元件进行焊接，直到所有元件焊接完为止。

（4）要求。

① 不漏装、错装，不损坏元件。

② 无虚焊、漏焊和桥接，焊点标准，大小均匀，表面光滑、干净。

③ 焊接面干净无划痕。

④ 元件的引脚成形和插装符合工艺要求。

4．电路测试

（1）焊接完毕，检查无误后，用万用表测量电路的电源两端；若无短路，可通电测试。此时通过调节_____，将音量调到最小，然后逐渐调大，判断输出有无杂音。

（2）将播放器输出端接至音箱的输入端，试听音质。

检验评估

按照表 5.6 中的标准对本次任务进行评价。

表 5.6　任务评价表

编号	评价内容	分值	评价标准		评分	备注
1	电路仿真	10	软件使用熟练，能准确选择元件及虚拟设备			
2	电路图	20	原理分析正确			
3	元件筛查	10	元件名称正确（4分） 规格、型号描述准确（3分） 数量与电路图对应（3分）			
4	制作足球有源音箱	40	功能实现（20分）	输出正常		
			装配工艺（20分）	不符合工艺要求1处扣1分，扣完为止		
5	安全规范操作	10	工具、仪表使用规范，有防护措施，无带电操作，符合 5S 要求			

编　号	评 价 内 容	分　值	评 价 标 准	评　分	备　注
6	团结协作	10	（1）分工明确，完成各自职责（5分） （2）互相协作（5分）		

回顾总结

通过装配足球有源音箱，你学到了哪些知识、技能和职业素养？

装配声光控楼道灯

情境描述

随着信息时代的到来，数字电子技术以其抗干扰能力强、精度高、便于集成等优势，广泛应用于通信、自动控制、测量、计算机等领域，并且与人们的生活息息相关。以日常生活中常见的声光控楼道灯为例，在漆黑的楼道中，只要发出声音，灯就会点亮（图 6.1）。但是在白天，无论发出多大的声音，楼道里的灯也不会点亮，这是为什么呢？

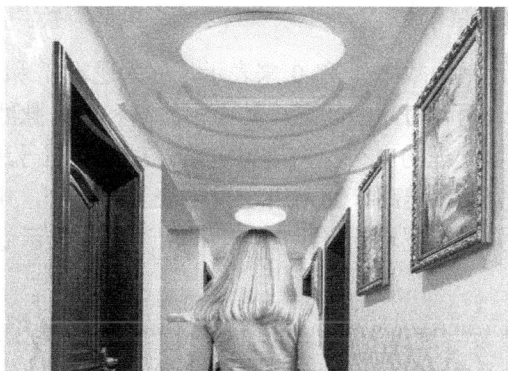

图 6.1　声光控楼道灯应用举例

本项目将装配一个声光控楼道灯，其电路板如图 6.2 所示。

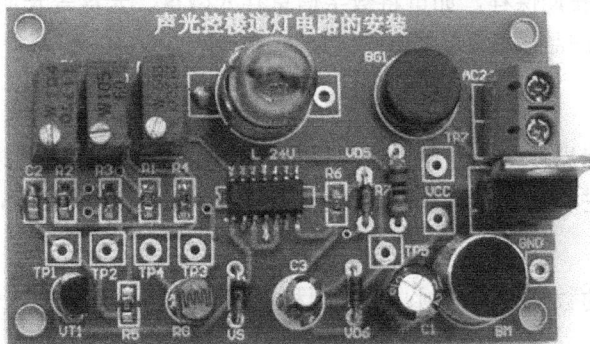

图 6.2　声光控楼道灯电路板

相关知识

一、数字电路基础

1．数字电路简介

1）数字信号和数字电路

电子电路的信号可以分为两大类：模拟信号和数字信号。模拟信号是指在时间上连续、数值也连续的信号，如水位、电压、电流、温度、亮度、颜色等信号。模拟信号波形如图6.3所示。数字信号是指在时间和数值上均不连续的信号，典型的数字信号在电路中常表现为只有高电平和低电平的电压或电流，如开关位置、数字逻辑等信号。数字信号波形如图 6.4所示。

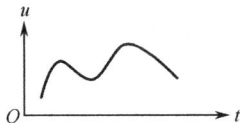

图 6.3　模拟信号波形　　　　图 6.4　数字信号波形

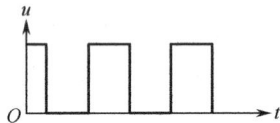

数字信号只有两个值，常用数字 1 和 0 来表示，称为逻辑 1 和逻辑 0。注意，这里的 1 和 0 没有大小之分，只代表两种对立的状态，如电平的高和低、脉冲的有和无。

对模拟信号进行传输、处理的电路称为模拟电路。对数字信号进行传输、处理的电路称为数字电路。为了便于研究数字电路，通常用逻辑 1 表示高电平，用逻辑 0 表示低电平，这种表示方法称为正逻辑。如果用逻辑 0 表示高电平，用逻辑 1 表示低电平，就称为负逻辑。

2）数字电路的特点

① 数字电路是以二值数字逻辑为基础的，只有 0 和 1 两个基本数字，易于实现。

② 由数字电路组成的数字系统工作可靠，精度较高，抗干扰能力强。

③ 数字电路不仅能完成数值运算，而且能进行逻辑判断和运算，这在控制系统中是不可缺少的。

④ 数字信息便于长期保存，如可将数字信息存入磁盘、光盘等长期保存。

⑤ 数字集成电路产品系列多、通用性强、成本低。

2．数制与编码

日常生活中人们习惯使用的是十进制数。但在数字电路中，对应的数制是二进制。在数字系统中可用多位二进制数来表示数量的大小，也可表示文字、符号等，即编码。

1）数制

数字系统中常用的数制有十进制、二进制和十六进制等。

（1）十进制。

十进制是人们最习惯的一种数制。十进制有如下特点。

① 它的数码共有 10 个，为 0、1、2、3、4、5、6、7、8、9。

② 高位为低位的 10 倍，进位规则是"逢十进一，借一当十"，即十进制的基数为 10。

③ 任何一个十进制数都可以写成以 10 为底的幂之和的形式，例如：

$$(11.51)_{10} = 1×10^1 + 1×10^0 + 5×10^{-1} + 1×10^{-2}$$

式中，在不同位置上的数码所乘的系数是不同的。这个系数称为位权。十进制数的位权是以 10 为底的幂。

任意一个十进制数都可以按权展开，用数学公式表示如下：

$$(N)_{10} = a_{n-1}×10^{n-1} + a_{n-2}×10^{n-2} + \cdots + a_1×10^1 + a_0×10^0 + a_{-1}×10^{-1} + \cdots + a_{-m}×10^{-m}$$

式中，$(N)_{10}$ 为十进制数；a_i 为第 i 位的数码，它为 0、1、2、3、4、5、6、7、8、9 中的某一个；10^i 为第 i 位的位权；n 为整数部分的总位数；m 为小数部分的总位数。

（2）二进制。

二进制是数字电路中广泛采用的一种数制。二进制数是用 0、1 两个数码来表示的数，它的基数为 2，进位规则是"逢二进一"。其位权是以 2 为底的幂。任何一个二进制数都可以用如下公式表示：

$$(N)_2 = a_{n-1}×2^{n-1} + a_{n-2}×2^{n-2} + \cdots + a_1×2^1 + a_0×2^0 + a_{-1}×2^{-1} + \cdots + a_{-m}×2^{-m}$$

式中，$(N)_2$ 为二进制数；a_i 为第 i 位的数码，它为 0、1 中的某一个；2^i 为第 i 位的位权；n 为整数部分的总位数；m 为小数部分的总位数。例如：

$$(1011.11)_2 = 1×2^3 + 0×2^2 + 1×2^1 + 1×2^0 + 1×2^{-1} + 1×2^{-2}$$

（3）十六进制。

为了处理和解决问题方便，在数字电路中，常用十六进制数来表示二进制数。十六进制数是用 0、1、2、3、4、5、6、7、8、9、A、B、C、D、E、F 共 16 个数码来表示的数。它的基数为 16，进位规则是"逢十六进一"。其位权是以 16 为底的幂。任何一个十六进制数都可以用如下公式表示：

$$(N)_{16} = a_{n-1}×16^{n-1} + a_{n-2}×16^{n-2} + \cdots + a_1×16^1 + a_0×16^0 + a_{-1}×16^{-1} + \cdots + a_{-m}×16^{-m}$$

式中，$(N)_{16}$ 为十六进制数；a_i 为第 i 位的数码，它为 0、1、2、3、4、5、6、7、8、9、A、B、C、D、E、F 中的某一个；16^i 为第 i 位的位权；n 为整数部分的总位数；m 为小数部分的总位数。例如：

$$(4E6)_{16} = 4×16^2 + E×16^1 + 6×16^0$$

2）数制的转换

十进制在日常生活中应用最多，是人们最熟悉和习惯的数制，但其 10 个数码在数字电路中难以找到 10 个状态与之对应。数字电路的两个状态可用两个数码表示，故采用二进制。二进制计算规则简单，但人们对它不习惯。另外，其数位较多，不易读写。下面介绍数制的相互转换。

（1）二进制数转换为十进制数。

将二进制数转换成十进制数的基本方法是，把二进制数写成按权展开式，然后按十进制加法规则求和，就可以得到相应的十进制数。

例题 1 把二进制数 $(1001.01)_2$ 转换成十进制数。

解：$(1001.01)_2 = 1×2^3 + 0×2^2 + 0×2^1 + 1×2^0 + 0×2^{-1} + 1×2^{-2}$

$= 2^3 + 2^0 + 2^{-2}$

$= (9.25)_{10}$

（2）十进制数转换为二进制数。

十进制数转换为二进制数时，由于整数和小数的转换方法不同，所以先将十进制数的整数部分和小数部分分别转换，再加以合并。

① 十进制整数转换为二进制整数。

十进制整数转换为二进制整数采用"除 2 取余，逆序排列"法。具体方法是：用 2 去除十进制整数，可以得到一个商和余数；再用 2 去除商，又会得到一个商和余数，如此进行下去，直到商为零；然后把先得到的余数作为二进制数的低位有效位，后得到的余数作为二进制数的高位有效位，依次排列起来。

例题 2 把 $(173)_{10}$ 转换为二进制数。

解：

```
2 | 1 7 3      余1
  2 |   8 6    余0
    2 |   4 3  余1          逆
      2 |  2 1 余1          序
        2 | 1 0 余0         排
          2 | 5 余1         列
            2 | 2 余0
              2 | 1 余1
                  0
```

$(173)_{10} = (10101101)_2$

② 十进制小数转换为二进制小数。

十进制小数转换成二进制小数采用"乘 2 取整，顺序排列"法。具体方法是：用 2 乘十进制小数，可以得到一个积，将积的整数部分取出，再用 2 乘余下的小数部分，又得到一个积，再将积的整数部分取出，如此进行下去，直到积中的小数部分为零，或者达到所要求的精度；然后把取出的整数部分按顺序排列起来，先取的整数作为二进制小数的高位有效位，后取的整数作为低位有效位。

例题 3 把 $(0.875)_{10}$ 转换为二进制小数。

解：

```
      0.875
    ×     2
      1.750      取整数：1
      0.750
    ×     2
      1.500      取整数：1
      0.500
    ×     2
      1.000      取整数：1
```

$(0.875)_{10} = (0.111)_2$

3）编码

用若干二进制数按照一定规律来表示各种数字或符号的过程称为编码。编码后的二进制数称为二进制代码。

用一组4位二进制代码来表示一位十进制数的编码方法称为二-十进制码,也称BCD码。

用二进制代码来表示十进制的0~9,至少要用4位二进制数。4位二进制数有16种组合,可从这16种组合中选择10种组合分别表示十进制的0~9。具体选哪10种组合,有多种方案,这就形成了不同的BCD码。常用的BCD码有8421码、5421码、2421码和余3码,见表6.1。其中,8421码最为常用。

表6.1 常用的BCD码

十 进 制 数	8421 码	2421 码	5421 码	余 3 码
0	0000	0000	0000	0011
1	0001	0001	0001	0100
2	0010	0010	0010	0101
3	0011	0011	0011	0110
4	0100	0100	0100	0111
5	0101	1011	1000	1000
6	0110	1100	1001	1001
7	0111	1101	1010	1010
8	1000	1110	1011	1011
9	1001	1111	1100	1100
位权	8421	2421	5421	无权

8421码是指用4位二进制数来表示一位十进制数时,每位二进制数的位权依次为8、4、2、1。

注意:BCD码用4位二进制数表示的只是十进制数的一位。如果是多位十进制数,应先将每一位用BCD码表示,然后组合起来。

例题4 用8421码表示十进制数368.75。

解:

```
3      6      8      7      5
↓      ↓      ↓      ↓      ↓
0011   0110   1000   0111   0101
```

$(368.75)_{10}=(0011\quad 0110\quad 1000.0111\quad 0101)_{BCD}$

二、逻辑门电路

条件和结果之间的关系称为逻辑关系。如果把电路的输入信号看成条件,则输出信号可以看成结果。此时,电路输入、输出之间也就存在确定的逻辑关系。数字电路就是实现特定逻辑关系的电路,所以又称逻辑电路。

逻辑电路的基本单元是逻辑门,它们反映了门电路基本的逻辑关系。数字电路中的基本逻辑关系有三种:与、或、非。相应地,基本门电路有与门、或门、非门。逻辑门电路是数字电路中最基本的逻辑元件,它是由二极管、三极管、电阻、电容等基本元件组成的逻辑开关电路。

1. 二极管和三极管的开关特性

1）二极管的开关特性

二极管的开关特性如图 6.5 所示。当两端加上高电平时，二极管导通，相当于电路处于闭合状态，如图 6.5（a）所示。当两端加上低电平时，二极管截止，相当于电路处于断开状态，如图 6.5（b）所示。

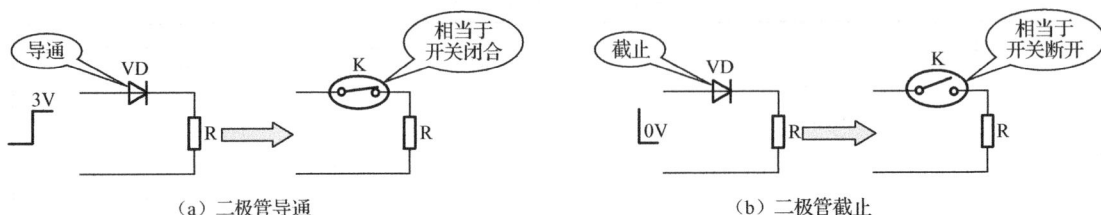

（a）二极管导通   （b）二极管截止

图 6.5　二极管的开关特性

2）三极管的开关特性

根据三极管的工作特性，当 NPN 型三极管处于饱和状态时，相当于电路处于闭合状态，此时输出端输出低电平信号，如图 6.6（a）所示。当三极管处于截止状态时，相当于电路处于断开状态，此时输出信号为高电平信号，如图 6.6（b）所示。

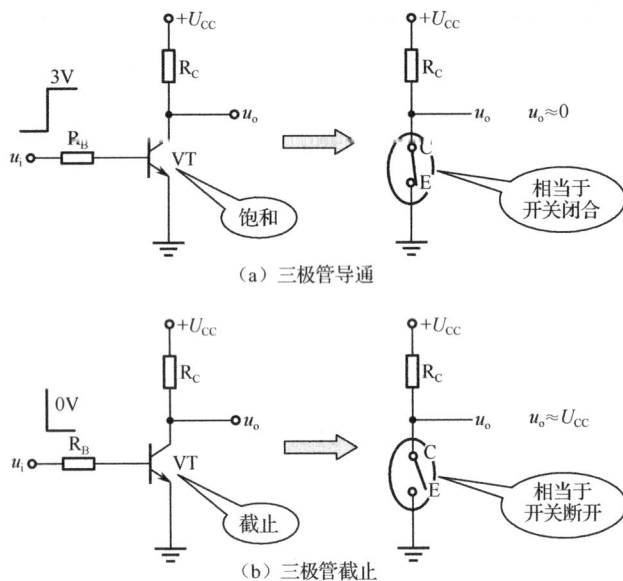

（a）三极管导通

（b）三极管截止

图 6.6　三极管的开关特性

2. 基本门电路

1）与门电路

（1）与门电路结构。

当决定某一事件的全部条件都具备之后，该事件才发生的因果关系就是与逻辑关系。数字电路中用与门来实现与逻辑关系，如图 6.7 所示。

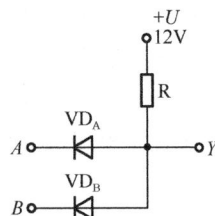

图 6.7　与门电路示意图

（2）与门真值表。

与门输入和输出之间的关系可以用真值表来表示。真值表是指表明逻辑门电路输出端状态和输入端状态逻辑对应关系的表格。它包含了全部可能的输入组合及对应的输出值。

当 A、B 端输入高电平时，逻辑值为 1；A、B 端输入低电平时，逻辑值为 0。根据图6.7，输出端对应的两种状态分别为高电平和低电平。根据电路的相关知识，可以得出与门真值表，见表6.2。

（3）与门逻辑关系。

从真值表可以看出与门的逻辑关系：输入全部为高电平时，输出才是高电平，否则为低电平，即"有 0 出 0，全1 出 1"。

（4）与门逻辑表达式。

除了用真值表来描述逻辑关系，也可以借助逻辑代数。

表 6.2 与门真值表

输 入		输 出
A	B	Y
0	0	0
1	0	0
0	1	0
1	1	1

逻辑代数也用字母表示变量，但是逻辑代数和普通代数有着根本的区别。逻辑代数中的变量只有两种取值——0 和 1，而且这里的 0 和 1 不同于普通代数中的 0 和 1，它们只表示两种对立的逻辑状态，并不表示数量的大小。逻辑代数中的变量称为逻辑变量，因变量和自变量之间的逻辑关系称为逻辑函数。与门写成逻辑表达式为

$$Y = A \cdot B \text{ 或 } Y = AB$$

（5）与门逻辑符号。

与门具有两个或多个输入端、一个输出端，其逻辑符号如图 6.8 所示，输入端用 A 和 B来表示，输出端用 Y 表示。

2）或门电路

（1）或门电路结构。

在决定某事件发生的所有条件中，只要有一个或一个以上的条件具备，该事件就会发生，当所有条件都不具备时该事件就不发生的因果关系，就是或逻辑关系。数字电路中用或门实现或逻辑关系，如图 6.9 所示。

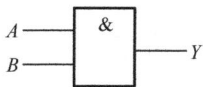

图 6.8 与门逻辑符号

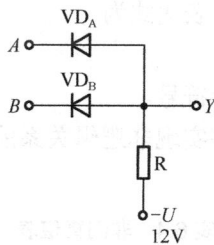

图 6.9 或门电路示意图

（2）或门真值表。

或门输入和输出之间的关系可以用真值表来表示，见表6.3。

（3）或门逻辑关系。

从真值表可以看出或门的逻辑关系：输入有一个或一个以上为高电平时，输出就是高电平，输入全为低电平时输出才是低电平，即"有 1 出 1，全 0 出 0"。

（4）或门逻辑表达式。

或门写成逻辑表达式为

$$Y = A + B$$

（5）或门逻辑符号。

或门逻辑符号如图 6.10 所示。

3）非门电路

非逻辑关系就是决定某事件的唯一条件不满足时该事件就发生，而条件满足时该事件反而不发生的一种因果关系。数字电路中用非门实现非逻辑关系。

（1）非门电路结构。

非门电路图如图 6.11 所示。

表 6.3　或门真值表

输　　入		输　出
A	B	Y
0	0	0
0	1	1
1	0	1
1	1	1

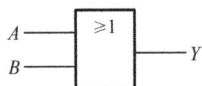

图 6.10　或门逻辑符号

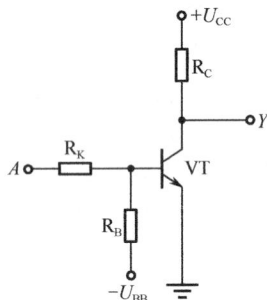

图 6.11　非门电路图

（2）非门真值表。

非门输入和输出之间的关系可以用真值表来表示，见表 6.4。

（3）非门逻辑关系。

从真值表可以看出非门的逻辑关系：输出状态与输入状态相反，即"有 0 出 1，有 1 出 0"。因此，非门也称反相器。

（4）非门逻辑表达式。

非门写成逻辑表达式为

$$Y = \overline{A}$$

（5）非门逻辑符号。

非门是指能够实现非逻辑关系的门电路。它有一个输入端、一个输出端。其逻辑符号如图 6.12 所示。

表 6.4　非门真值表

输　入	输　出
A	Y
0	1
1	0

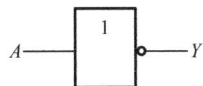

图 6.12　非门逻辑符号

3. 复合逻辑门电路

与门、或门、非门是最基本的门电路，它们经过合理组合，可构成一些常用的复合逻辑门电路，如与非门、或非门、与或非门等。

1）与非门

将一个与门和一个非门连接起来，就构成了一个与非门。与非门有多个输入端、一个输出端。如图 6.13 所示是与非门的逻辑结构和逻辑符号。其真值表见表 6.5。

从表 6.5 可以看出与非门的逻辑功能：当输入全为高电平时，输出为低电平；当输入有低电平时，输出为高电平。即"全 1 出 0，有 0 出 1"。

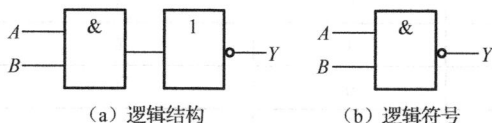

（a）逻辑结构　　　（b）逻辑符号

图 6.13　与非门的逻辑结构与逻辑符号

表 6.5　与非门真值表

输　　　入		输　　　出
A	B	Y
0	0	1
0	1	1
1	0	1
1	1	0

与非门写成逻辑表达式为

$$Y = \overline{AB}$$

2）或非门

将一个或门和一个非门连接起来，就构成了一个或非门。或非门有多个输入端、一个输出端。如图 6.14 所示是或非门的逻辑结构和逻辑符号。其真值表见表 6.6。

从表 6.6 可以看出或非门的逻辑功能：当输入全为低电平时，输出为高电平；当输入有高电平时，输出为低电平。即"全 0 出 1，有 1 出 0"。

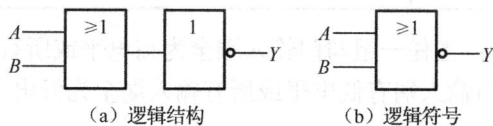

（a）逻辑结构　　　（b）逻辑符号

图 6.14　或非门的逻辑结构与逻辑符号

表 6.6　或非门真值表

输　　　入		输　　　出
A	B	Y
0	0	1
0	1	0
1	0	0
1	1	0

或非门写成逻辑表达式为

$$Y = \overline{A + B}$$

3）与或非门

将两个或多个与门与一个或门和一个非门连接起来，就构成了与或非门。它具有多个输入端、一个输出端。如图 6.15 所示为与或非门的逻辑结构和逻辑符号。

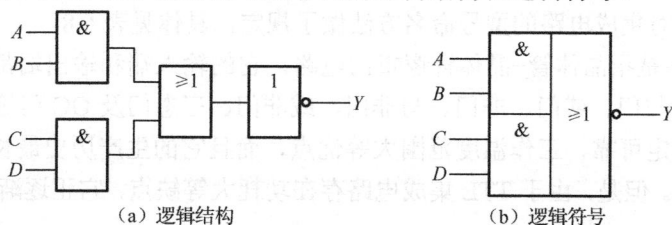

（a）逻辑结构　　　　　　　　　（b）逻辑符号

图 6.15　与或非门的逻辑结构与逻辑符号

与或非门真值表见表 6.7。

表 6.7　与或非门真值表

输　入				输　出
A	B	C	D	Y
0	0	0	0	1
0	0	0	1	1
0	0	1	0	1
0	0	1	1	0
0	1	0	0	1
0	1	0	1	1
0	1	1	0	1
0	1	1	1	0
1	0	0	0	1
1	0	0	1	1
1	0	1	0	1
1	0	1	1	0
1	1	0	0	0
1	1	0	1	0
1	1	1	0	0
1	1	1	1	0

从表 6.7 中可以看出与或非门的逻辑功能：当任一组与门输入端全为高电平或所有输入端全为高电平时，输出为低电平；当任一组与门输入端有低电平或所有输入端全为低电平时，输出为高电平。

与或非门写成逻辑表达式为

$$Y = \overline{AB + CD}$$

4．TTL 集成电路

前面所讲的都是由分立元件构成的门电路，实际中采用的门电路大都是集成电路，集成电路按内部有源器件的不同可分为两大类：一类为双极型晶体管集成电路，主要有 TTL、ECL 等几种类型；另一类为单极型 MOS 集成电路，包括 NMOS、PMOS、CMOS 等几种类型。常用的是 TTL 和 CMOS 集成电路。

我国国家标准对集成电路的型号命名方法做了规定，具体见表 6.8。

TTL 集成电路是指晶体管-晶体管逻辑门电路，它的输入端和输出端都由三极管构成。TTL 集成电路包含与门、或门、非门、与非门、或非门、三态门及 OC 门等。TTL 集成电路具有结构简单、稳定可靠、工作温度范围大等优点，而且它的生产历史最长，品种繁多，所以得到了广泛应用。但是，由于 TTL 集成电路存在功耗大等缺点，它正逐渐被 CMOS 集成电路取代。

表 6.8　集成电路的型号命名方法

C	X	XX	X	X
中国制造	集成电路类型 T：TTL H：HTTL E：ECL C：CMOS F：线性放大器 D：音响、电视电路 W：稳压器 J：接口电路 B：非线性电路 M：存储器 U：微机电路	集成电路系列和品种 代号	工作温度范围 C：0～70℃ E：-40～85℃ R：-55～85℃ M：-55～125℃	封装形式 W：陶瓷扁平 B：塑料扁平 F：全密封扁平 D：陶瓷双列直插 P：塑料双列直插 J：黑瓷双列直插 K：金属菱形 T：金属圆壳

1）与非门

如图 6.16 所示为 TTL 与非门电路与逻辑符号，从基本结构上看，它分为输入级、倒相级和输出级。

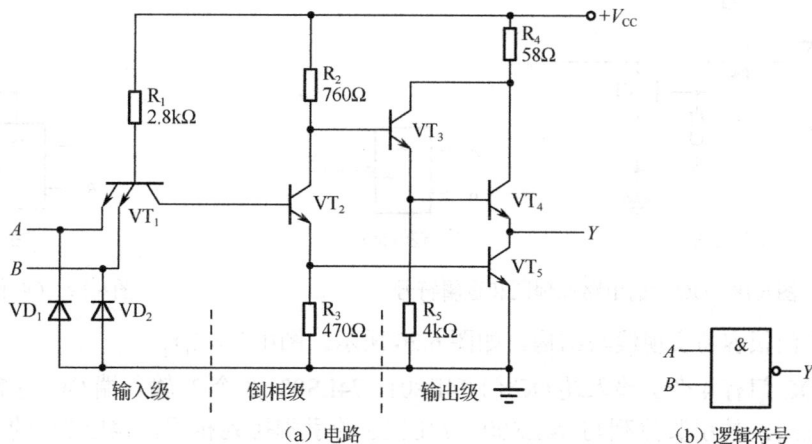

（a）电路　　　　　　　　　　（b）逻辑符号

图 6.16　TTL 与非门电路与逻辑符号

工作原理：

① 当 A、B 分别为高、低电平时，VT_1 饱和，VT_2 截止，VT_5 截止，输出高电平。

② 当 A、B 同时为高电平时，VT_1 倒置放大，VT_2 导通，VT_5 导通，输出低电平。

逻辑表达式为 $Y = \overline{AB}$。

74LS00 是一种常用的 TTL 与非门电路，它内部包含 4 个与非门，每个与非门有两个输入端、一个输出端。它具有 14 个引脚，采用双列直插式封装，其引脚排列与连接图如图 6.17 所示。

（a）74LS00引脚连接示意图　　　　　　　　（b）74LS00引脚排列图

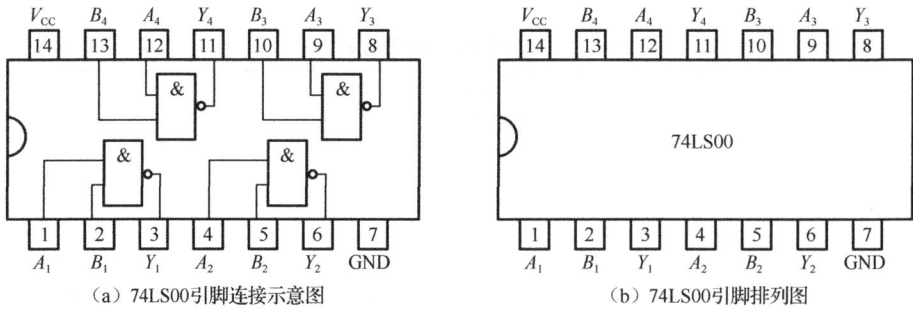

图6.17　74LS00的引脚排列与连接图

在 TTL 集成电路的定型产品中，除了与非门，还有或非门、与门、或门、与或非门、异或门和反相器等几种常见的类型。它们的逻辑功能虽然不同，但输入端、输出端的电路结构均与 TTL 与非门基本相同。

2）OC 门

有时需要将几个门电路的输出端并联使用，以实现与逻辑，称为线与。普通的 TTL 集成电路不能进行线与。为此，专门生产了一种可以进行线与的门电路——OC 门（集电极开路门）。在使用 OC 门时，必须在输出端与供电电源之间外接一个负载电阻（通常称为上拉电阻）。如图 6.18 所示为 OC 门的电路原理图及逻辑符号。图 6.19 为 OC 门使用示意图。

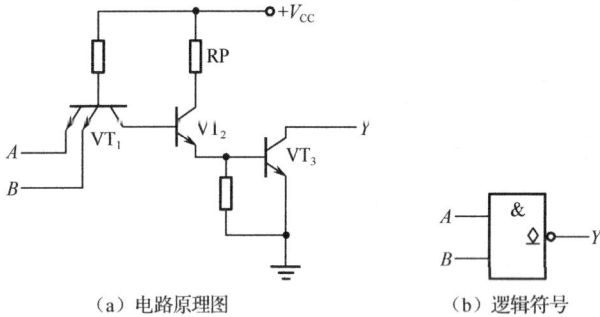

（a）电路原理图　　　　　　（b）逻辑符号

图6.18　OC门的电路原理图和逻辑符号

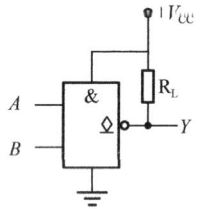

图6.19　OC门使用示意图

利用 OC 门很容易实现线与结构，如图 6.20 所示。图中 $Y = Y_1 Y_2$。

常用的 OC 门有 4 个 2 输入端 OC 门 74LS01、74LS03，3 个 3 输入端 OC 门 74LS12 等。74LS03、74LS12 的引脚排列与 74LS00、74LS10 的引脚排列相同，74LS01 的引脚排列如图 6.21 所示。

3）三态门

一般集成电路的输出端只有高电平和低电平两种状态。三态门除了这两种状态，还有第三种状态——高阻状态（或禁止态）。与普通逻辑门相比，三态门多一个使能控制端，使能控制端用于控制三态门执行正常逻辑功能还是处于高阻状态。

三态门的控制端分为高电平有效和低电平有效。在三态门逻辑符号中，控制端有小圆圈表示低电平有效，即在控制端加的信号为低电平时，三态门处于工作状态；反之，控制端无小圆圈表示高电平有效，即在控制端加的信号为高电平时，三态门处于工作状态。

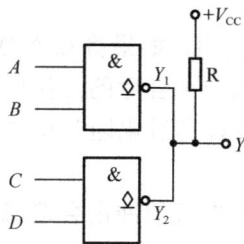

图 6.20　OC 门构成的线与结构

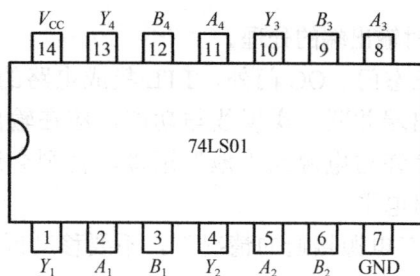

图 6.21　74LS01 的引脚排列

如图 6.22 所示就是一个低电平有效的三态与非门，$\overline{EN}$ 为使能控制端。

当 $\overline{EN}=0$ 时，三态门处于正常工作状态，相当于一个正常的 2 输入端与非门，能实现与非功能"全 1 出 0，有 0 出 1"，即 $Y=\overline{AB}$ 。

当 $\overline{EN}=1$ 时，三态门处于禁止工作状态，即高阻状态。

图 6.23 所示为高电平有效的三态与非门。

当 EN=1 时，三态门处于正常工作状态，相当于一个正常的 2 输入端与非门。

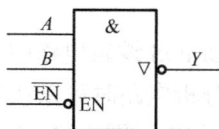

图 6.22　低电平有效的三态与非门

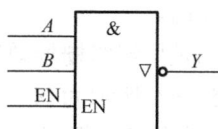

图 6.23　高电平有效的三态与非门

当 EN=0 时，三态门处于禁止工作状态，即高阻状态。

图 6.24 是三态缓冲器 74LS125 的引脚排列图。当使能端 $\overline{EN}=0$ 时，输出 $Y=A$（输入）；当 $\overline{EN}=1$ 时，输出呈高阻状态。引脚及逻辑功能与其兼容的有 74125、74HC125。

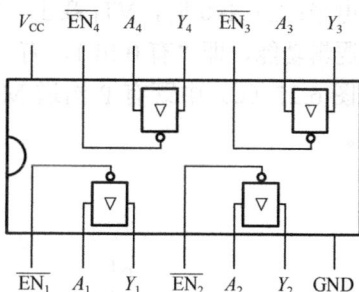

图 6.24　三态缓冲器 74LS125 的引脚排列图

4）TTL 集成电路使用注意事项

① 要准确识别各元件的引脚，以免接错，造成人为故障甚至损坏元件。

② TTL 集成电路的电源电压不能高于+5.5V，使用时不能将电源与"地"引线端接错，否则会因电流过大造成元件损坏。电路的各输入端不能直接与高于+5.5V、低于-0.5V 的低内阻电源连接，因为低内阻电源能提供较大电流，会因过热而烧毁元件。

③ 对输入端的处理。

多余的输入端最好不要悬空。虽然悬空相当于高电平，并不影响与门、与非门的逻辑关系，但悬空容易接收干扰，有时会造成电路误动作。因此，多余的输入端要根据实际情况进行适当处理。例如，与门、与非门的多余输入端可直接接到电源上，也可将不同的输入端共用一个电阻连接到 V_{CC} 上，或将多余的输入端并联使用。或门、或非门的多余输入端应当直接接地。

④ 对输出端的处理。

除三态门、OC 门外，TTL 集成电路的输出端不允许并联使用。如果将几个 OC 门电路的输出端并联，实现线与功能，应在输出端与电源之间接入一个合适的上拉电阻。输出端不允许与电源或"地"短接，否则会造成元件损坏；但可以通过电阻与电源相连，提高输出电平。

⑤ 在电源接通的情况下，不要移动或插入集成电路，因为电流的冲击会造成永久性损坏。

5. CMOS 集成电路

CMOS 是互补对称 MOS 的简称，其电路采用增强型 PMOS 管和增强型 NMOS 管按互补对称形式连接而成。CMOS 集成电路具有功耗低、工作电流及电压范围大、抗干扰能力强、输入阻抗高、扇出系数大、集成度高、成本低等一系列优点，因此应用十分广泛，尤其在大规模集成电路中更显示出它的优越性。

1）常用的 CMOS 集成电路

（1）CMOS 非门。

CMOS 逻辑门是用绝缘栅场效应管制作的逻辑门。在 CMOS 逻辑电路中，均使用增强型 MOS 管。图 6.25（a）所示为 N 沟道增强型 MOS 管，在分析电路时可以认为，只要栅极电平为"1"，它就饱和导通；栅极电平为"0"，它就处于截止状态。图 6.25（b）为 P 沟道增强型 MOS 管，在分析电路时可以认为，只要栅极电平为"0"，它就饱和导通；栅极电平为"1"，它就处于截止状态。如图 6.25（c）所示，当输入 $A=1$ 时，VT_1 饱和、VT_2 截止，则输出 Y 就是低电平；当 $A=0$ 时，VT_1 截止、VT_2 导通，则将高电平 V_{DD} 引到输出端。这个功能正是非门的逻辑功能，即"有 0 出 1，有 1 出 0"。

图 6.25（c）中既有 P 沟道 MOS 管又有 N 沟道 MOS 管，这类电路称为 CMOS 逻辑电路。

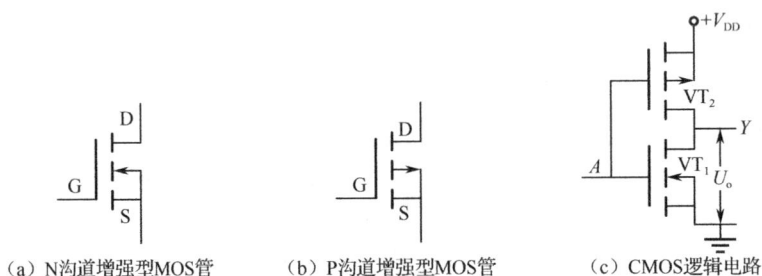

（a）N沟道增强型MOS管　　（b）P沟道增强型MOS管　　（c）CMOS逻辑电路

图 6.25　增强型 MOS 管及 CMOS 逻辑电路

CD4069 是常用的 CMOS 非门，它内部有 6 个非门，如图 6.26 所示为其引脚排列。

（2）CMOS 与非门。

CMOS 与非门电路如图 6.27 所示。驱动管 VT_1 和 VT_2 都导通，电阻很低；而负载管 VT_3 和 VT_4 为 P 沟道增强型 MOS 管，两者并联。负载管整体与驱动管串联。

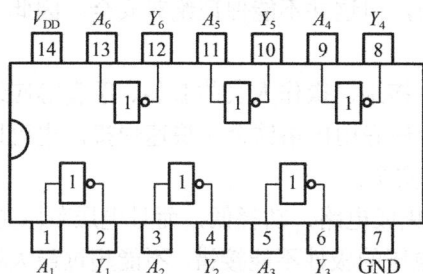

图 6.26　CD4069 的引脚排列　　　　　图 6.27　CMOS 与非门电路

常用的 CMOS 与非门有 CD4011、SN74AC00、SN74AC10 等，如图 6.28 所示为 CD4011 的引脚排列及实物图。

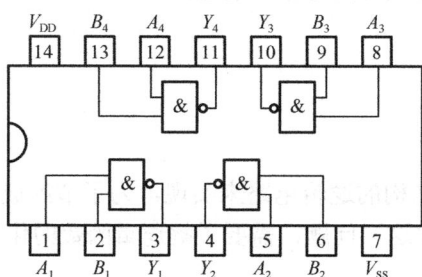

图 6.28　CD4011 的引脚排列及实物图

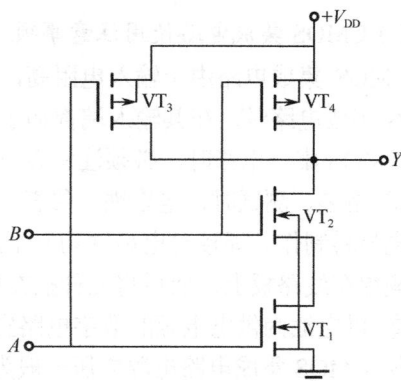

（3）CMOS 传输门。

如图 6.29（a）所示为 CMOS 传输门的电路结构，它由 NMOS 管 VT_1 和 PMOS 管 VT_2 并联而成。两管的源极相连，作为输入端；两管的漏极相连，作为输出端（输入端和输出端可以对调）。

图 6.29（b）所示为其逻辑符号。图 6.29（c）显示了双向传输，两管的栅极作为控制极，分别加一对互为反量的控制电压 C 和 $\bar{C}$ 进行控制。

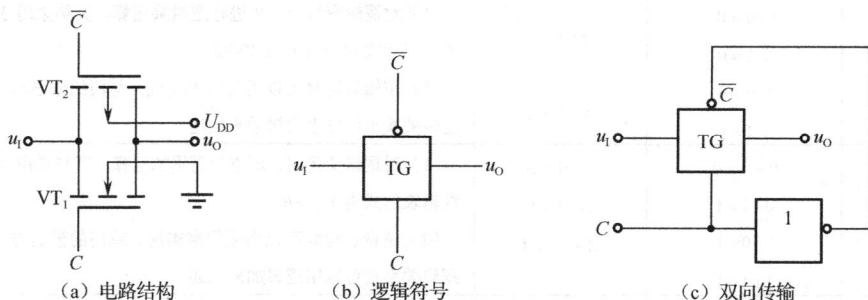

（a）电路结构　　　　　（b）逻辑符号　　　　　（c）双向传输

图 6.29　CMOS 传输门

CMOS 传输门的开通和关断取决于栅极上所加的控制电压。当 C 为"1"时，传输门开通，反之则关断。

2）CMOS 集成电路使用注意事项

CMOS 集成电路由于输入电阻高，极易受到静电影响。为了防止发生静电击穿，在生产 CMOS 集成电路时，在其输入端都加了标准保护电阻，但这并不能保证绝对安全。因此，在使用 CMOS 集成电路时，必须注意以下事项。

① 组装、测试时，电烙铁、仪表、工作台应良好接地。操作人员的服装、手套等应选用无静电材料制作。焊接时电烙铁功率不应超过 20W，最好用电烙铁余热快速焊接。也可以将插件座焊在线路板上，而后将元件插在座上，这样最安全。

② 以电池为供电电源的数字电路宜选用 CMOS 集成电路，功耗低，而且电压范围宽。

③ CMOS 集成电路电源电压一般为 10V，电源电压的极性不能接错，不能超过最大极限电压，以免造成元件损坏。

④ 避免静电损失。保存 CMOS 集成电路要用金属将引脚短接或用金属盒屏蔽。

⑤ 多余输入端的处理方法。CMOS 集成电路的输入阻抗高，易受外界干扰，所以多余输入端不允许悬空，应根据逻辑要求接电源、接地或与其他输入端连接。

⑥ 输出端禁止直接接地或接电源。

三、逻辑函数

在数字系统中同一种逻辑关系可以用不同结构的逻辑电路来实现，为了节约成本，往往希望所设计的电路经济、简单、可靠。为了解决这一问题，需要了解逻辑函数的化简。

1．逻辑代数基础知识

逻辑代数是分析和设计逻辑电路的数学工具。

1）基本逻辑运算

逻辑代数与普通代数有着很大的差异，它有自己独特的运算法则，逻辑运算表见表 6.9。

表 6.9　逻辑运算表

逻辑运算名称	逻辑运算的规则	运算法则	说　明
逻辑乘（也称与运算）	$0 \cdot 0 = 0$ $0 \cdot 1 = 0$ $1 \cdot 0 = 0$ $1 \cdot 1 = 1$	$A \cdot 0 = 0$ $A \cdot 1 = A$ $A \cdot A = A$	（1）对逻辑变量 A、B 进行逻辑乘运算，其结果用 Y 表示，则逻辑表达式为 $Y=A \cdot B$ 或 $Y=AB$ （2）逻辑乘运算可以用与门来实现。与门的输出与输入之间的逻辑关系也可以用逻辑乘来描述
逻辑加（也称或运算）	$0 + 0 = 0$ $0 + 1 = 1$ $1 + 0 = 1$ $1 + 1 = 1$	$A + 0 = A$ $A + 1 = 1$ $A + A = A$	（1）对逻辑变量 A、B 进行逻辑加运算，其结果用 Y 表示，则逻辑表达式为 $Y=A+B$ （2）逻辑加运算可以用或门来实现。或门的输出与输入之间的逻辑关系也可以用逻辑加来描述
逻辑非	$\bar{0} = 1$ $\bar{1} = 0$	$A + \bar{A} = 1$ $\bar{A} \cdot A = 0$	（1）对逻辑变量 A 进行逻辑非运算，其结果用 Y 表示，则逻辑表达式为 $Y = \bar{A}$ （2）逻辑非运算可以用非门来实现。非门的输出与输入之间的逻辑关系也可以用逻辑非来描述

2）逻辑代数的基本定律

逻辑代数不但有与普通代数相似的交换律、结合律和分配律，还有自身一些特殊定律。

逻辑代数的基本定律见表 6.10。这些公式反映了逻辑关系，而不是数量关系。利用这些公式时不要与普通代数运算混淆。

表6.10　逻辑代数的基本定律

基本定律名称	表　达　式
交换律	$A+B=B+A$ $A \cdot B=B \cdot A$
结合律	$(A+B)+C=A+(B+C)$ $(A \cdot B) \cdot C=A \cdot(B \cdot C)$
分配律	$A \cdot(B+C)=A \cdot B+A \cdot C$ $A+(B \cdot C)=(A+B) \cdot(A+C)$
重叠律	$A+A=A$ $A \cdot A=A$
0-1律	$A+1=1$ $A \cdot 0=0$
吸收律	$A+AB=A$ $A \cdot(A+B)=A$
反演律（摩根定律）	$\overline{A+B}=\overline{A} \cdot \overline{B}$ $\overline{A \cdot B}=\overline{A}+\overline{B}$

3）逻辑函数的表示形式

逻辑函数有多种表示形式，常见的有：逻辑表达、真值表、逻辑图和时序图。它们之间可以根据需要相互转换。

2. 逻辑函数的化简

常用的逻辑函数化简方法有公式化简法和卡诺图化简法，这里仅介绍公式化简法。

1）公式化简法

公式化简法常用的有并项法、吸收法、消去法等，见表6.11。

表6.11　公式化简法

方法名称	意　　义	举　例　说　明
并项法	利用公式 $A+\overline{A}=1$ 和 $AB+A\overline{B}=1$，把两个乘积项合并成一项，从而消去一个变量（或表达式），剩下两个乘积项的公共因子	$AB\overline{C}+ABC=AB(C+\overline{C})=AB$
吸收法	利用吸收律 $A+AB=A$ 和 $A \cdot(A+B)=A$，消去多余项或多余因子	$B\overline{C}+B\overline{C}DF=B\overline{C}$
消去法	利用公式 $A+\overline{A}B=A+B$ 消去多余因子	$AB+\overline{A}C+\overline{B}C$ $=AB+(\overline{A}+\overline{B})C$ $=AB+\overline{AB}C=AB+C$
配项法	一般是在适当的项中配上 $A+\overline{A}=1$ 的关系式，再同其他项的因子进行化简	$AB+A\overline{C}+B\overline{C}$ $=AB+A\overline{C}+(A+\overline{A})B\overline{C}$ $=AB+A\overline{C}+AB\overline{C}+\overline{A}B\overline{C}$ $=AB+A\overline{C}$

例题 5 化简逻辑函数 $Y=AD+A\bar{D}+AB+A\bar{C}+BC$。

$$Y=AD+A\bar{D}+AB+A\bar{C}+BC$$
$$=(AD+A\bar{D})+AB+A\bar{C}+BC$$
$$=A+AB+A\bar{C}+BC$$
$$=A+A\bar{C}+BC$$
$$=A+\bar{C}+BC$$

2）逻辑函数化简的意义

根据逻辑功能设计电路时，通过逻辑函数化简，可以得到简单、合理的电路，在节约成本的同时使电路的可靠性得到提高。由于与非门集成电路生产和使用较多，所以把一般函数变换成只用与非门就能实现的函数很有意义。下面通过一个例子来说明逻辑函数化简的意义。

例题 6 根据 $Y=ABC+AB\bar{C}+\bar{A}BC+\bar{A}B\bar{C}$ 设计逻辑电路。

化简前的逻辑图如图 6.30 所示。

化简过程如下：

$$Y=ABC+AB\bar{C}+\bar{A}BC+\bar{A}B\bar{C}$$
$$=(ABC+AB\bar{C})+(\bar{A}BC+\bar{A}B\bar{C})$$
$$=AB(C+\bar{C})+\bar{A}C(B+\bar{B})$$
$$=AB+\bar{A}C$$

化简后的逻辑图如图 6.31 所示。

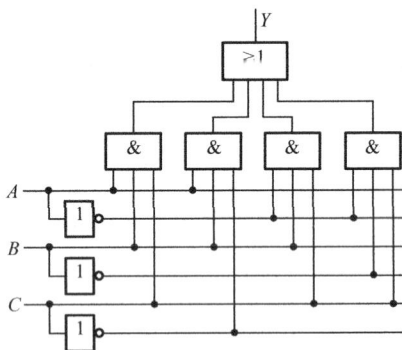

图 6.30　化简前的逻辑图

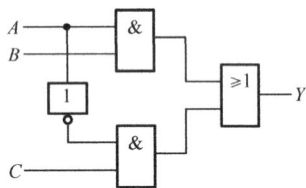

图 6.31　化简后的逻辑图

比较化简前和化简后的逻辑图，很明显，化简后所用门电路的数量少，每个门电路的输入端个数少，降低了成本，提高了电路的可靠性。

学生工作页

信息收集

1．数制转换。

$(15)_{10}=($ 　　 $)_2$ 　　$(0110.1010)_2=($ 　　 $)_{10}$ 　　$(3AE)_{16}=($ 　　 $)_2$

2．将图 6.32 补充完整。

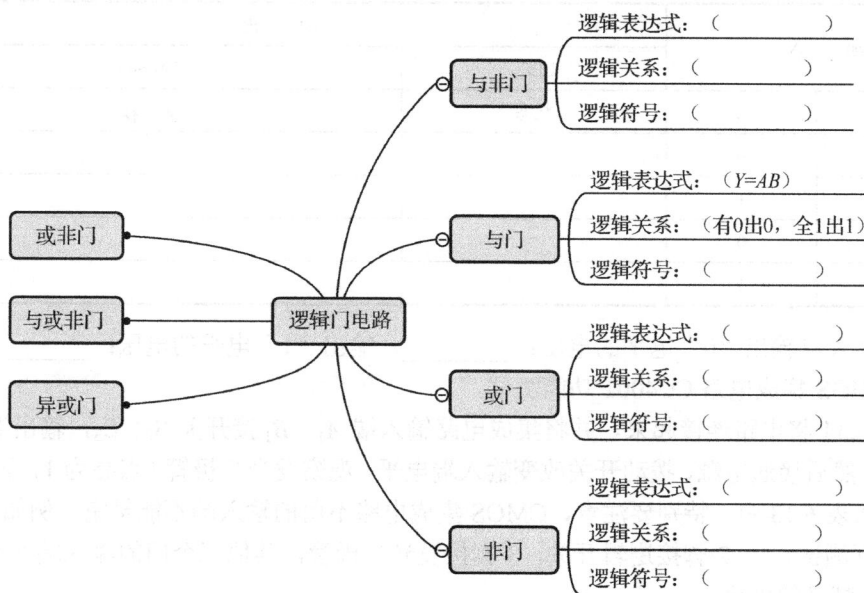

图中内容：

- 逻辑门电路
  - 与非门
    - 逻辑表达式：（ ）
    - 逻辑关系：（ ）
    - 逻辑符号：（ ）
  - 与门
    - 逻辑表达式：（$Y=AB$）
    - 逻辑关系：（有0出0，全1出1）
    - 逻辑符号：（ ）
  - 或门
    - 逻辑表达式：（ ）
    - 逻辑关系：（ ）
    - 逻辑符号：（ ）
  - 非门
    - 逻辑表达式：（ ）
    - 逻辑关系：（ ）
    - 逻辑符号：（ ）
  - 或非门
  - 与或非门
  - 异或门

图 6.32 题 2 图

3．化简下列逻辑函数。

$$Y= AB\overline{C} +ABC+ \overline{A}BC$$

4．TTL 集成电路 74LS00 功能测试。

按图 6.33 所示将电路连接起来，并将集成电路输入端 A_1、B_1 接开关 S_2、S_3，输出端 Y_1 接发光二极管，然后接通电源，拨动开关改变输入端电平，观察发光二极管（点亮为 1，不亮为 0），将结果填入表 6.12 中。该电路不用的引脚不能悬空。

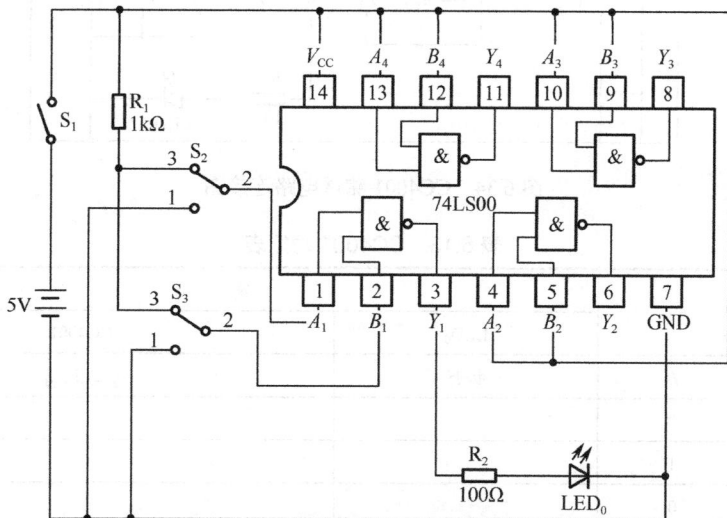

图 6.33 74LS00 测试电路连接图

表 6.12　74LS00 功能表

输　　入		输　　出	
		LED_0	74LS00
A	B	状态	$Y = \overline{AB}$
0	0		
0	1		
1	0		
1	1		

用万用表测输出"0"电平的电压：_____，输出"1"电平的电压：_____。

5. CMOS 集成电路 CC4001 功能测试。

按图 6.34 将电路连接起来，并将集成电路输入端 A_1、B_1 接开关 S_2、S_3，输出端 Y_1 接发光二极管，然后接通电源，拨动开关改变输入端电平，观察发光二极管（点亮为 1，不亮为 0），将结果填入表 6.13 中。特别要注意，CMOS 集成电路不用的输入端不能悬空。例如，选取第一个门进行测试，1、2 脚接逻辑开关，3 脚接发光二极管，其他三个门的输入端即 5、6、8、9、12、13 脚必须接地。

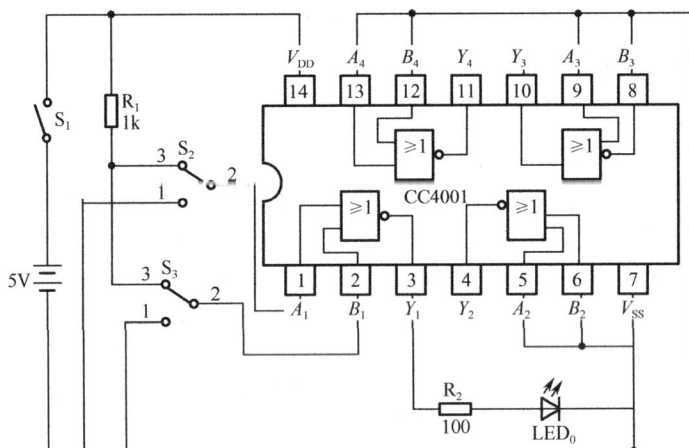

图 6.34　CC4001 测试电路连接图

表 6.13　CC4001 功能表

输　　入		输　　出	
		LED_0	CC4001
A	B	状态	$Y = \overline{A + B}$
0	0		
0	1		
1	0		
1	1		

用万用表测输出"0"电平的电压：_____，输出"1"电平的电压：_____。

6. 查阅可控硅资料，并填写表 6.14。

表 6.14　可控硅知识表

画出可控硅结构图	
画出可控硅的符号	
可控硅的分类	
单向可控硅的工作原理	
双向可控硅的工作原理	
可控硅质量检测步骤	

分析计划

阅读相关资料，清点元件，做好装配准备工作。

声光控楼道灯电路原理及元件清单

1. 电路原理

声光控楼道灯电路如图 6.35 所示。其中，CD4011 为与非门电路，其功能为"有 0 出 1，全 1 出 0"。在 VT_1 导通前，交流电源经桥式全波整流和 VD_6、电容 C_1 滤波获得直流电压（约28.8V），经限流电阻 R_1，使稳压二极管 VS 有 U_Z=+6.2V，为电路提供稳定电压（灯亮时 U_Z 有所降低）。白天，光敏电阻 RG 阻值较小，与非门 G_1 的输入为低电平，G_1 门被封，即不管 u_2 为何状态，G_1 总是出 1，G_2 出 0，u_c=0，G_3 出 1，G_4 出 0，单向可控硅 VT_1 不导通。晚上，RG 阻值增大，u_1 为高电平，G_1 门打开，u_2 信号可传送。若无声音，则驻极体电容式传声器 BM 无动态信号。偏置电阻使得 NPN 型三极管 VT_2 导通，u_2 为低电平，则 G_1 出 1，其余状态与上述相同，可控硅 VT_1 控制极 G 无触发信号，故不导通，灯不亮。晚上有声音时，BM 有动态波动信号输入放大电路中 VT_2 的基极，由于电容 C_2 的隔直通交作用，有正负波动信号，使得集电极输出 u_2 为高电平，因此使得 G_1 全 1 出 0，为负脉冲信号，而 G_2 出 1，为正脉冲信号，二极管 VD_5 导通对 C_3 充电，使其两端电压达到 5V，u_c=1，G_3 出 0，G_4 出 1，为高电平，经 R_7 限流，在单向可控硅 VT_1 控制极有触发信号，使 VT_1 导通，全波整流电路中串联的灯 L 经可控硅 VT_1 导通，灯 L 点亮。由于可控硅导通后的正向压降会降低至 1.8V，因此利用 VD_6

来防止 U_Z 下降，避免影响控制电路电源。声音消失后，灯 L 仍亮，直到 u_c 小于与非门阈值电压 U_{TH}，G_3 出 1，G_4 出 0，可控硅 VT_1 截止约 30s 后，灯熄灭。

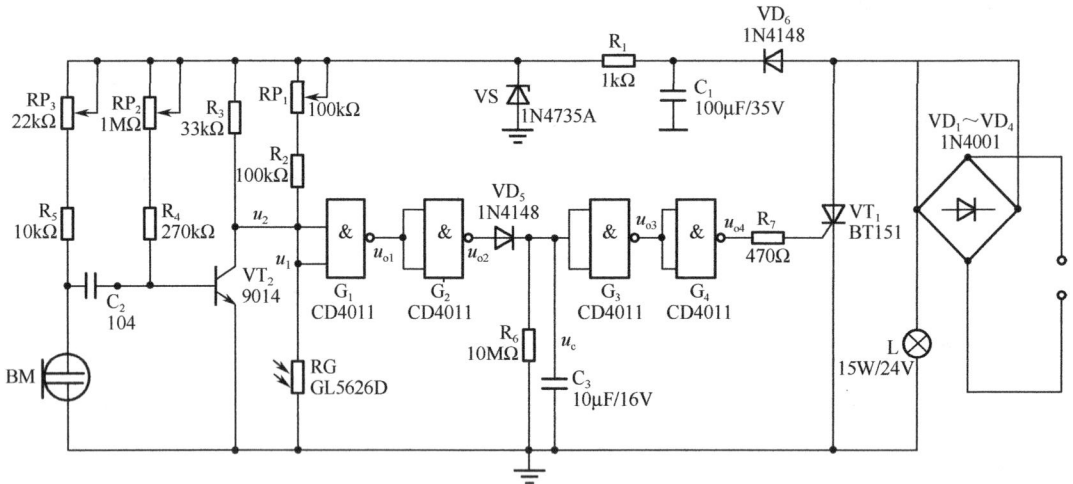

图 6.35　声光控楼道灯电路

2. 元件清单（表6.15）

表 6.15　元件清单

序　号	代　号	名　称	规　格	序　号	代　号	名　称	规　格
1	R_1	电阻	1kΩ	17	VT_1	可控硅	BT151
2	R_2	电阻	100Ω	18	VT_2	三极管	9014
3	R_3	电阻	33kΩ	19	VD_5	二极管	1N4148
4	R_4	电阻	270kΩ	20	VD_6	二极管	1N4148
5	R_5	电阻	10kΩ	21	BM	驻极体电容式传声器	CZN-15D
6	R_6	电阻	10MΩ	22	$G_1 \sim G_4$	集成电路	CD4011
7	R_7	电阻	470Ω	23	L	灯	15W/24V
8	RG	光敏电阻	GL5626D	24	J	扣线插座	CON2
9	RP_1	电位器	100kΩ	25	TP_1	测试杆	—
10	RP_2	电位器	1MΩ	26	TP_2	测试杆	—
11	RP_3	电位器	22kΩ	27	TP_3	测试杆	—
12	C_1	电容	100μF	28	TP_4	测试杆	—
13	C_2	电解电容	104	29	TP_5	测试杆	—
14	C_3	电解电容	10μF	30	TP_6	测试杆	—
15	VS	稳压二极管	1N4735A	31	TP_7	测试杆	—
16	$VD_1 \sim VD_4$	二极管	1N4001	32	TP_8	测试杆	—

任务实施

装配声光控楼道灯任务书

本次任务的实施时间为 2 小时。具体要求如下：

（1）注意操作安全，装配完成后必须通知教师，经教师同意后才可通电。

（2）仪器仪表的使用应符合操作规程。

（3）工具使用应安全、规范。

（4）保持工位整洁。

1．元件识别和检测（表 6.16）

表 6.16　元件识别和检测

代　号	名　　称	识别与检测内容			评判标准及分值	得　分
C_1	电容	容量值		_____μF	每空 1 分	
C_2	电解电容	万用表红表笔连接电容极性		_____（"正极"或"负极"）		
		万用表测漏电阻		_____Ω		
$VD_1\sim$ VD_6	二极管	正向电阻		_____Ω	每空 1 分，检测错不得分	
		反向电阻		_____Ω		
R_4	色环电阻	色环读取值		_____Ω		
		测量值		_____Ω		
RG	光敏电阻	有光情况下	电阻值	_____Ω	每空 1 分	
			元件好坏	（"好"或"坏"）		
		无光情况下	电阻值	_____Ω		
			元件好坏	（"好"或"坏"）		
VT_2	三极管	画出三极管，并标出引脚名称			共 4 分	
CD4011	集成电路	按逆时针方向，标出 1～7 脚名称			共 5 分	

2. 电路板焊接

要求电子产品的焊点大小适中、光滑、圆润、干净、无毛刺，无漏、假、虚、连焊；引脚加工尺寸及成形符合工艺要求；导线长度、剥头长度符合工艺要求，芯线完好，捻头镀锡。本部分共 15 分，疵点 1 处扣 1 分，扣完为止。

3. 电子产品装配

要求印制电路板插件位置正确，元件极性正确，元件、导线安装及字标方向均符合工艺要求；接插件、紧固件安装牢固，印制电路板安装对位；无烫伤和划伤处，整机清洁无污物。本部分共 20 分，装配不符合工艺要求 1 处扣 1 分，扣完为止。

4. 功能调试（45 分）

1）光控电路和电阻的测量

按要求测量光敏电阻上的压降和阻值，将结果填入表 6.17 中。

表 6.17　光控电路和电阻的测量

亮光（自然光照射 RG）	测量值	RP_1 调节约束条件	暗光（黑胶布封住 RG）	测量值	RP_1 调节约束条件
U_{RG}			U_{RG}		
阻值（关闭电源）		$<U_{TH}$	阻值（关闭电源）		$> U_{TH}$
关闭电源的条件下					
声电转换		$RP_3+R_5=$			
放大电路		$RP_2+R_4=$			
光控电路		$RP_1+R_2=$			

2）整体电路测量

（1）根据图 6.35 连接整体电路，在关闭电源的条件下接交流电源+24V，然后开启电源进行调试。

① 用万用表测量稳压二极管 VS 输出端电压，应为 6.2V 左右。

②在自然光照射光敏电阻的条件下，用万用表直流电压挡测量 u_1、u_2，以及与非门 G_1～G_4 输出电压 u_{o1}～u_{o4} 和 u_c，并记录在表 6.18 中。

表 6.18　整体电路测量

序号	测 量 条 件	各端电压测量值/V							
		u_1	u_2	u_{o1}	u_{o2}	u_c	u_{o3}	u_{o4}	灯的状态
1	光敏电阻受光								
2	光敏电阻被遮住、有拍手声								灯亮持续时间为_____s

③ 将光敏电阻用黑胶布遮住，在拍手过程中用示波器"Y:0.1V/div""X:0.1s/div"观察 u_1、u_2、u_{o1}～u_{o4} 和 u_c 电压波形，并估算灯亮持续时间。

（2）回答下列问题。

① CD4011 有 4 个＿＿＿＿＿门电路，对于其中的一个门电路而言，当输入全为＿＿＿＿＿时，输出为＿＿＿＿＿。（12 分）

② 维持灯亮的时间长短由＿＿＿＿＿元件决定。（5 分）

A．C_2、R_6　　　　　B．C_3、R_8

③ 控制可控硅导通的条件是控制端为＿＿＿＿＿。（5 分）

A．低电平　　　　　B．高电平

检验评估

按任务书要求进行评估，总结失分原因，你准备通过哪些措施避免以后再出现同类错误？

回顾总结

通过声光控楼道灯的装配，你学会了哪些知识和技能？有什么体会？

装配八路抢答器

情境描述

"中国诗词大会"是中央电视台首档全民参与的诗词节目（图7.1），该节目以"赏中华诗词、寻文化基因、品生活之美"为基本宗旨，力求通过对诗词知识的比拼及赏析，分享诗词之美，感受诗词之趣，从古人的智慧和情怀中汲取营养。其中有一个描述线索题环节，要求选手根据线索进行抢答。

图7.1　中国诗词大会

在很多知识竞赛中都有抢答环节，当主持人宣布抢答开始时，选手们会争先恐后地按下按键，最先按下按键的选手获得回答权。能实现抢答功能的电子产品称为抢答器。

本项目将装配八路抢答器，可同时进行八路抢答。选手们按下按键后，数码管会显示抢答成功者的编号，同时蜂鸣器会发声，表示抢答成功。此时，抢答器处于锁存状态，其他选手抢答无效。本轮抢答结束后，可通过复位键进行复位。此时，数码管全灭，蜂鸣器停止发声，可进行下轮抢答。抢答器如图7.2所示。

(a) 双列直插式抢答器   (b) 贴片式抢答器

图7.2　抢答器

相关知识

一、组合逻辑电路的分析与设计

数字电路分为组合逻辑电路和时序逻辑电路。组合逻辑电路是指当前时刻输出状态只取决于当前时刻输入状态的组合，而与电路以前的状态无关。时序逻辑电路的输出状态不但取决于当前时刻输入信号的状态，还与电路以前的状态有关。

组合逻辑电路的输出信号和输入信号之间存在逻辑关系，同一种逻辑关系有多种表示方法，如逻辑表达式、逻辑电路图、真值表和状态图，这些方法都可以用来表示组合逻辑电路的功能。

1. 组合逻辑电路的分析

组合逻辑电路的分析，即找出给定逻辑电路输出和输入之间的逻辑关系，确定逻辑电路的逻辑功能。在维修和仿制产品时，都需要对电路进行分析。

组合逻辑电路的分析一般按下列步骤进行。

（1）根据逻辑电路图，写出输出变量对应于输入变量的逻辑表达式。

由输入端逐级向后推，写出每级电路输出对应于输入的逻辑表达式，直至推导出最终输出对应于输入的逻辑关系式，并进行化简。

（2）根据写出的逻辑表达式，列出对应的真值表。

（3）由逻辑表达式和真值表分析归纳出组合逻辑电路的逻辑功能。

下面通过一个例子说明组合逻辑电路的分析方法。

例题 1　试分析图 7.3 所示的组合逻辑电路。

解：①由逻辑图写出逻辑表达式。

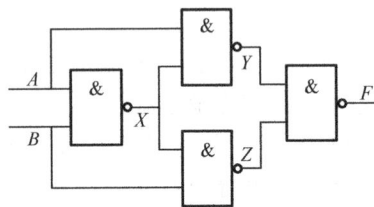

图7.3　组合逻辑电路分析举例

从每个元件的输入端到输出端，定义中间变量，依次写出各个逻辑门的逻辑表达式，最后写出输出与各输入之间的逻辑表达式，并进行化简。

$$X = \overline{A \cdot B}$$

$$Y = \overline{AX} = \overline{A \cdot \overline{AB}}$$

$$Z = \overline{BX} = \overline{B \cdot \overline{AB}}$$

$$F = \overline{YZ} = \overline{\overline{A \cdot \overline{AB}} \cdot \overline{B \cdot \overline{AB}}} = A \cdot \overline{AB} + B \cdot \overline{AB} = A(\overline{A} + \overline{B}) + B(\overline{A} + \overline{B}) = A\overline{B} + B\overline{A}$$

② 由逻辑表达式列出真值表（表7.1）。

表 7.1　真值表

输　　入		输　　出
A	B	F
0	0	0
0	1	1
1	0	1
1	1	0

③ 分析归纳逻辑功能。

由逻辑表达式和真值表可知，两个输入端相同时输出为 0，两个输入端不同时输出为 1，输出和输入之间为异或关系。

2. 组合逻辑电路的设计

组合逻辑电路的设计就是根据逻辑功能的要求，设计出实现该功能的最佳电路。逻辑电路设计是电子产品开发中的一个重要环节，一般按以下步骤进行。

（1）将文字描述的逻辑功能转换为真值表。这一步非常重要，要仔细分析设计要求，确定输入、输出变量及逻辑规定，分析输入、输出变量之间的逻辑关系，列出满足功能要求的真值表。

（2）由真值表写出逻辑表达式，并进行化简，化简形式应根据任务所要求采用的门电路类型而定。

通常对电子系统的要求有成本低、可靠性高、速度高等，所以逻辑表达式化简通常遵循如下原则：逻辑电路所用的门数量最少，所用门的种类最少；各个门的输入端要少；逻辑电路所用的级数要少；逻辑电路所用的连线要少。

（3）画出逻辑电路图。

例题 2　设计一个三人表决电路，赞成为 1，不赞成为 0，多数赞成为通过，试用与门、非门实现。

解：①表决电路需要 3 个输入端，用 A、B、C 表示，赞成为 1，不赞成为 0；需要 1 个输出端，用 F 表示，通过为 1，不通过为 0。分析题意列出真值表，见表7.2。

表 7.2　三人表决电路真值表

输　　入			输　　出
A	B	C	F
0	0	0	0
0	0	1	0
0	1	0	0

输 入			输 出
A	B	C	F
0	1	1	1
1	0	0	0
1	0	1	1
1	1	0	1
1	1	1	1

② 由真值表写出逻辑表达式。

找到对应 $F=1$ 的输入项，把输入项中为 1 的变量用对应的字母表示，为 0 的变量用字母的非状态表示，各输入变量组合成"与"关系，然后把所有的"与"项求和，即可得到需要的表达式。

$$F = AB\overline{C} + A\overline{B}C + \overline{A}BC + ABC$$

③ 变换和化简。

$$F = AB\overline{C} + A\overline{B}C + \overline{A}BC + ABC$$
$$= AB + BC + CA$$
$$= AB(\overline{C} + C) + BC(A + \overline{A}) + CA(B + \overline{B})$$
$$= \overline{\overline{AB} \cdot \overline{BC} \cdot \overline{CA}}$$

④ 由逻辑表达式画出逻辑图，如图 7.4 所示。

二、常用组合逻辑电路

组合逻辑电路有编码器、译码器、数据选择器、数据分配器等，常用的组合逻辑电路有编码器、译码器等。

编码就是按照一定规则用数码或符号表示特定对象的过程。例如：公安部门给每个人分配一个身份证号码，电信部门给每个用户分配一个电话号码，学校给每个学生分配一个

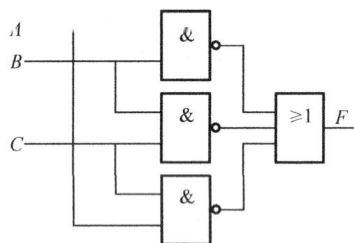

图 7.4 三人表决电路逻辑图

学号，这都是在进行编码。能够实现编码功能的组合逻辑电路称为编码器。译码是编码的逆过程，其功能是把某种输入代码翻译成相应的具体信号并输出。

1. 编码器

编码器有很多种，按编码方式不同，可分为普通编码器和优先编码器；按数制不同，可分为二进制编码器和非二进制编码器，如二-十进制编码器（BCD 编码器）等。

1）二进制编码器

能够将各种输入信息编成二进制代码的电路称为二进制编码器。1 位二进制代码 0、1 可以表示两种不同的输入信号，2 位二进制代码组合 00、01、10、11 可以表示 4 种不同的输入信号，3 位二进制代码组合 000、001、010、011、100、101、110、111 可以表示 8 种不同的输入信号，依此类推，n 位二进制代码有 2^n 种组合，可以表示 2^n 种不同的输入信号。也就是

说，2^n 个输入信号进行 n 位二进制码编码，需要 n 个输出端口。

如图 7.5 所示是一个 3 位二进制编码器。3 位二进制编码器的 I_0、I_1、I_2、I_3、I_4、I_5、I_6、I_7 表示 8 路输入，输出是 3 位二进制代码，分别用 Y_0、Y_1、Y_2 表示。因为该编码器有 8 个输入端，3 个输出端，所以又称 8-3 线编码器。编码器同一时刻只能对 $I_0 \sim I_7$ 中的一路输入信号进行编码，而不能对多路输入信号进行编码，否则输出将会发生错误。

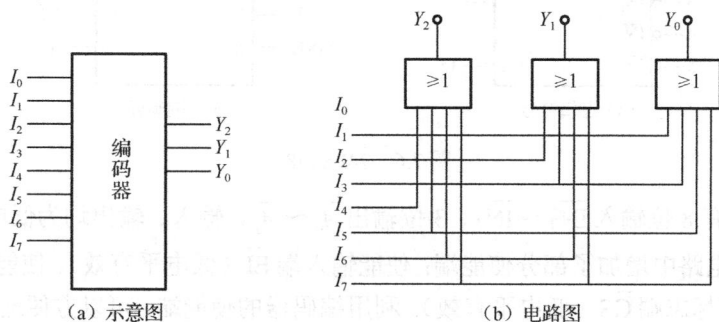

（a）示意图　　　　　　　（b）电路图

图 7.5　3 位二进制编码器

根据编码器工作原理，可列出真值表，见表 7.3。

表 7.3　3 位二进制编码器真值表

输　　入								输　　出		
I_0	I_1	I_2	I_3	I_4	I_5	I_6	I_7	Y_2	Y_1	Y_0
1	0	0	0	0	0	0	0	0	0	0
0	1	0	0	0	0	0	0	0	0	1
0	0	1	0	0	0	0	0	0	1	0
0	0	0	1	0	0	0	0	0	1	1
0	0	0	0	1	0	0	0	1	0	0
0	0	0	0	0	1	0	0	1	0	1
0	0	0	0	0	0	1	0	1	1	0
0	0	0	0	0	0	0	1	1	1	1

根据表 7.3 可写出编码器的逻辑表达式：

$$Y_2 = I_4 + I_5 + I_6 + I_7$$
$$Y_1 = I_2 + I_3 + I_6 + I_7$$
$$Y_0 = I_1 + I_3 + I_5 + I_7$$

根据逻辑表达式可画出或门组成的 3 位二进制编码器，如图 7.5（b）所示，I_0 的编码是隐含的，当 $I_1 \sim I_7$ 均为 0 时，电路输出就是 000。

图 7.5（b）所示的编码器的输入信号是相互排斥的，即任一时刻只允许一个输入端提出编码要求。实际应用中很可能出现多个输入端同时有效，即同时提出编码要求，那么输出将会错乱。在设计有实际应用价值的编码器时，会约定好优先顺序，工作时只对优先级高的输入信号进行编码，其余的输入信号可看成无效信号，这就是优先编码器。

74LS148 是典型的 8-3 线优先编码器，其逻辑符号和引脚功能如图 7.6 所示。

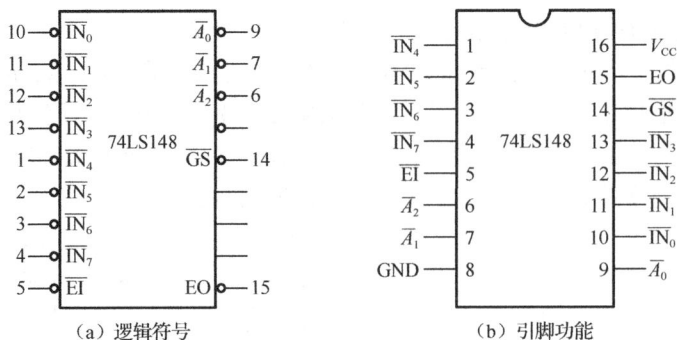

（a）逻辑符号　　　　　　（b）引脚功能

图 7.6　74LS148

74LS148 具有 8 位输入 $\overline{IN_0} \sim \overline{IN_7}$、3 位输出 $\overline{A_0} \sim \overline{A_2}$，输入、输出均为低电平有效。为使功能得到扩展，电路中增加了部分使能端：使能输入端 $\overline{EI}$（低电平有效）、使能输出端 EO（高电平有效）、优先标志端 $\overline{GS}$（低电平有效）。利用编码器的使能端，可以方便地实现电路输入、输出端个数的扩展。

该优先编码器的功能表见表 7.4。其中，×表示 0 或 1。由功能表可知，$\overline{EI}$ =1 时，编码器处于禁止编码状态，输出 $\overline{A_0} \sim \overline{A_2}$ 全为 1。$\overline{EI}$ =0 时，编码器正常编码，8 位输入 $\overline{IN_0} \sim \overline{IN_7}$ 中，$\overline{IN_7}$ 优先级最高，当 $\overline{IN_7}$ =0 时，不论其他输入端是否有效，只对 $\overline{IN_7}$ 进行编码，输出 000；$\overline{IN_6}$ 优先级仅次于 $\overline{IN_7}$，依此类推，$\overline{IN_0}$ 优先级最低。

输出端中还有表示编码器工作状态的 EO 和 $\overline{GS}$。从表 7.4 中可以看出，当编码器禁止编码时，EO= $\overline{GS}$ =1；当编码器允许编码，但输入端没有编码要求时，EO=0，$\overline{GS}$ =1；当编码器处于正常编码状态时，EO=1，$\overline{GS}$ =0。

表 7.4　74LS148 的功能表

输 入 变 量									输 出 变 量				
$\overline{EI}$	$\overline{IN_7}$	$\overline{IN_6}$	$\overline{IN_5}$	$\overline{IN_4}$	$\overline{IN_3}$	$\overline{IN_2}$	$\overline{IN_1}$	$\overline{IN_0}$	$\overline{A_2}$	$\overline{A_1}$	$\overline{A_0}$	$\overline{GS}$	EO
1	×	×	×	×	×	×	×	×	1	1	1	1	1
0	1	1	1	1	1	1	1	1	1	1	1	1	0
0	1	1	1	1	1	1	1	0	1	1	1	0	1
0	1	1	1	1	1	1	0	×	1	1	0	0	1
0	1	1	1	1	1	0	×	×	1	0	1	0	1
0	1	1	1	1	0	×	×	×	1	0	0	0	1
0	1	1	1	0	×	×	×	×	0	1	1	0	1
0	1	1	0	×	×	×	×	×	0	1	0	0	1
0	1	0	×	×	×	×	×	×	0	0	1	0	1
0	0	×	×	×	×	×	×	×	0	0	0	0	1

2）二-十进制编码器（BCD 编码器）

在数字电路中用二进制表示信息，但人们经常使用的是十进制。二-十进制编码器是指用 4 位二进制代码表示一位十进制数（0～9）的编码电路，它有 10 个信号输入端和 4 个编码输出端，所以又称 10-4 线编码器。

74LS147 是常用的二-十进制编码器，它有 9 路输入信号，可以编码成 4 位 BCD 码输出，当 9 路输入信号全为高电平时，表示十进制数中的 0，输出为 1111。74LS147 的功能表见表 7.5。

表 7.5　74LS147 的功能表

输　　　入									输　　出			
$\overline{I_9}$	$\overline{I_8}$	$\overline{I_7}$	$\overline{I_6}$	$\overline{I_5}$	$\overline{I_4}$	$\overline{I_3}$	$\overline{I_2}$	$\overline{I_1}$	$\overline{Y_3}$	$\overline{Y_2}$	$\overline{Y_1}$	$\overline{Y_0}$
1	1	1	1	1	1	1	1	1	1	1	1	1
1	1	1	1	1	1	1	1	0	1	1	1	0
1	1	1	1	1	1	1	0	×	1	1	0	1
1	1	1	1	1	1	0	×	×	1	1	0	0
1	1	1	1	1	0	×	×	×	1	0	1	1
1	1	1	1	0	×	×	×	×	1	0	1	0
1	1	1	0	×	×	×	×	×	1	0	0	1
1	1	0	×	×	×	×	×	×	1	0	0	0
1	0	×	×	×	×	×	×	×	0	1	1	1
0	×	×	×	×	×	×	×	×	**0**	**1**	**1**	**0**

从表 7.5 中可以看出，当 $\overline{I_9}$ 为 0（低电平有效）时，不论 $\overline{I_0} \sim \overline{I_8}$ 是 0 还是 1，只按 $\overline{I_9}$ 输入进行编码，编码输出为 9 的 8421 码 1001 的反码 0110。74LS147 输入信号的优先级由高到低依次为 $\overline{I_9}$、$\overline{I_8}$、$\overline{I_7}$、$\overline{I_6}$、$\overline{I_5}$、$\overline{I_4}$、$\overline{I_3}$、$\overline{I_2}$、$\overline{I_1}$、$\overline{I_0}$。其中，$\overline{I_0}$ 的编码是隐含的，当 $\overline{I_1} \sim \overline{I_9}$ 都没有信号输入时，编码器输出 $\overline{I_0}$ 的编码。

2. 译码器

译码是编码的逆过程，即将给定的数字代码翻译成具体的特定信号，如警察输入身份证号码，显示对应个人的具体信息。能实现译码功能的组合逻辑电路就是译码器。译码器按照译码方式的不同可分为二进制译码器和显示译码器。

1）二进制译码器

与编码器相反，二进制译码器输入端为 n 个数字代码，输出端为 2^n 个具体信号。根据输入、输出端的个数不同，二进制译码器分为 2-4 线译码器（74LS139）、3-8 线译码器（74LS138）和 4-16 线译码器（74LS154）等。下面以应用比较广泛的 3-8 线译码器 74LS138 为例介绍译码器的功能及原理。

如图 7.7（a）所示为 74LS138 的引脚排列。输入为 A_2、A_1、A_0，输出为 $\overline{Y_0} \sim \overline{Y_7}$。

74LS138 的逻辑功能如图 7.7（b）所示。该电路除了具有 A_2、A_1、A_0 三路输入，$\overline{Y_0} \sim \overline{Y_7}$ 八路输出，还有 $\overline{G}_{2A}$、$\overline{G}_{2B}$、G_1 三个选通端（也称使能控制端），这三个选通端用来控制译码器的工作状态。当 $G_1=1$，$\overline{G}_{2A} = \overline{G}_{2B} = 0$ 时，译码器处于正常工作状态；当 $G_1=0$ 或者 $\overline{G}_{2A} + \overline{G}_{2B} = 1$ 时，译码器处于禁止状态，所有的输出端均为高电平。表 7.6 为该译码器的功能表。

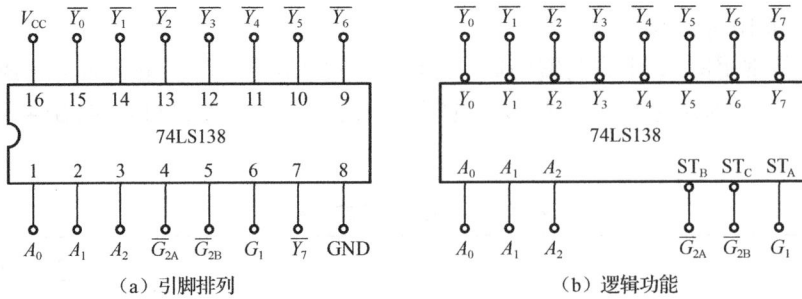

（a）引脚排列　　　　　　　　　　　（b）逻辑功能

图 7.7　74LS138

表 7.6　74LS138 的功能表

输　入					输　出							
G_1	$\overline{G}_{2A}+\overline{G}_{2B}$	A_2	A_1	A_0	$\overline{Y}_0$	$\overline{Y}_1$	$\overline{Y}_2$	$\overline{Y}_3$	$\overline{Y}_4$	$\overline{Y}_5$	$\overline{Y}_6$	$\overline{Y}_7$
0	×	×	×	×	1	1	1	1	1	1	1	1
×	1	×	×	×	1	1	1	1	1	1	1	1
1	0	0	0	0	0	1	1	1	1	1	1	1
1	0	0	0	1	1	0	1	1	1	1	1	1
1	0	0	1	0	1	1	0	1	1	1	1	1
1	0	0	1	1	1	1	1	0	1	1	1	1
1	0	1	0	0	1	1	1	1	0	1	1	1
1	0	1	0	1	1	1	1	1	1	0	1	1
1	0	1	1	0	1	1	1	1	1	1	0	1
1	0	1	1	1	1	1	1	1	1	1	1	0

2）数码显示器

虽然电子产品中数字电路所处理的数据采用二进制形式，但如果最终的输出需要显示出来，如数字钟显示时间、数字秤显示质量，为了照顾人们的读数习惯，则需要把二进制数转换为人们熟悉的十进制数显示出来。这部分工作由显示译码器和数码显示器完成。

下面先介绍数码显示器，常用的数码显示器有半导体数码管（LED）、液晶数码管（LCD）和荧光数码管 3 种，虽然它们结构各异，但译码显示电路的原理是相同的。下面以应用最广泛的半导体七段数码管为例，介绍数码显示器的工作原理。

如图 7.8（a）所示为半导体七段数码管的排列。发光二极管分别用 a、b、c、d、e、f、g 表示。例如，当 g 段不亮，其他各段都亮时，就能显示数字"0"，如图 7.8（b）所示。

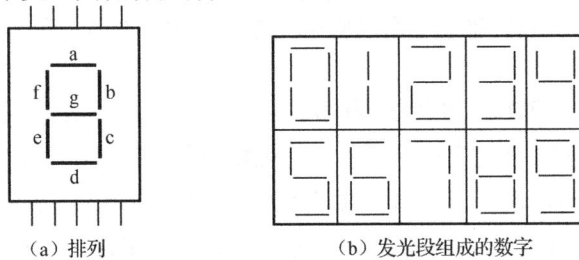

（a）排列　　　　　　　　　　（b）发光段组成的数字

图 7.8　半导体七段数码管

依据发光二极管的接线方法，可以将半导体七段数码管分为共阴极型和共阳极型两种，如图 7.9 所示。共阴极型是发光二极管的阴极接在一起作为公共端，阳极高电平驱动发光；共阳极型是发光二极管的阳极接在一起作为公共端，阴极低电平驱动发光。由于集成电路的高电平输出电流小，而低电平输出电流较大，因此采用集成电路直接驱动 LED 时，大多采用低电平驱动方式。

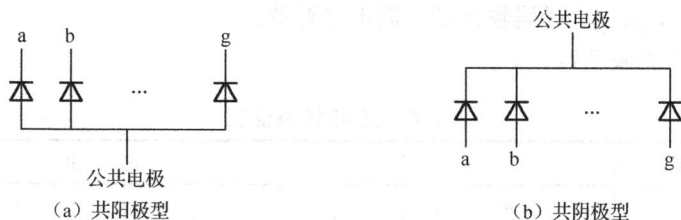

图 7.9　共阴极型和共阳极型半导体七段数码管

实际应用的半导体七段数码管右下角还有一个发光二极管，用于显示小数点。如 BS202 共阴极型数码管，其实物图及引脚排列如图 7.10 所示。其中，3 脚和 8 脚为公共端。

半导体七段数码管中各段发光二极管的伏安特性和普通发光二极管类似，输入端在与 5V 电源或高于 TTL 高电平（3.5V）的电路信号相接时，一定要串联限流电阻，否则会损坏数码管。

3）显示译码器

显示译码器的主要作用是译码及驱动，即将输入的二进制代码译成相应的高、低电平信号，直接驱动显示器发光，显示十进制数字。下面介绍常用的集成显示译码器 CD4511，CD4511 引脚图如图 7.11 所示。

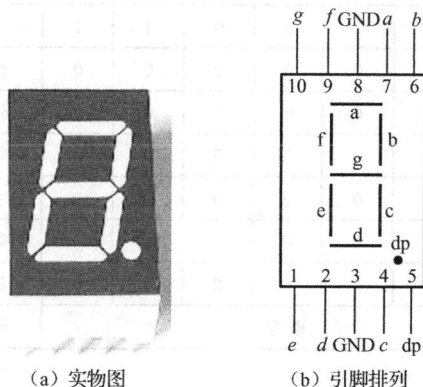

图 7.10　BS202 共阴极型数码管

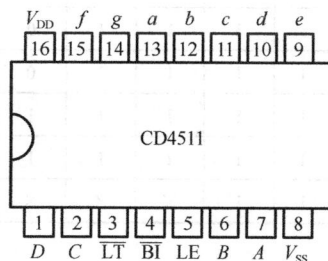

图 7.11　CD4511 引脚图

CD4511 是一个用于驱动共阴极 LED（数码管）显示器的译码器，包含具有 BCD 转换、消隐、锁存控制、七段译码及驱动功能的 CMOS 集成电路，能提供较大的拉电流，可直接驱动 LED 显示器。

CD4511 各引脚功能如下。

BI（4 脚）：消隐输入控制端。当 BI=0 时，不管其他输入端状态如何，七段数码管均处于熄灭（消隐）状态，不显示数字。

LT（3 脚）：测试输入端。当 BI=1，LT=0 时，译码输出全为 1，不管输入状态如何，七段数码管均发亮，显示"8"。主要用来检测数码管各段是否能正常发光。

LE（5 脚）：锁定控制端。当 LE=0 时，允许译码输出；LE=1 时，锁定保持状态，译码器输出保持在 LE=0 时的数值。

D、C、B、A：8421 码输入端，其中 D 为高位。

a、b、c、d、e、f、g：译码输出端，高电平有效。

CD4511 真值表见表 7.7。

表 7.7　CD4511 真值表

输　　入							输　　　出							显示
LE	BI	LT	D	C	B	A	a	b	c	d	e	f	g	
×	×	0	×	×	×	×	1	1	1	1	1	1	1	8
×	0	1	×	×	×	×	0	0	0	0	0	0	0	消隐
0	1	1	0	0	0	0	1	1	1	1	1	1	0	0
0	1	1	0	0	0	1	0	1	1	0	0	0	0	1
0	1	1	0	0	1	0	1	1	0	1	1	0	1	2
0	1	1	0	0	1	1	1	1	1	1	0	0	1	3
0	1	1	0	1	0	0	0	1	1	0	0	1	1	4
0	1	1	0	1	0	1	1	0	1	1	0	1	1	5
0	1	1	0	1	1	0	0	0	1	1	1	1	1	6
0	1	1	0	1	1	1	1	1	1	0	0	0	0	7
0	1	1	1	0	0	0	1	1	1	1	1	1	1	8
0	1	1	1	0	0	1	1	1	1	0	0	1	1	9
0	1	1	1	0	1	0	0	0	0	0	0	0	0	消隐
0	1	1	1	0	1	1	0	0	0	0	0	0	0	消隐
0	1	1	1	1	0	0	0	0	0	0	0	0	0	消隐
0	1	1	1	1	0	1	0	0	0	0	0	0	0	消隐
0	1	1	1	1	1	0	0	0	0	0	0	0	0	消隐
0	1	1	1	1	1	1	0	0	0	0	0	0	0	消隐
1	1	1	×	×	×	×	锁　存							锁存

三、触发器

1. 认识触发器

触发器是构成时序逻辑电路的基本单元电路，具有数码记忆功能。

触发器具有以下特点。

（1）具有两个稳定状态，在没有触发的情况下，触发器可以保持状态不变。

（2）在输入信号的作用下，可从一个稳定状态转换到另一个稳定状态。

（3）除基本 RS 触发器外，状态翻转时需要时钟脉冲（Clock Pulse，CP）信号配合。

触发器具有记忆、预置、触发三个基本功能。

触发器有很多种，根据触发器电路结构的不同，可以分成基本 RS 触发器和时钟触发器两大类，在时钟触发器中又有电平触发和边沿触发两种类型；根据控制方式（指输入信号的给出方式和触发器状态随输入信号的变化规律）和逻辑功能的不同，可以将触发器分为 RS 触发器、JK 触发器、D 触发器、T 触发器等。

基本 RS 触发器是最简单的触发器，但因为输入端信号有限制，所以实际中基本不用。JK 触发器功能最强大，D 触发器结构最简单，T 触发器可以由 JK 触发器经简单连接构成，所以 JK 触发器、D 触发器应用最广泛。

2．基本 RS 触发器

1）基本 RS 触发器的结构

基本 RS 触发器由两个与非门交叉耦合构成，如图 7.12（a）所示，图 7.12（b）是基本 RS 触发器的逻辑符号。

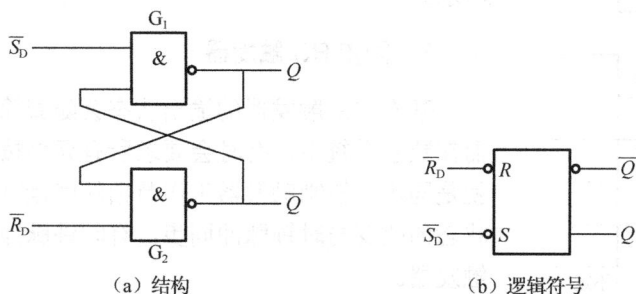

（a）结构 （b）逻辑符号

图 7.12 基本 RS 触发器的结构及逻辑符号

由图 7.12 可以看出，它有两个输入端 $\overline{R}_D$ 和 $\overline{S}_D$，符号方框内的 R、S 分别表示复位和置位输入。在电路中置位端常以 S（Set）表示，复位端常以 R（Reset）表示，通常对信号 S 和 R 加下标"D"写成 S_D、R_D，若信号是低电平有效，则写成 $\overline{R}_D$、$\overline{S}_D$。

两个输出端为 Q 和 $\overline{Q}$。一般情况下，Q 和 $\overline{Q}$ 状态互补。触发器的 Q 端状态称为触发器的状态。$Q=0$，$\overline{Q}=1$ 时，称触发器处于 0 状态；$Q=1$，$\overline{Q}=0$ 时，称触发器处于 1 状态。所以触发器具有两个稳定状态：1 状态和 0 状态，因而又将其称为双稳态电路，这是实现记忆功能的基础。

基本 RS 触发器的工作原理如下：复位端（R）加低电平，即 $\overline{R}_D=0$，与非门 G_2 有"0"出"1"；置位端（S）加低电平，即 $\overline{S}_D=0$，与非门 G_1 有"0"出"1"。因此，复位端和置位端输入信号中只能有一个为低电平，低电平加在复位端，触发器复位，$Q=0$；低电平加在置位端，触发器置位，$Q=1$。所以，基本 RS 触发器又称置位复位触发器。当输入端都为高电平时，两个与非门状态不变，即保持原状态。

当 $\overline{R}_D=\overline{S}_D=0$ 时，两个输出端 Q 和 $\overline{Q}$ 都为 1，破坏了触发器输出互补的逻辑关系，特别是 $\overline{R}_D$、$\overline{S}_D$ 同时由 0 变为 1 时，由于 G_1、G_2 门的传输延迟时间不确定，触发器的新状态也是不确定，故在真值表中描述为不定状态，这种输入情况应当避免。

时序逻辑电路中，时钟脉冲作用前的状态称为原状态，又称初状态，用 Q^n、$\overline{Q}^n$ 表示；时钟脉冲作用后的状态称为新状态，又称次状态，用 Q^{n+1}、$\overline{Q}^{n+1}$ 表示。

2）基本 RS 触发器的逻辑功能

通过分析输入端和输出端的关系，可得到基本 RS 触发器功能表，见表 7.8。

表 7.8　基本 RS 触发器功能表

输　　入		输　　出	工　作　模　式
$\overline{R}_D$	$\overline{S}_D$	Q^{n+1}	
1	0	0	置 0
0	1	1	置 1
1	1	Q^n	保持原状态
0	0	不定	不定

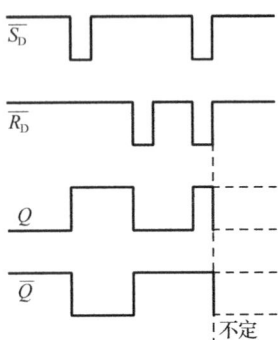

图 7.13　基本 RS 触发器工作波形

由功能表可以画出基本 RS 触发器工作波形，如图 7.13 所示。

3．同步 RS 触发器

基本 RS 触发器的输出状态会随着输入信号不断变化，而在数字系统中，有时会要求所有元件按同一节拍工作，这就是同步，控制触发器工作节拍的就是时钟脉冲，即触发器状态的改变与时钟脉冲同步，有时钟脉冲的触发器称为同步触发器。

1）同步 RS 触发器的结构

同步 RS 触发器只有在时钟脉冲作用时，输入信号才起作用，触发器状态才可能发生改变；至于触发器输出具体是什么状态，仍然由 R、S 端的高、低电平来决定。同步 RS 触发器的结构及逻辑符号如图 7.14 所示。

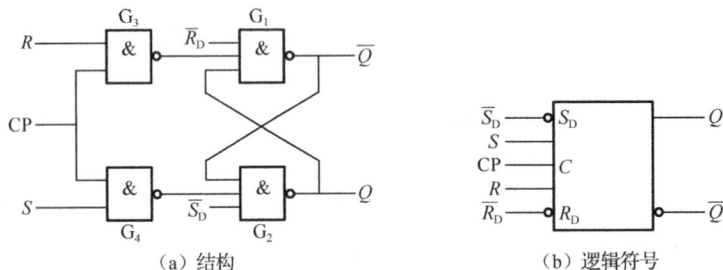

（a）结构　　　　　　　　　（b）逻辑符号

图 7.14　同步 RS 触发器的结构及逻辑符号

其中，G_1、G_2 门构成基本 RS 触发器，G_3、G_4 门组成控制电路，CP 是控制脉冲。R 为复位端，S 为置位端，$\overline{R}_D$ 为直接复位端，$\overline{S}_D$ 为直接置位端。R、S 都用原变量表示，高电平有效；$\overline{S}_D$、$\overline{R}_D$ 都用反变量表示，低电平有效。

2）同步 RS 触发器的功能

当 CP=0 时，G_3、G_4 门被封锁，R、S 信号不能进入，G_3、G_4 门输出均为高电平，触发器输出保持原来状态。

当 CP=1 时，R、S 信号才能经过 G_3、G_4 门影响输出状态。

$\overline{S}_D$、$\overline{R}_D$ 直接接在基本 RS 触发器输入端，可以直接影响输出状态，不受 CP 信号的控制，所以称为直接置位和直接复位。

通过分析电路工作过程，可得到同步 RS 触发器功能表，见表 7.9。

表 7.9　同步 RS 触发器功能表

输　　入					输　　出		工作模式
$\overline{R}_D$	$\overline{S}_D$	CP	R	S	Q^{n+1}	$\overline{Q}^{n+1}$	
0	0	×	×	×	1	1	不允许
0	1	×	×	×	0	1	置 0
1	0	×	×	×	1	1	置 1
1	1	0	×	×	Q^n	$\overline{Q}^n$	保持
1	1	1	0	1	1	0	置 1
1	1	1	1	0	0	1	置 0
1	1	1	0	0	Q^n	$\overline{Q}^n$	保持
1	1	1	1	1	—	—	不允许

同步 RS 触发器功能表内容可归纳如下。

RS=00，触发器保持原状态。

RS=01，触发器置 1。

RS=10，触发器置 0。

RS=11，不满足约束条件，这是一种禁止输入状态，触发器状态不确定。

所以同步 RS 触发器有三种功能：保持、置 1、置 0。

4．JK 触发器

同步 RS 触发器在 CP=1 期间接收 R、S 信号，若在 CP=1 期间 R、S 信号发生变化，则 Q 端状态也会跟着发生翻转，即在一个时钟脉冲期间，状态翻转一次以上，这种现象称为空翻，它会造成逻辑混乱。实际使用的触发器一般为边沿触发器，即只在时钟脉冲的上升沿或下降沿到来时接收输入信号，输出状态随之发生变化，而其他时刻的输入信号状态的变化对触发器输出状态没有影响，这样不仅克服了空翻现象，而且工作可靠性高，抗干扰能力强。具有这种动作特点的触发器统称边沿触发器，它又分为上升沿触发和下降沿触发两种。

74LS112 是双 JK 触发器集成芯片，集成了两个下降沿触发的 JK 触发器，如图 7.15 所示。时钟脉冲输入端的小三角表示边沿触发，加小圆圈表示下降沿触发，不加小圆圈表示上升沿触发。其功能表见表 7.10。

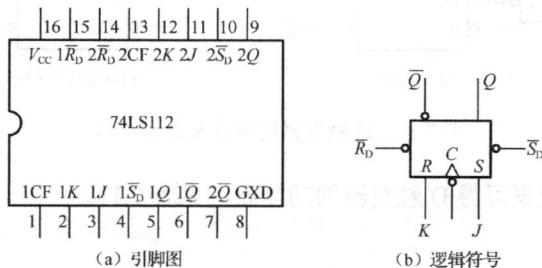

图 7.15　74LS112 引脚图和逻辑符号

表 7.10 74LS112 功能表

输　　入					输　　出		工　作　模　式
$\bar{S}_D$	$\bar{R}_D$	CP	J	K	Q^{n+1}	$\bar{Q}^{n+1}$	
0	1	×	×	×	1	0	直接置 1
1	0	×	×	×	0	1	直接置 0
0	0	×	×	×	ϕ	ϕ	不允许
1	1	↓	0	0	Q^n	$\bar{Q}^n$	保持
1	1	↓	1	0	1	0	置 1
1	1	↓	0	1	0	1	置 0
1	1	↓	1	1	$\bar{Q}^n$	Q^n	翻转

JK 触发器功能归纳如下。

JK＝00，触发器保持原状态。

JK＝01，触发器置 0。

JK＝10，触发器置 1。

JK＝11，状态翻转。

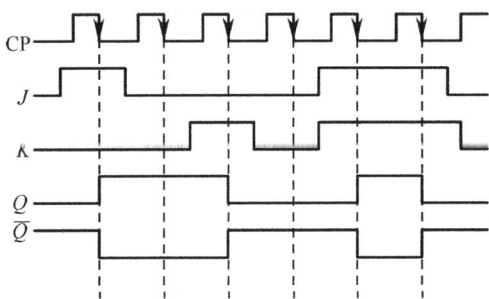

图 7.16 74LS112 的工作波形

因此，JK 触发器有 4 种功能：保持、置 1、置 0、翻转。与 RS 触发器相比，其输入端没有约束条件，所以多了翻转功能。

图 7.16 为 74LS112 的工作波形。

5．D 触发器

JK 触发器功能较完善，但需要两个输入控制信号（J 和 K）。如果在 JK 触发器的 K 端前面加上一个非门再接到 J 端，输入端就变成了一个，这种触发器称为 D 触发器，如图 7.17（a）所示。D 触发器的逻辑符号如图 7.17（b）所示。图中 $C1$ 输入端处无小圆圈，表示在时钟脉冲上升沿触发。除异步置 0、置 1 端 R、S 外，该触发器只有一个控制输入端 D。

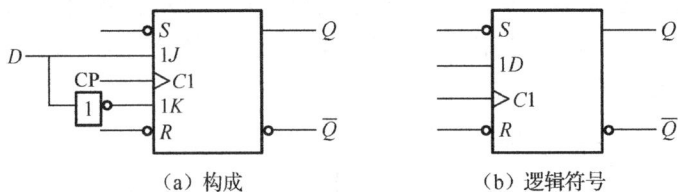

（a）构成　　　　　　　　（b）逻辑符号

图 7.17 D 触发器的构成及逻辑符号

由 JK 触发器的功能表可得 D 触发器的功能表，见表 7.11。

表 7.11　D 触发器功能表

输　　入	输　　出	工 作 模 式
D	Q^{n+1}	
0	0	置 0
1	1	置 1

其逻辑功能归纳如下：$D=1$ 时，触发器置 1；$D=0$ 时，触发器置 0。所以 D 触发器只有置 0 和置 1 功能。在只需要有置 0 和置 1 功能触发器的场合，选用 D 触发器比选用 JK 触发器会使电路结构更简单。

74LS74 为上升沿触发的双 D 触发器。其引脚排列如图 7.18 所示，功能表见表 7.12。

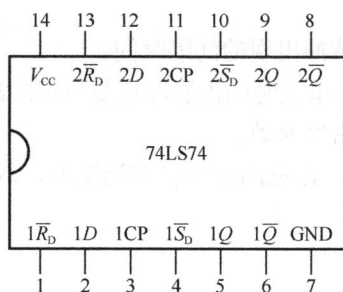

图 7.18　74LS74 引脚排列

表 7.12　74LS74 功能表

输　　入				输　　出		工 作 模 式
$\overline{S}_D$	$\overline{R}_D$	CP	D	Q^{n+1}	$\overline{Q}^{n+1}$	
0	1	×	×	1	0	置位
1	0	×	×	0	1	复位
0	0	×	×	ϕ	ϕ	不定
1	1	↑	1	1	0	置 1
1	1	↑	0	0	1	置 0

四、脉冲电路

1. 脉冲信号

在数字系统中，经常用到各种宽度和幅值的矩形脉冲，如时钟脉冲、各种时序逻辑电路的输入或控制信号等。脉冲信号是指一切非正弦的带有突变特点的电压或电流信号，常见的脉冲波形如图 7.19 所示。

（a）方波　　（b）矩形波　　（c）梯形波　　（d）锯齿波　　（e）钟形波　　（f）三角波　　（g）尖峰波　　（h）阶梯波

图 7.19　常见的脉冲波形

上面几种常见的脉冲波形，在实际电子电路中既可有规律地重复出现，也可偶尔出现一次。这几种常见的脉冲波形都为理想波形，如理想的矩形波，上升沿和下降沿呈 90°，属于跃变，这在实际中是不存在的，实际的矩形脉冲上升和下降都需要时间，即使这个时间非常短。实际的矩形脉冲如图 7.20 所示。

脉冲的主要参数如下。

（1）脉冲幅度 V_m：脉冲电压的最大值。

（2）脉冲前沿上升时间 t_r：脉冲前沿从 $0.1V_m$ 上升到 $0.9V_m$ 所需要的时间。

（3）脉冲后沿下降时间 t_f：脉冲后沿从 $0.9V_m$ 下降到 $0.1V_m$ 所需要的时间。

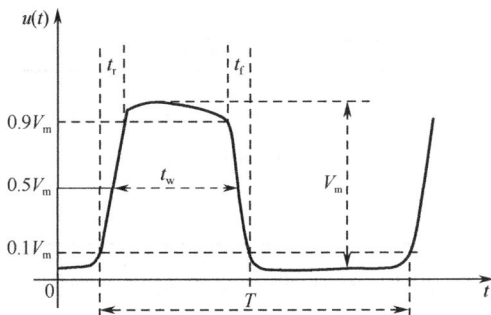

图 7.20　实际的矩形脉冲

（4）脉冲宽度 t_w：从脉冲前沿上升到 $0.5V_m$ 处开始，到脉冲后沿下降到 $0.5V_m$ 处为止的一段时间。

（5）脉冲周期 T：周期性重复的脉冲序列中，两相邻脉冲出现的间隔时间。

（6）脉冲重复频率：脉冲周期的倒数，即 $f=1/T$，表示单位时间内脉冲重复出现的次数。

（7）占空比 t_w/T：脉冲宽度与脉冲周期的比值，也称占空系数。

脉冲电路就是实现脉冲信号产生、延时、整形的电路，常见的有单稳态触发器、双稳态触发器、多谐振荡器等。

2. 多谐振荡器

多谐振荡器是能够自行产生一定频率、一定幅度方波信号的电路。因为方波信号中包含多次谐波成分，所以方波信号发生器称为多谐振荡器。多谐振荡器输出在"0"状态和"1"状态之间来回变换，不能保持在一个稳定状态，所以多谐振荡器的"0"和"1"都是电路的暂时稳定态，简称暂稳态。

多谐振荡器一般由开关电路和暂态电路组成，开关电路可由分立开关元件（如三极管）或集成电路构成，暂态电路大多使用 RC 电路。

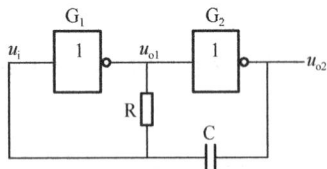

图 7.21　由非门和 RC 电路构成的多谐振荡器

1）由非门和 RC 电路构成的多谐振荡器

这种多谐振荡器如图 7.21 所示。

电路在接通电源 V_{DD} 后开始工作，其工作过程如下。

① 设 $t=0$ 时，$u_i=0V$，G_1 输出 $u_{o1}\approx V_{DD}$，G_2 输出 $u_{o2}\approx 0V$，RC 电路两端存在电压差，电容 C 开始充电。充电回路为 u_{o1}（V_{DD}）$\rightarrow R \rightarrow C \rightarrow u_{o2}$（$0V$）。随着电容充电，电容左端电压上升，即 u_i 上升，当 $t=t_1$ 时，$u_i=V_{th}$（非门阈值电压），两个门电路输出电平发生翻转，形成正反馈过程：

$$u_i \uparrow \longrightarrow u_{o1} \downarrow \longrightarrow u_{o2} \uparrow$$

结果，u_{o1} 下跳为 $0V$，u_{o2} 上跳为 V_{DD}。因为电容两端电压差不能突变，u_{o2} 上跳为 V_{DD}，u_i 也随之上跳为 V_{DD}，但由于门电路输入端保护二极管的作用，u_i 只能上跳到 $V_{DD}+\Delta V_+$。

② u_{o2} 变为 V_{DD} 后，RC 电路两端存在电压差，电容开始通过 R 放电，放电回路为 C（$V_{DD}+\Delta V_+$）$\rightarrow R$（$0V$）。随着电容放电，u_i 不断下降。当 $t=t_2$ 时，u_i 下降到 V_{th}，又发生一次正反馈过程：

$$u_i \downarrow \longrightarrow u_{o1} \uparrow \longrightarrow u_{o2} \downarrow$$

结果，u_{o1} 上跳为 V_{DD}，u_{o2} 下跳为 0V。同理，下跳后 u_i 不能小于 $-\Delta V_-$，电容重新开始充电，u_i 从 $-\Delta V_-$ 开始上升，重复 $0 \sim t_1$ 的工作过程。

以上两个充放电过程周而复始地进行，两个门电路状态周期性翻转，输出端 u_{o2} 得到方波，波形如图 7.22 所示。

方波的周期为 $T=RC\ln4 \approx 1.4RC=1.4\tau$。$\tau=RC$，称为时间常数，改变 R 或 C 的数值，可以改变振荡周期和振荡频率。

在实际使用的多谐振荡器电路中，可以用电位器来代替图 7.21 中的电阻 R，构成频率可调节的多谐振荡器。R、C 的参数易受外界因素影响，由其构成的多谐振荡器振荡频率不够稳定。在要求不高的场合可采用由 R、C 构成的多谐振荡器，但在对频率稳定性要求比较高的电子产品中，就需要采用石英晶体振荡器。

2）石英晶体振荡器

将二氧化硅晶体按一定方向切割成很薄的晶片，再将两个对应的表面抛光并敷银层，作为两个极引出引脚，封装之后就构成了石英晶体。石英晶体的符号、结构和等效电路如图 7.23 所示。

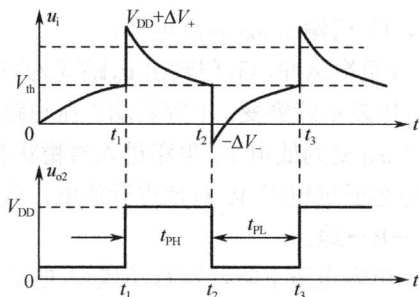

图 7.22　多谐振荡器工作波形

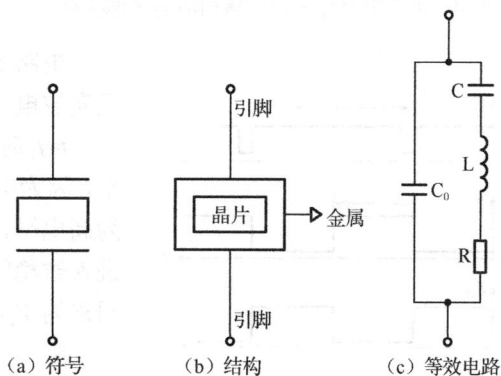

（a）符号　　（b）结构　　（c）等效电路

图 7.23　石英晶体的符号、结构和等效电路

石英晶体最显著的特性就是压电效应，这是一种物理现象：若在石英晶体的两个电极上加电场，晶片就会产生机械变形；反之，若在晶片的两侧施加机械压力，则在晶片相应的方向上将产生电场。

根据压电效应，如果在石英晶体的两极上加交变电压，晶片就会产生机械振动，同时晶片的机械振动又会产生交变电场。一般情况下，晶片机械振动的振幅和交变电场的振幅非常微小，但当外加交变电压的频率为某一特定值时，振幅明显加大，就会产生共振，这种现象称为压电振荡。这一特定频率就是石英晶体的固有频率，固有频率与晶片的切割方式、几何形状、尺寸等有关。

石英晶体的等效电路如图 7.23（c）所示。当晶片不振动时，等效为一个平板电容 C_0。当晶片产生振动时，等效为 L、C、R 串联支路。

石英晶体具有很好的选频特性，Q 值非常高，有相当高的频率稳定性。由石英晶体与门电路构成的多谐振荡器如图 7.24 所示，输出端 u_o 的频率就是石英晶体的固有频率。

3．单稳态触发器

单稳态触发器有一个状态是稳定状态，另一个状态为暂稳状态。在没有触发脉冲的情况下，它保持在稳定状态；如果有外来触发脉冲，它就由稳定状态翻转到暂稳状态，因为暂稳状态是暂时的，所以暂稳状态维持一段时间后，单稳态触发器会自动返回到稳定状态。暂稳状态时间由充放电回路的电容和电阻值决定，具有较宽的调节范围。在不需要精确定时的场合，单稳态触发器是一种较好的定时器。

1）由门电路构成的单稳态触发器

如图 7.25 所示为由与非门构成的单稳态触发器，由两个与非门首尾相接构成正反馈环路。其工作波形如图 7.26 所示。

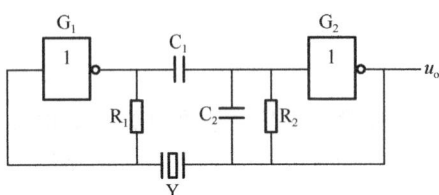

图 7.24　由石英晶体与门电路构成的多谐振荡器

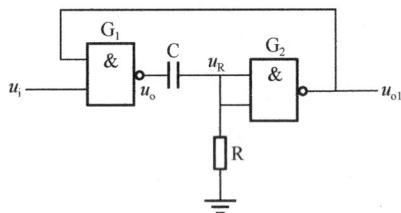

图 7.25　由与非门构成的单稳态触发器

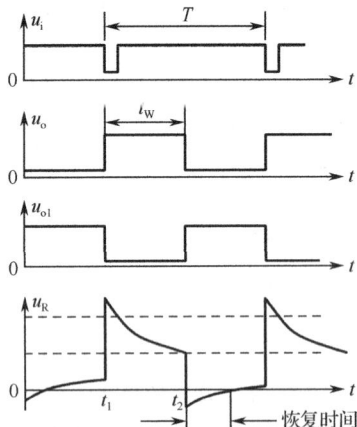

图 7.26　由与非门构成的单稳态触发器的工作波形

电路处于稳定状态时，G_1 门输出为低电平，电容上无充放电（$u_C \approx 0V$），G_2 门输出 u_{o1} 为高电平。

$t=t_1$ 时，输入触发负窄脉冲，G_1 门输出 u_o 跳变为高电平，因为电容两端电压差不能突变，电容右端电压也跳变为高电平，G_2 门输出 u_{o1} 变为低电平，电路进入暂稳状态。进入暂稳状态后，电容通过电阻 R 对地进行放电，放电回路为 $V_{CC} \rightarrow u_o \rightarrow C \rightarrow R \rightarrow$ 地。

随着放电进行，电容电压下降，即 G_2 门输入电平 u_R 下降，到 $t=t_2$ 时，u_R 下降到门电路阈值电平，u_{o1} 跳变至高电平，此前输入触发负窄脉冲已结束，u_i 已恢复至高电平，G_1 门输出 u_o 跳变为低电平，表示暂稳状态结束，电路返回到稳定状态。G_2 门输出跳变为高电平后，电路还有一段恢复时间，即电容上存储电荷（$G_1 \rightarrow R \rightarrow C$）的放电时间。放电结束后，电路进入稳定状态，可以接收下一次触发。

暂稳状态持续的时间是

$$t_W \approx 0.95RC$$

2）集成单稳态触发器

由门电路和 R、C 等分立元件构成的单稳态触发器电路简单，但输出脉冲的稳定性差，调节范围小，触发方式单一，所以实际中采用的一般是集成单稳态触发器。目前使用的集成单稳态触发器有不可重复触发和可重复触发之分，不可重复触发的单稳态触发器一旦被触发进入暂稳状态之后，即使再有触发脉冲作用，电路的工作过程也不受影响，直到该暂稳状态结束后，它才接收下一个触发而再次进入暂稳状态。可重复触发的单稳态触发器在暂稳状态期间，如有触发脉冲作用，电路会被重新触发，使暂稳状态继续延迟一个 t_W 时间。

集成单稳态触发器中，74121、74LS121、74221、74LS221 等是不可重复触发的单稳态触发器，74122、74123、74LS123 等是可重复触发的单稳态触发器。74LS121 的逻辑符号和引脚图如图 7.27 所示。其功能表见表 7.13。

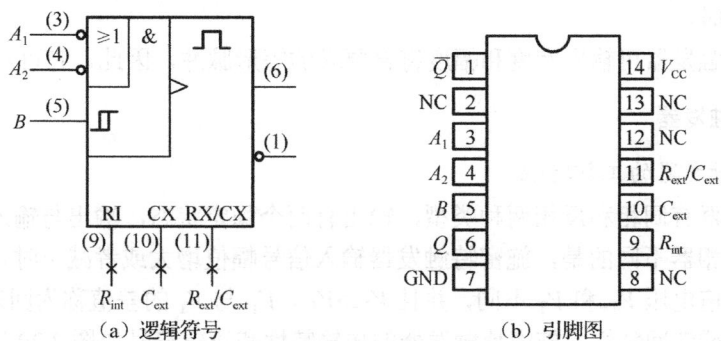

（a）逻辑符号　　　　　　　　　　（b）引脚图

图 7.27　74LS121 的逻辑符号和引脚图

表 7.13　74LS121 功能表

输　入			输　出	
A_1	A_2	B	Q	$\bar{Q}$
0	×	1	0	1
×	0	1	0	1
×	×	0	0	1
1	1	×	0	1
1	↓	1	⊓	⊔
↓	1	1	⊓	⊔
↓	1	1	⊓	⊔
0	×	↑	⊓	⊔
×	0	↑	⊓	⊔

74LS121 连接外围元件可以构成单稳态触发器，应用电路如图 7.28 所示。有两种接法：第一种如图 7.28（a）所示，外接电阻和电容，$t_W \approx 0.7 R_{ext}C_{ext}$；第二种如图 7.28（b）所示，只外接电容，用芯片内置 2kΩ 电阻，$t_W \approx 0.7 R_{int}C_{ext}$，其中 $R_{int}=2\text{k}\Omega$。

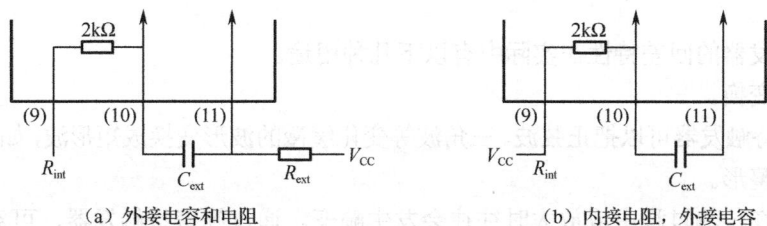

（a）外接电容和电阻　　　　　　　　　（b）内接电阻，外接电容

图 7.28　74LS121 应用电路

3）单稳态触发器的应用

（1）脉冲整形。

脉冲信号经过长距离传输后其边沿会变差，或者在波形上叠加了某些干扰，导致不是标准的矩形波，或者脉冲宽度不一，可以利用单稳态触发器把上述脉冲整形为脉冲宽度一致的标准矩形脉冲。

（2）脉冲定时。

由于单稳态触发器可输出宽度和幅度符合要求的矩形脉冲，因此，它可用于定时电路。

4．施密特触发器

1）施密特触发器的工作特性

施密特触发器有同相和反相两种类型，输出有两个稳定状态，输出与输入呈同相或反相关系。与一般反相器不同的是，施密特触发器输入信号幅值增大或者减小时，电路状态发生翻转时对应的阈值电压 V_{T+} 和 V_{T-} 不同，并且 $V_{T+} > V_{T-}$，V_{T+} 与 V_{T-} 的差值称为回差电压。这个特点称为回差特性或滞回特性。施密特触发器的传输特性和逻辑符号如图 7.29 所示。

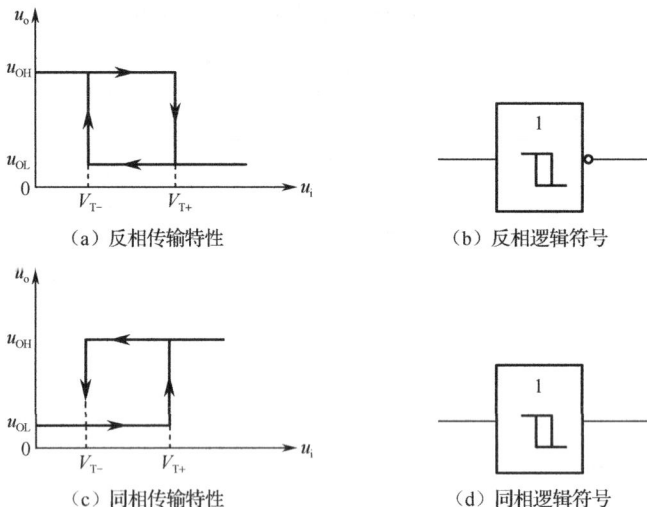

图 7.29 施密特触发器的传输特性及逻辑符号

下面以反相为例讲解回差特性。

由图 7.29 可以看出，$u_i < V_{T-}$ 时，u_o 为高电平；$u_i > V_{T+}$ 时，u_o 为低电平，符合反相器工作特性。但在 $V_{T-} < u_i < V_{T+}$ 范围内，输出电平不仅和输入电压值有关，还和输入电压值的变化趋势有关。当 u_i 由小变大时，u_o 保持原有的高电平状态；当 u_i 由大变小时，u_o 保持原有的低电平状态。

施密特触发器的回差特性在实际中有以下几种用途。

（1）波形变换。

利用施密特触发器可以把正弦波、三角波等变化缓慢的波形变换成矩形波，如图 7.30 所示。

（2）脉冲整形。

有些信号在传输过程中或放大时往往会发生畸变。通过施密特触发器，可对这些信号进行整形，如图 7.31 所示。

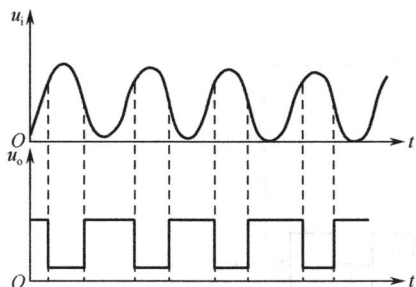

图 7.30 波形变换

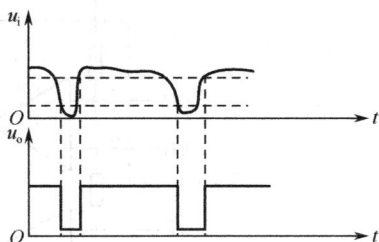

图 7.31 脉冲整形

（3）幅度鉴别。

将一串幅度不等的脉冲信号输入施密特触发器，只有那些幅度大于 V_{T+} 的输入信号才会在输出时形成脉冲，而幅度小于 V_{T+} 的输入信号会被屏蔽掉，如图 7.32 所示。

2）集成施密特触发器

集成施密特触发器有触发阈值电压稳定、可靠性高等优点，在实际中得到了广泛的应用。TTL 集成施密特触发器有 74LS13、74LS14、74LS132 等。CMOS 集成施密特触发器有 74C14、74HC14 等。如图 7.33 所示为 74LS14 引脚图。

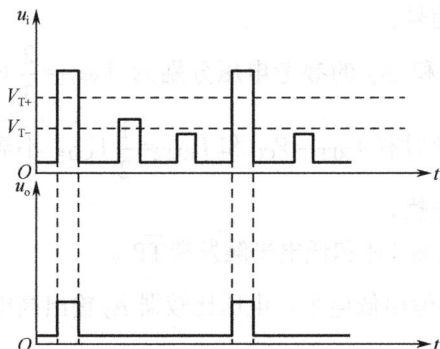

图 7.32 幅度鉴别

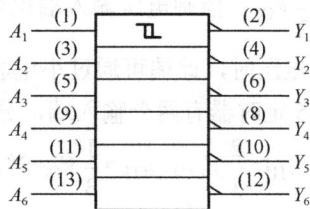

图 7.33 74LS14 引脚图

五、555 时基电路

555 时基电路又称 555 定时器，是电子工程领域中广泛使用的一种中规模集成电路。它将模拟与逻辑功能巧妙地组合在一起，配以少量外部元件，就可以构成多种实际应用电路，如多谐振荡器、单稳态触发器、双稳态触发器等，它具有结构简单、使用电压范围宽、工作速度快、定时精度高、驱动能力强等优点，被广泛应用于检测电路、自动控制电路、家用电器及通信产品等电子设备中。

1. 555 定时器电路组成及工作原理

555 定时器引脚排列及内部功能框图如图 7.34 所示。它由 3 个阻值为 5kΩ 的电阻（所以称为 555 定时器，简称三五定时器）组成的分压器、两个电压比较器 A_1 和 A_2、基本 RS 触发器和放电管 VT 组成。

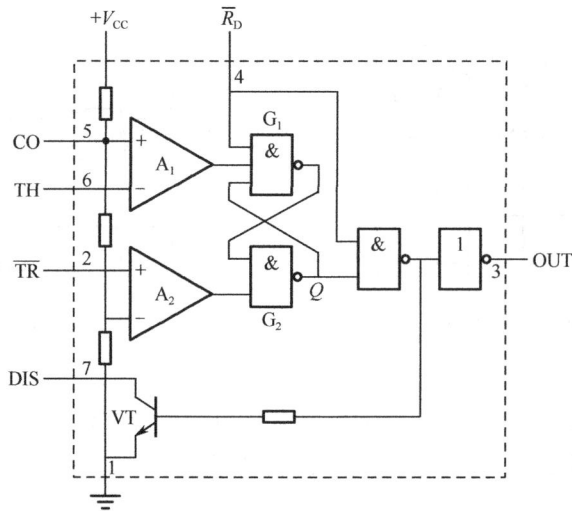

图 7.34　555 定时器引脚排列及内部功能框图

电压比较器对输入电压与参考电压进行比较,电压比较器的输出控制基本 RS 触发器和放电管状态。$\overline{R}_D$ 为复位端,当 $\overline{R}_D$ 为低电平时,基本 RS 触发器直接复位,输出 OUT 为低电平。此端接高电平时,不起作用,输出取决于输入端信号。

当控制电压输入端悬空时,电压比较器 A_1 和 A_2 的参考电压分别为 $V_{REF1}=\dfrac{2}{3}V_{CC}$ 和 $V_{REF2}=\dfrac{1}{3}V_{CC}$。控制电压输入端也可以外接电压,此时有 $V_{REF1}=V_{CO}$ 和 $V_{REF2}=\dfrac{1}{2}V_{CO}$。不需要外接控制电压时,此端可通过小电容接地,以避免干扰。

555 定时器有两个输入端,分别为高电平触发端 TH 和低电平触发端 $\overline{TR}$。

当 $u_{TH}>\dfrac{2}{3}V_{CC}$,$u_{TR}>\dfrac{1}{3}V_{CC}$ 时,电压比较器 A_1 输出低电平,电压比较器 A_2 输出高电平,G_2 输出低电平,$Q=0$,放电管 VT 导通,555 定时器输出低电平。

当 $u_{TR}<\dfrac{1}{3}V_{CC}$ 时,不论 u_{TH} 是多少,电压比较器 A_1 输出高电平,G_1 输出低电平,电压比较器 A_2 输出低电平,G_2 输出高电平,$Q=1$,放电管 VT 截止,555 定时器输出高电平。

当 $u_{TH}<\dfrac{2}{3}V_{CC}$,$u_{TR}>\dfrac{1}{3}V_{CC}$ 时,电压比较器 A_1、A_2 都输出高电平,基本 RS 触发器状态不变,555 定时器输出、放电管 VT 状态也不变。

综上所述,可得 555 定时器功能表,见表 7.14。

表 7.14　555 定时器功能表

输　　入			输　　出	
$\overline{R}_D$	TH	$\overline{TR}$	OUT	放电管状态
0	—	—	0	导通
1	—	$<V_{CC}/3$	1	截止
1	$>2V_{CC}/3$	$>V_{CC}/3$	0	导通
1	$<2V_{CC}/3$	$>V_{CC}/3$	保持	不变

归纳 555 定时器功能：高电平触发端触发电平为 $\frac{2}{3}V_{CC}$，满足触发条件，即 $u_{TH}>\frac{2}{3}V_{CC}$ 时，输出为低电平；低电平触发端触发电平为 $\frac{1}{3}V_{CC}$，满足触发条件，即 $u_{TR}<\frac{1}{3}V_{CC}$ 时，输出为高电平；二者都满足触发条件时，低电平触发端优先；二者都不满足触发条件时，保持原状态不变。

2．555 定时器典型应用

555 定时器集成芯片的电源电压 V_{CC} 可以是 5～15V，输出的最大电流可达 200mA，当电源电压为 5V 时，电路输出与 TTL 电路兼容。

555 定时器的应用非常广泛，但最基本的应用或基本工作模式只有三种：单稳态触发器、多谐振荡器和施密特触发器。下面介绍这三种基本应用电路及其工作波形和计算公式。

1）由 555 定时器构成的单稳态触发器

如图 7.35 所示，接通电源，电容 C 充电至 $\frac{2}{3}U_{DD}$ 时，$u_O=0$，C 开始放电，此时电路处于稳定状态。

当 2 脚低电平脉冲到来时，满足 $u_I<\frac{1}{3}U_{DD}$，输出 $u_O=1$，电路进入暂稳状态。电容 C 开始充电，电压 u_C 按指数规律上升，当电容 C 充电到 $\frac{2}{3}U_{DD}$ 时，因为触发脉冲都比较窄，u_I 已恢复高电平，所以输出 $u_O=0$，电路暂稳状态结束。

由 555 定时器构成的单稳态触发器中，暂稳状态的持续时间 $t_1=1.1RC$，一般取 $R=1k\Omega\sim10M\Omega$，$C>1000pF$。

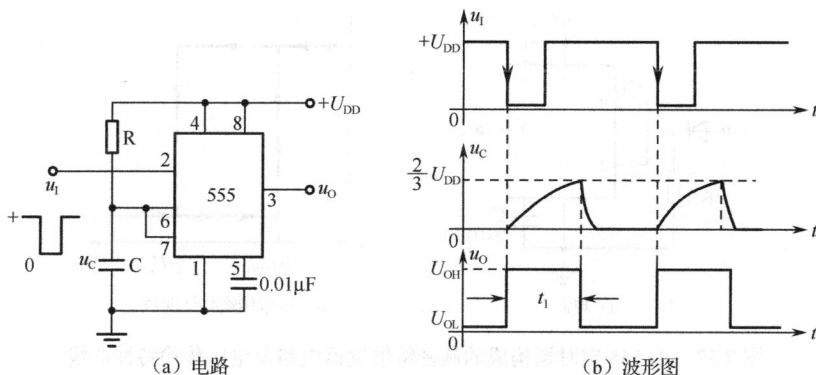

图 7.35　由 555 定时器构成的单稳态触发器电路和波形图

2）由 555 定时器构成的多谐振荡器

如图 7.36 所示，由 555 定时器和外接元件 R_1、R_2、C 构成多谐振荡器。电路无稳态，仅存在两个暂稳状态，不用外加触发信号，即可产生振荡。电源接通后，U_{DD} 通过电阻 R_1、R_2 向电容 C 充电。当电容上的电压达到 $\frac{2}{3}U_{DD}$ 时，满足高电平触发条件，输出电压 $u_O=0$，充电时间 $t_1=0.7(R_1+R_2)C$。

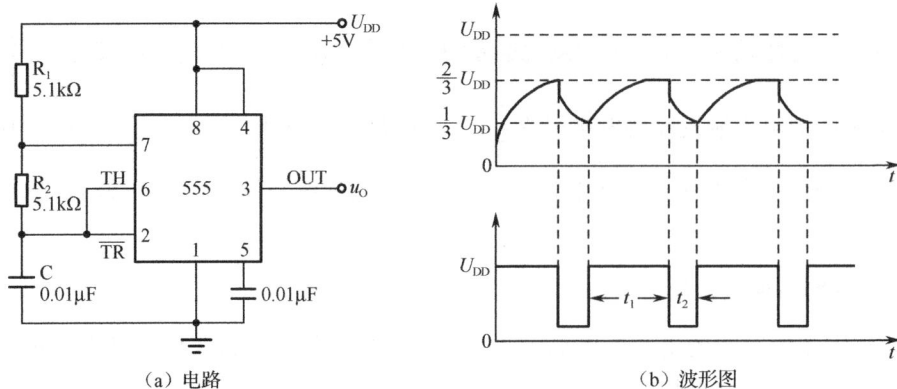

（a）电路　　　　　　　　　　　　　　（b）波形图

图 7.36　由 555 定时器构成的多谐振荡器电路和波形图

电容 C 通过 R_2 向地放电，当电容上的电压降到 $\frac{1}{3}U_{DD}$ 时，满足低电平触发条件，输出电压变为高电平。电源通过电阻 R_1、R_2、C 重新开始充电，周而复始，形成振荡。放电时间 $t_2=0.7R_2C$。振荡电路周期为 $T=0.7(R_1+2R_2)C$。

3）由 555 定时器构成的施密特触发器

如图 7.37 所示，假设 u_S 为正弦波，经二极管半波整流输入 555 定时器输入端，当 u_S 上升到 $\frac{2}{3}U_{DD}$ 时，u_O 从 1 变为 0；u_S 下降到 $\frac{1}{3}U_{DD}$ 时，u_O 又从 0 变为 1；u_S 在 $\frac{1}{3}U_{DD}$ 和 $\frac{2}{3}U_{DD}$ 之间时，电路保持原状态。其电压传输特性曲线如图 7.37（b）所示。其中，上限阈值电平 $V_{UT}=\frac{2}{3}U_{DD}$，下限阈值电平 $V_{LT}=\frac{1}{3}U_{DD}$，回差电压 $\Delta U=\frac{1}{3}U_{DD}$。

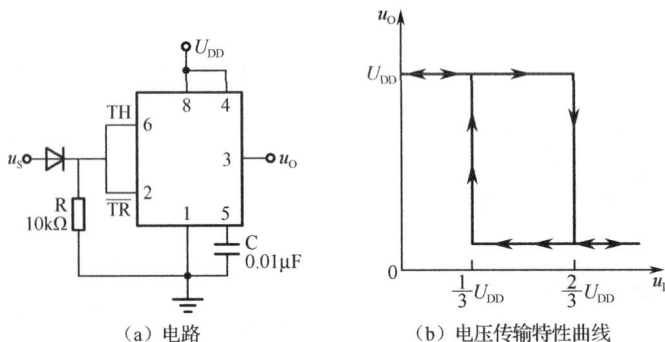

（a）电路　　　　　　　　　　　　　（b）电压传输特性曲线

图 7.37　由 555 定时器构成的施密特触发器电路及电压传输特性曲线

学生工作页

信息收集

1. 根据分析组合逻辑电路的流程，分析图 7.38 所示电路的功能。

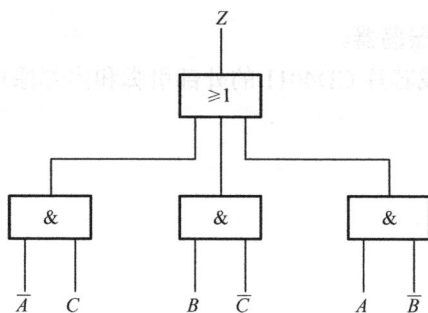

图 7.38　题 1 图

2. 某项比赛有三名裁判，其中一名为主裁，有两名或两名以上裁判同意，而且同意的两个人中必须有一个是主裁才能判定为通过。请设计一个用与非门实现的裁判电路，并进行电路功能仿真。

3. 设计一个社区门诊输液呼叫系统。某社区门诊输液室共有 8 个输液位，对应 0～7 共 8 个编号，每个输液位有一个呼叫按钮。护士在值班室，设有一个数码显示管。病人有需求时，可以按下自己位置的按钮，护士值班室的数码显示管可以显示对应输液位的编号。其中 1 号优先级最高，其他的优先级依次递减，7 号优先级最低。

实验室可提供 74LS148、CD4511、七段数码管。

画出呼叫系统电路图，并用仿真软件进行功能验证。

4．用 CD4011 构成多谐振荡器。

（1）查阅资料，画出集成芯片 CD4011 的外部引脚和内部原理图。

（2）画出由 CD4011 和外围元件构成的多谐振荡器连线图。

（3）用仿真软件验证功能。

（4）在实验箱上搭建电路，用示波器测量波形。

5．用 74LS121 构成定时时间为 1s 的定时器。

（1）画出由 74LS121 和外围元件构成的单稳态电路连线图，写出计算过程。

（2）用仿真软件验证功能。

（3）在实验箱上搭建电路，验证功能。

6. 某施密特反相器的输入波形如图 7.39 所示，画出该电路的输出波形。

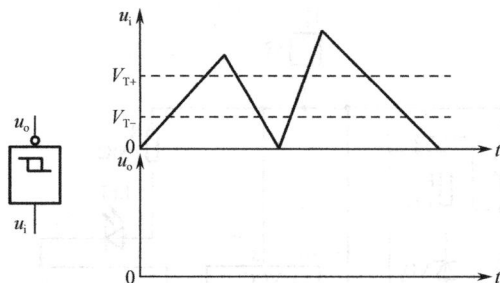

图 7.39　题 6 图

7. 如图 7.40 所示为 555 定时器触摸延时开关电路，可以实现触摸延时开关控制，常用于走廊灯控制电路。LED$_1$ 为电源指示灯，LED$_2$ 为工作指示灯，当用手触摸金属触摸点时，感应信号电压由 C$_2$ 加至触发输入端。

分析电路工作原理。RP$_1$ 起什么作用？

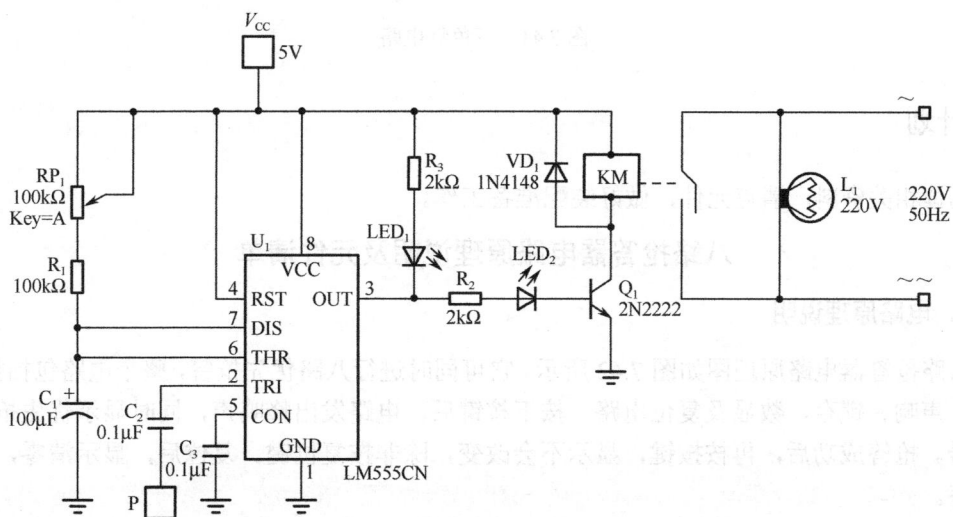

图 7.40　555 定时器触摸延时开关电路

8. 图 7.41 为双色灯电路，LED₁ 为红色，LED₂ 为绿色。分析电路工作原理。RP₁ 起什么作用？

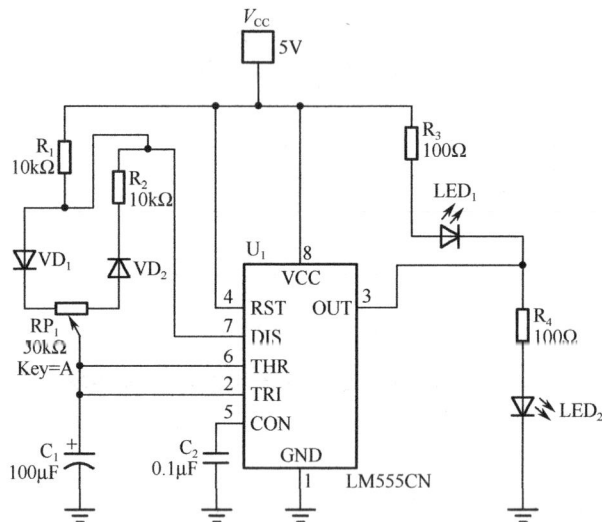

图 7.41 双色灯电路

分析计划

阅读相关资料，清点元件，做好装配准备工作。

八路抢答器电路原理说明及元件清单

1. 电路原理说明

八路抢答器电路原理图如图 7.42 所示。它可同时进行八路优先抢答，整个电路包括抢答、编码、声响、锁存、数显及复位电路。按下按键后，电路发出蜂鸣声，同时显示优先抢答者的编号。抢答成功后，再按按键，显示不会改变，除非按复位键。复位后，显示清零，可继续抢答。

电路图中，S₁～S₈ 为抢答键，S9 为复位键，VD₁～VD₁₂ 构成编码电路，555 定时器及外围电路组成抢答电路。

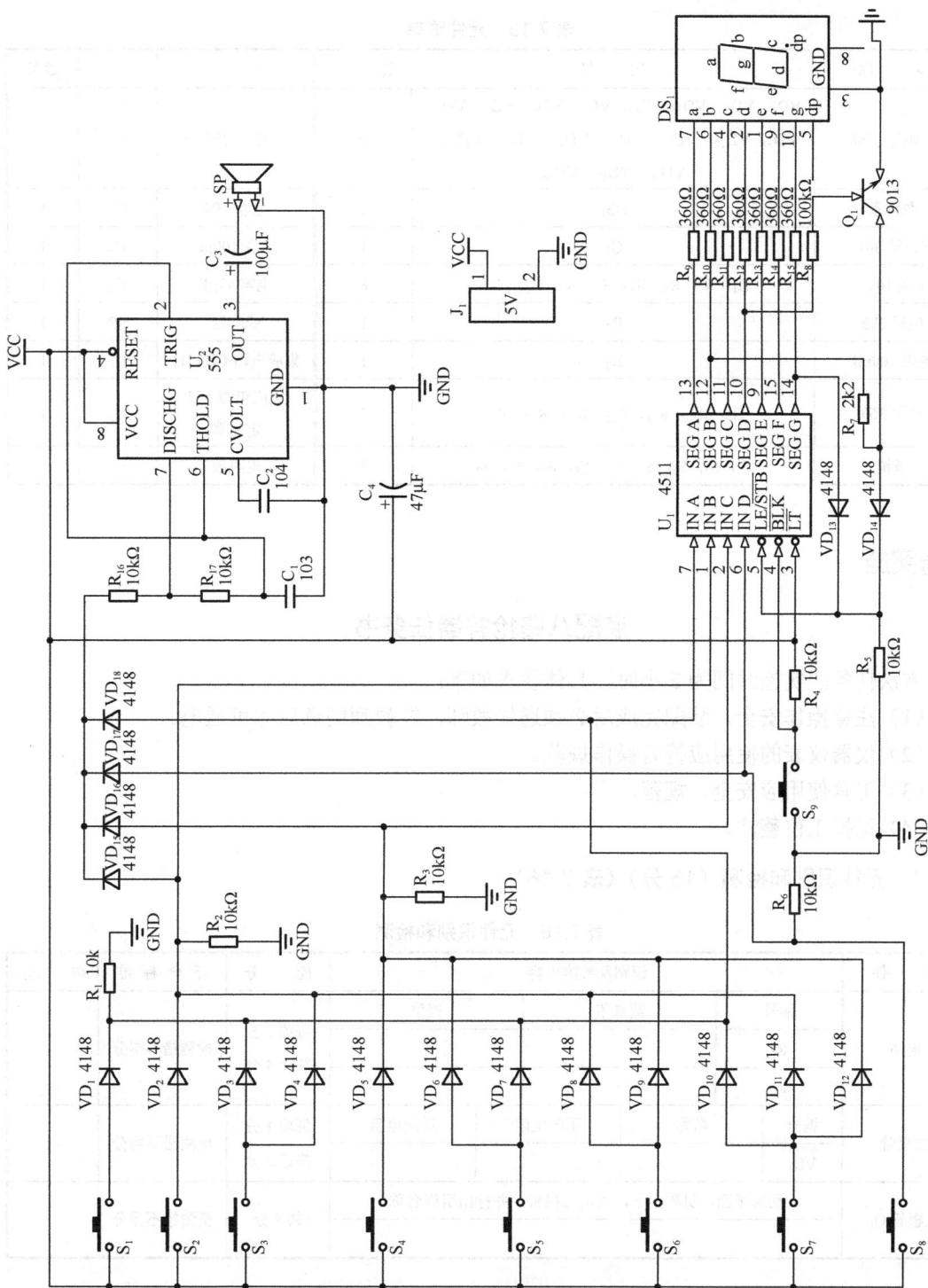

图7.42 八路抢答器电路原理图

2. 元件清单（表 7.15）

表 7.15　元件清单

名　称	代　号	数　量	名　称	代　号	数量
二极管 4148	VD₁, VD₂, VD₃, VD₄, VD₅, VD₆, VD₇, VD₈, VD₉, VD₁₀, VD₁₁, VD₁₂, VD₁₃, VD₁₄, VD₁₅, VD₁₆, VD₁₇, VD₁₈	18	电容 103	C₁	1
数码管	DS₁	1	电容 104	C₂	1
三极管 9013	Q₁	1	电容 100μF	C₃	1
电阻 10kΩ	R₁, R₂, R₃, R₄, R₅, R₆, R₁₆, R₁₇	8	电容 47μF	C₄	1
电阻 2k2	R₇	1	蜂鸣器	SP	1
电阻 100kΩ	R₈	1	集成电路 CD4511	U₁	1
电阻 360	R₉, R₁₀, R₁₁, R₁₂, R₁₃, R₁₄, R₁₅	7	集成电路 555 定时器	U₂	1
按键	S₁, S₂, S₃, S₄, S₅, S₆, S₇, S₈, S₉	9	电路板	—	1

任务实施

装配八路抢答器任务书

本次任务的实施时间为 2 小时。具体要求如下：

（1）注意操作安全，装配完成后必须通知教师，经教师同意后才可通电。

（2）仪器仪表的使用应符合操作规范。

（3）工具使用应安全、规范。

（4）保持工位整洁。

1. 元件识别和检测（15 分）（表 7.16）

表 7.16　元件识别和检测

元　件	识别及检测内容			配　分	评分标准	得　分
电阻	编号	测量值	挡位	每项 1 分 共计 4 分	检测错不得分	
	R₁					
	R₉					
二极管	编号	名称	正向电阻	反向电阻	每项 1 分 共计 3 分	检测错不得分	
	VD₁						
三极管 Q₁	面对平面，引脚向下，画出三极管，并标出引脚名称			共 8 分	检测错不得分	

2. 电路板焊接（20 分）

要求电子产品的焊点大小适中、光滑、圆润、干净、无毛刺，无漏、假、虚、连焊；

引脚加工尺寸及成形符合工艺要求；导线长度、剥头长度符合工艺要求，芯线完好，捻头镀锡。疵点 1 处扣 1 分，扣完为止。

3．电子产品装配（20 分）

要求印制电路板插件位置正确，元件极性正确，元件、导线安装及字标方向均符合工艺要求；接插件、紧固件安装可靠，印制电路板安装对位；无烫伤和划伤处，整机清洁无污物。装配不符合工艺要求 1 处扣 1 分，扣完为止。

4．功能调试（45 分）

1）调试并实现抢答器功能（36 分）

按键电路工作正常（8 分）。

编码电路工作正常（7 分）。

译码显示电路工作正常（7 分）。

复位电路工作正常（7 分）。

讯响电路工作正常（7 分）。

2）回答下列问题（9 分）

（1）U_2 和外围元件构成＿＿＿＿＿＿＿＿电路。

（2）电路中的数码管如果显示"7"，则 CD4511 的输入端 ABCD 为＿＿＿＿＿＿，数码管 abcdefg 为＿＿＿＿＿＿。

（3）写出元件装配的先后顺序。

（4）分析按下按键 S_6 后电路的工作过程。

（5）假设抢答键 S_1、S_2 同时接通，这时数码管显示的是＿＿＿＿。

检查评估

按任务书要求进行评估，总结失分原因，你准备通过哪些措施避免以后再出现同类错误？

回顾总结

通过装配八路抢答器，你学到了哪些知识、技能和职业素养？

彩色流水灯是指一串彩灯按一定的规律像流水一样交替闪烁，它具有简易、高效、稳定等特点，在店铺门面装饰、家居装潢中得到了普遍的应用。还有一些城市采用不同的流水灯打造城市景观，塑造城市魅力。图 8.1 是武汉两江四岸夜景。

图 8.1　武汉两江四岸夜景

班里将要举办晚会，为丰富晚会内容，也为展示学习成果，准备安排一个灯光秀节目，要求每个学习小组设计一个流水灯，流水灯要按规律闪烁，并且闪烁的时间间隔可以调节，如图 8.2 所示。

（a）电路板正面　　　　　　　　　　（b）电路板反面

图 8.2　流水灯制作样例

<h1 style="text-align:center">相关知识</h1>

一、寄存器

1. 寄存器概述

寄存器是用以暂存二进制码的逻辑单元，是构成时序逻辑电路的重要部分，在数字电路中有着广泛的应用。寄存器能实现对数据的清除、接收、保存和输出等功能，移位寄存器除了上述功能，还具有数据移位功能。

寄存器主要由触发器和控制门组成。触发器用来存放数码，每个触发器能存放一位二进制码，要存放 N 位数码，就应有 N 个触发器。控制门可保证触发器能够实现清除、接收、输出等功能。

寄存器存放数据的方式有并行和串行两种，并行方式是多位数码从多个输入端同时输入寄存器，串行方式是多位数码从一个输入端逐位输入寄存器。寄存器输出数据的方式也有并行和串行两种。在并行输出方式中，被取出的多位数码同时出现在多个输出端；在串行输出方式中，被取出的多位数码在一个输出端逐位出现。

2. 数码寄存器

下面以 74LS175 为例介绍数码寄存器的构成和工作模式。

74LS175 的引脚排列和内部电路如图 8.3 所示，它是四位数码寄存器，由四个 D 触发器和两个门电路构成。各引脚中，$D_0 \sim D_3$ 是并行数据输入端，$Q_0 \sim Q_3$ 是并行数据输出端，$\overline{Q}_0 \sim \overline{Q}_3$ 是互补输出端，CP 是时钟脉冲输入端，R_D 为异步清零控制端。74LS175 功能表见表 8.1。

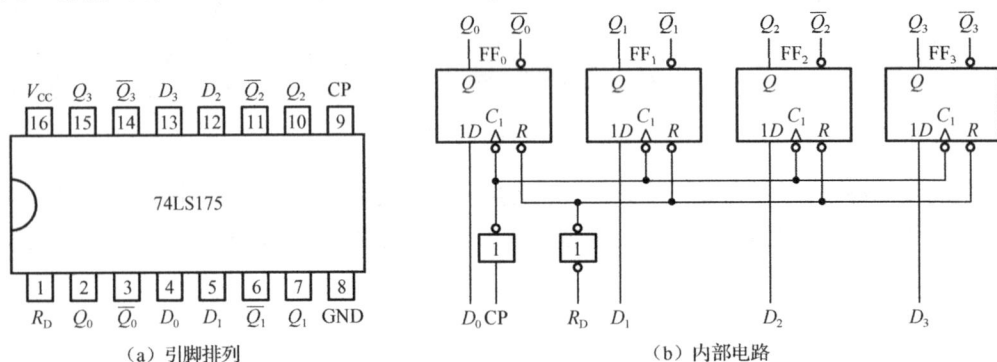

（a）引脚排列　　　　　　　　　（b）内部电路

图 8.3　74LS175 的引脚排列及内部电路

表 8.1　74LS175 功能表

清　零	时　钟	输　入				输　出				工 作 模 式
R_D	CP	D_0	D_1	D_2	D_3	Q_0	Q_1	Q_2	Q_3	
0	×	×	×	×	×	0	0	0	0	异步清零
1	↑	D_0	D_1	D_2	D_3	D_0	D_1	D_2	D_3	数码寄存
1	1	×	×	×	×	保持				数据保持
1	0	×	×	×	×	保持				数据保持

由 74LS175 功能表可以看出，R_D=0 时，清零端起作用，寄存器输出为零，因为清零功能不需要时钟脉冲配合，所以称为"异步清零"；R_D=1 时，需要存储的 4 位二进制码被送到数据输入端，在时钟脉冲上升沿的作用下，4 位数码被存入触发器，并行地出现在触发器的数据输出端。数码寄存必须在同步脉冲作用下进行，所以又称"同步寄存"。

74LS175 输入端采用并行输入方式，输出端采用并行输出方式。

3. 移位寄存器

能将所存数码逐位向左或向右移动的寄存器，称为移位寄存器，根据数码移动的方式不同，又分为单向移位寄存器和双向移位寄存器。

1）单向移位寄存器

只能单方向移位的寄存器称为单向移位寄存器，根据数码移动方向不同，又分为左移寄存器和右移寄存器。这两种单向移位寄存器的工作原理相同，只是数码输入顺序不同。图 8.4 是由 D 触发器组成的四位左移寄存器。

FF_3 是最高位寄存器，FF_0 是最低位寄存器，从左到右依次排列。每个低位触发器的输出端与高一位触发器的输入端相连，整个电路只有最低位触发器 FF_0 的输入端接收输入数码。需要寄存的数据从低位触发器的输入端以串行方式输入，输出数据可以从高位寄存器的输出端串行输出，也可以在四位寄存器的输出端并行输出。$\overline{CR}$ 为并行清零端，CP 为移位脉冲输入端。

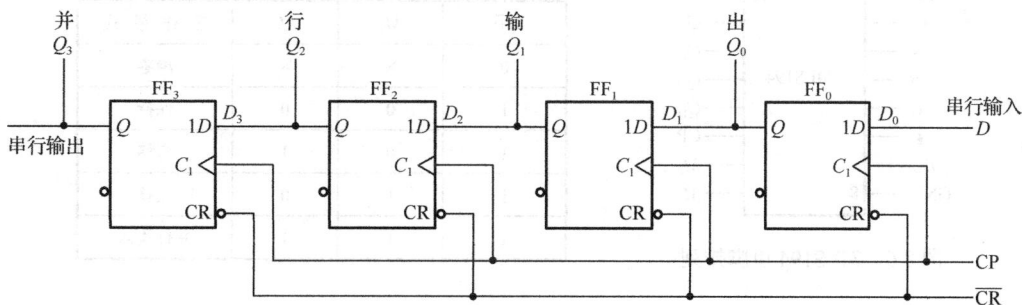

图 8.4 四位左移寄存器

下面以波形图说明左移寄存器的工作过程，如图 8.5 所示。设左移的串行数码为 1101，在接收数码前，先令 $\overline{CR}$=0（清零），使各触发器的输出端均为 0；接收数码时，应使 $\overline{CR}$=1。

第 1 个时钟脉冲上升沿到来前，将第 1 个输入数码"1"送给 D_0，此时 $Q_3Q_2Q_1Q_0$=0000。第 1 个时钟脉冲上升沿到来时，触发器工作，各个 D 触发器的输出等于输入，数据依次往左传送，即 $Q_3Q_2Q_1Q_0$=0001，第 1 个数码"1"被存入 FF_0；第 2 个时钟脉冲上升沿到来前，第 2 个输入数码"1"被送给 D_0，第 2 个时钟脉冲上升沿到来时，触发器工作，数据往左传送，$Q_3Q_2Q_1Q_0$=0011。依此类推，第 4 个时钟脉冲上升沿到来后，$Q_3Q_2Q_1Q_0$=1101，四位数码 1101 全部移入寄存器，可并行输出。

第 4 个脉冲到来后，第 1 个数据"1"可以从 Q_3 输出，第 5 个脉冲到来时，数码依次继续左移，Q_3 输出第 2 个数据"1"，依此类推，第 7 个脉冲到来后，数据 1101 依次从 Q_3 串行输出。

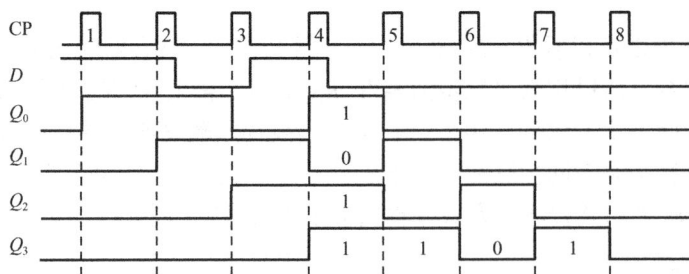

图 8.5 左移寄存器波形图

2）双向移位寄存器

既能右移又能左移的寄存器称为双向移位寄存器，74LS194 是四位双向移位寄存器，其引脚排列如图 8.6 所示，工作模式见表 8.2。

$\overline{CR}$ 为清零端，当 $\overline{CR}$ =0 时，各输出端均为 0；$\overline{CR}$ =1 时，寄存器正常工作。

M_1、M_0 为工作方式控制端，它们的不同取值组合决定寄存器的四种工作模式：保持、右移、左移及并行输入。M_1M_0=00 时，寄存器中存入的数据保持不变；M_1M_0=01 时，寄存器为右移工作方式，D_{SR} 为右移输入端；M_1M_0=10 时，寄存器为左移工作方式，D_{SL} 为左移串行输入端；M_1M_0=11 时，寄存器为并行输入方式，即在时钟脉冲的作用下，将输入 $D{\sim}A$ 端的数据同时存入寄存器中，送至寄存器的输出端 $Q_D{\sim}Q_A$。74LS194 功能表见表 8.3。

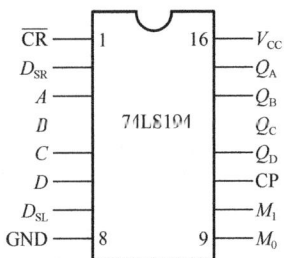

图 8.6 74LS194 引脚排列

表 8.2 74LS194 工作模式

$\overline{CR}$	M_1	M_0	工 作 模 式
0	×	×	清零
1	0	0	保持
1	0	1	右移
1	1	0	左移
1	1	1	并行输入

表 8.3 74LS194 功能表

输 入										输 出			
CR	M_1	M_0	D_{SL}	D_{SR}	CP	D	C	B	A	Q_D^{n+1}	Q_C^{n+1}	Q_B^{n+1}	Q_A^{n+1}
0	×	×	×	×	×	×	×	×	×	0	0	0	0
1	×	×	×	×	×	×	×	×	×	Q_D^n	Q_C^n	Q_B^n	Q_A^n
1	1	1	×	×	↑	D	C	B	A	D	C	B	A
1	1	0	1	×	↑	×	×	×	×	Q_C^n	Q_B^n	Q_A^n	1
1	1	0	0	×	↑	×	×	×	×	Q_C^n	Q_B^n	Q_A^n	0
1	0	1	×	1	↑	×	×	×	×	1	Q_D^n	Q_C^n	Q_B^n
1	0	1	×	0	↑	×	×	×	×	0	Q_D^n	Q_C^n	Q_B^n
1	0	0	×	×	×	×	×	×	×	Q_D^n	Q_C^n	Q_B^n	Q_A^n

数字系统中的数据传送体系有两种，分别为串行和并行传送体系。串行传送体系每一脉冲节拍只传送 1 位数据，N 位数据需 N 个脉冲节拍才能传送出去；并行传送体系每个脉冲节

拍同时传送 N 位数据。计算机对信息的处理和加工采用并行传送体系，而信息的传输采用串行传送体系，因此需要进行两种数据传送体系的转换。双向移位寄存器有并行输入和串行输入，还有串行输出和并行输出，可以很方便地进行两种数据传送体系的转换。

二、计数器

1．计数器概述

计数指的是统计输入脉冲个数，能实现计数操作的电路称为计数器。计数器在数字电路中不仅可用来计数，还可用来定时、分频、测量等，用途十分广泛。

计数器的种类很多，主要有以下几种分类方法：按照时钟脉冲的引入方式，计数器可分为同步计数器和异步计数器；按照计数过程中计数变化的趋势，可分为加法计数器、减法计数器和可逆计数器；按照数制的不同，计数器又可分为二进制计数器、十进制计数器和 N 进制计数器。

下面介绍最常用的二进制计数器和十进制计数器。

2．二进制计数器

1）异步二进制加法计数器

异步计数器中各级触发器的时钟信号不是同一个控制信号，有的受计数输入脉冲的控制，有的则受其他触发器的输出控制，各级触发器的状态变化不是同步进行的。分析异步计数器时必须特别注意各级触发器的时钟信号。

图8.7是由三个 JK 触发器组成的三位异步二进制加法计数器。由图8.7可以看出，各 JK 触发器输入端悬空，相当于 $J=K=1$，由 JK 触发器的逻辑功能可知，各触发器 CP 端输入信号下降沿到来时，触发器状态发生翻转。F_0 触发器是最低位，F_2 触发器是最高位。F_1 触发器时钟脉冲就是输入需要计数的脉冲，F_1 触发器时钟脉冲是 F_0 触发器的输出，F_2 触发器时钟脉冲是 F_1 触发器的输出。

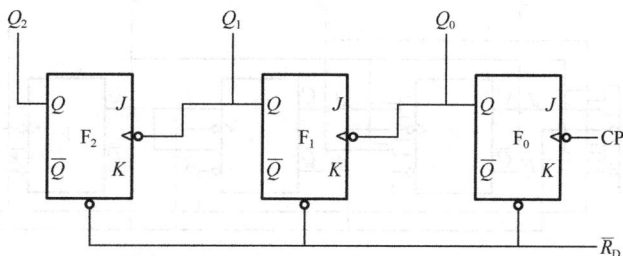

图8.7 三位异步二进制加法计数器

计数器的工作过程如下：计数前，先在各触发器的复位端 $\overline{R_D}$ 加上负脉冲，将计数器清零，触发器 $F_0 \sim F_2$ 全部处于复位"0"态（$Q_2Q_1Q_0=000$）。

计数脉冲 CP 作为 F_0 时钟脉冲，每个计数脉冲 CP 的下降沿都会使 F_0 的状态翻转一次，由此可绘制出 Q_0 的波形；Q_0 作为触发器 F_1 的时钟脉冲，每个 Q_0 的下降沿都会使 F_1 的状态翻转一次，由此可绘制出 Q_1 的波形；Q_1 又作为触发器 F_2 的时钟脉冲，每个 Q_1 的下降沿都会使 F_2 的状态翻转一次，由此可绘制出 Q_2 的波形，如图8.8所示。

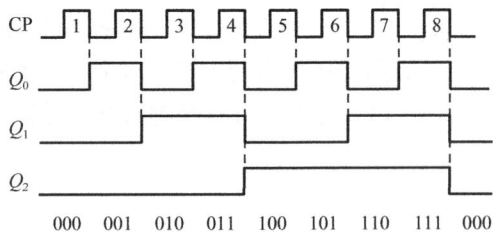

图 8.8　三位异步二进制加法计数器波形图

由各触发器输出端波形可写出计数状态 $Q_2Q_1Q_0$。初始状态为 000，第一个计数脉冲到来后，状态变为 001；第二个计数脉冲作用后，状态变为 010；第七个计数脉冲作用后，各触发器状态变为 111；第八个计数脉冲作用后，各触发器状态回到 000。从计数器状态变化来看，每来一个脉冲，计数器加 1，所以是加法计数器。

由三个触发器组成的三位异步二进制加法计数器，其输出端共有 8 种不同组合状态，最多可统计 8 个计数脉冲。计数器从初始状态 000 起，按照加法规律，累计满 8 个脉冲，回到初始状态，进入下一个计数周期。

依此类推，由 n 个触发器串联构成的 n 位二进制计数器，共有 $2n$ 个不同的状态，可以统计 $2n$ 个计数脉冲。反之，若须统计 $2n$ 个计数脉冲，则需要串联 n 个触发器来构成二进制加法计数器。

另外，由波形图可以看出，三个触发器的输出脉冲 Q_0、Q_1 和 Q_2 的频率分别是计数脉冲 CP 频率的 1/2、1/4 和 1/8，也称二分频、四分频和八分频。所以计数器不仅能够统计输入脉冲的数目，而且具有分频功能。

2）同步二进制加法计数器

同步计数器是指所有触发器的时钟端共用一个时钟脉冲源，每个触发器的状态都与该时钟脉冲同步。显然，同步计数器的工作速度高于异步计数器。

如图 8.9 所示为由 JK 触发器构成的四位同步二进制加法计数器。

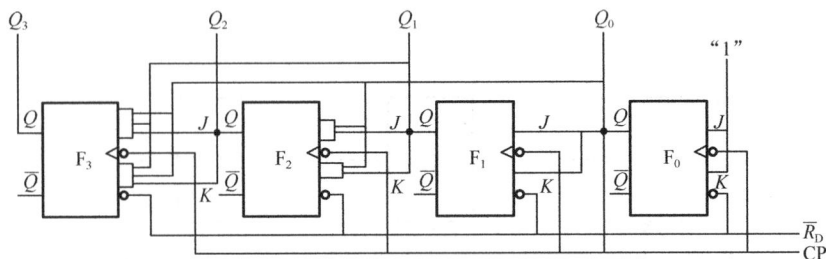

图 8.9　四位同步二进制加法计数器

从图 8.9 可以看出，第 1 位触发器 F_0，$J=K=1$，所以每来一个计数脉冲 CP，触发器状态翻转一次。第 2 位触发器 F_1，$J=K=Q_0^n$，在 $Q_0^n=1$ 时，再来一个计数脉冲翻转一次；在 $Q_0^n=0$ 时，再来一个计数脉冲，触发器状态保持不变。第 3 位触发器 F_2，$J=K=Q_1^n Q_0^n$，在 $Q_1^n=Q_0^n=1$ 时，再来一个计数脉冲翻转一次；在 Q_1^n、Q_0^n 不全为 1 时，触发器状态保持不变。依此类推，可以列出触发器的状态转换表，见表 8.4，工作波形图如图 8.10 所示。

表 8.4　四位同步二进制加法计数器状态转换表

计数脉冲数	二进制数			
	Q_3^{n+1}	Q_2^{n+1}	Q_1^{n+1}	Q_0^{n+1}
0	0	0	0	0
1	0	0	0	1
2	0	0	1	0
3	0	0	1	1
4	0	1	0	0
5	0	1	0	1
6	0	1	1	0
7	0	1	1	1
8	1	0	0	1
9	1	0	0	1
10	1	0	1	0
11	1	0	1	1
12	1	1	0	0
13	1	1	0	1
14	1	1	1	0
15	1	1	1	1
16	0	0	0	0

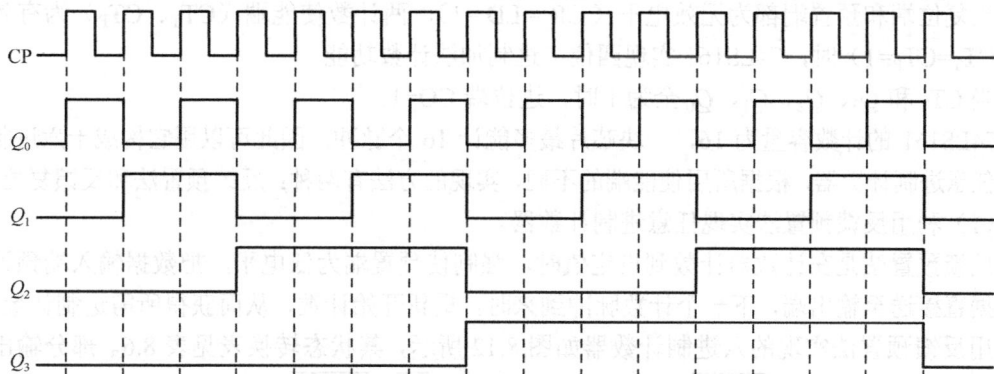

图 8.10　四位同步二进制加法计数器工作波形图

3）中规模集成计数器

以上为分立元件组成的计数器，其结构复杂，功能单一，所以实际中使用的都是中规模集成计数器，下面简单介绍常用的中规模集成计数器 74LS161。

74LS161 是集成 TTL 四位二进制同步计数器，其引脚排列和逻辑结构如图 8.11 所示，表 8.5 是 74LS161 功能表。

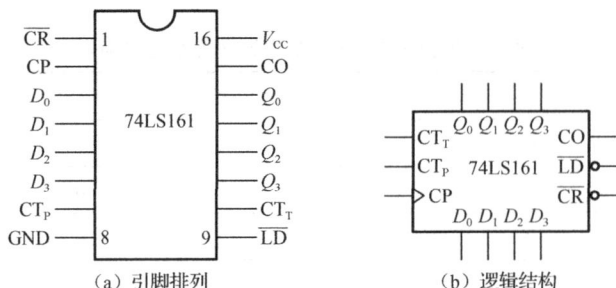

图 8.11 74LS161 引脚排列和逻辑结构

表 8.5 74LS161 功能表

输入					输入				输出				工作模式
$\overline{CR}$	$\overline{LD}$	CT_T	CT_P	CP	D_3	D_2	D_1	D_0	Q_3	Q_2	Q_1	Q_0	
0	×	×	×	×	×	×	×	×	0	0	0	0	异步清零
1	0	×	×	↑	D_3	D_2	D_1	D_0	D_3	D_2	D_1	D_0	同步预置
1	1	0	×	×	×	×	×	×		保持			保持
1	1	×	0	×	×	×	×	×		保持			保持
1	1	1	1	↑	×	×	×	×		计数			计数

由表 8.5 可知，$\overline{CR}$ 为清零端，$\overline{CR}$ 为低电平时，计数器被清零，即输出 $Q_3Q_2Q_1Q_0$=0000。因为清零与输入脉冲无关，所以称为异步清零。

在 $\overline{CR}$ 为高电平，预置端 $\overline{LD}$ 为低电平的条件下，当 CP 上升沿来到时，实现预置功能，输出状态 $Q_3Q_2Q_1Q_0=D_3D_2D_1D_0$。因为预置必须在脉冲配合下才能实现，所以称为同步预置。

当复位端和预置端均为无效电平（$\overline{CR}=\overline{LD}=1$），两个计数使能端（$CT_T$、$CT_P$）中至少有一个为低电平（$CT_T$ 或 CT_P=0）时，74LS161 实现状态保持功能。

当复位端和预置端都为无效电平（$\overline{CR}=\overline{LD}=1$），两计数使能端（$CT_T$、$CT_P$）为有效电平（$CT_T=CT_P=1$）时，74LS161 实现四位二进制加法计数功能。

当 CT_T 和 Q_3、Q_2、Q_1、Q_0 全为 1 时，进位端 CO=1。

74LS161 的计数容量为 16，一块芯片最多能计 16 个脉冲，因此可以用它构成十六进制以内的任意进制计数器，根据所用使能端的不同，实现的方法有两种：反馈预置法和反馈复位法。

（1）利用反馈预置法实现任意进制计数器。

反馈预置法是在计数器计数到设定值时，强制使预置端为低电平，把数据输入端预设好的数据直接送至输出端，下一个计数脉冲到来时，重新开始计数，从而获得所需进制计数器。

用反馈预置法实现的八进制计数器如图 8.12 所示，其状态转换表见表 8.6。部分输出端经过与非运算后，得到 $\overline{Q_2Q_1Q_0}$，接至预置端，使得 $\overline{LD}=\overline{Q_2Q_1Q_0}$。只有当 $Q_2Q_1Q_0$=111 时，$\overline{Q_2Q_1Q_0}$ 才为 0，计数器预置端起作用；为其他组合状态时，$\overline{Q_2Q_1Q_0}$ 都为 1，实现正常计数功能。

计数器从 0000 开始计数，第 7 个脉冲到来后，计数器状态为 0111，$\overline{LD}=\overline{Q_2Q_1Q_0}$=0，但因为是同步预置，需要脉冲上升沿到来才能进行预置，所以第 8 个脉冲到来时，$Q_3Q_2Q_1Q_0=D_3D_2D_1D_0$=0000，开始新一轮的循环。因为 8 个脉冲计数器状态循环一周，所以构成八进制计数器。

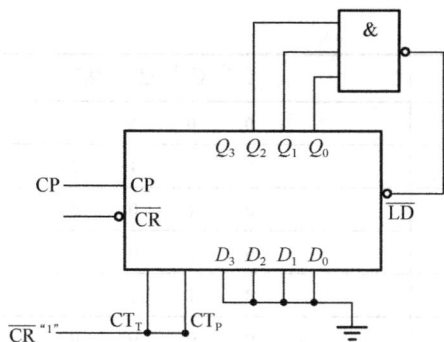

图 8.12　用反馈预置法实现的八进制计数器

表 8.6　用反馈预置法实现的八进制计数器状态转换表

脉 冲 个 数	$\overline{LD}$	Q_3^{n+1}	Q_2^{n+1}	Q_1^{n+1}	Q_0^{n+1}	说明
0	1	0	0	0	0	计数
1	1	0	0	0	1	计数
2	1	0	0	1	0	计数
3	1	0	0	1	1	计数
4	1	0	1	0	0	计数
5	1	0	1	0	1	计数
6	1	0	1	1	0	计数
7	0	0	1	1	1	计数
8	1	0	0	0	0	预置

（2）利用反馈复位法实现任意进制计数器。

反馈复位法是在计数器计数至预定状态时，通过清零端强制使计数器复位，重新开始计数，从而获得所需进制计数器。

如图 8.13 所示，$\overline{CR}=\overline{Q_2Q_1Q_0}$，清零端输入信号组合与反馈预置法中预置端输入信号组合相同，那么这个计数器也是八进制计数器吗？下面来分析一下。

计数器从 0000 开始计数，第 7 个脉冲到来后，计数器状态为 0111，使得 $\overline{CR}=0$，因为是异步清零，所以只要清零端为低电平，不需要下一个计数脉冲到来，计数器状态立即变为 0000，即回到初始状态。

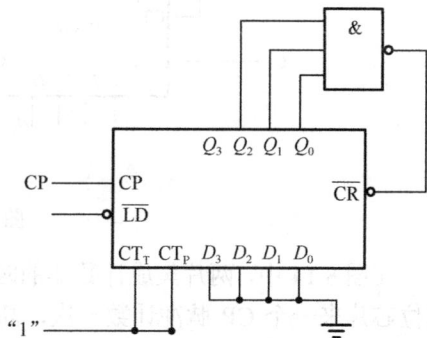

图 8.13　用反馈复位法实现的七进制计数器

因为 7 个脉冲计数器状态循环一周，所以这个计数器为七进制计数器，其状态转换表见表 8.7。

表 8.7　用反馈复位法实现的七进制计数器状态转换表

脉 冲 个 数	$\overline{CR}$	Q_3^{n+1}	Q_2^{n+1}	Q_1^{n+1}	Q_0^{n+1}	说　明
0	1	0	0	0	0	计数
1	1	0	0	0	1	计数

脉冲个数	$\overline{CR}$	Q_3^{n+1} Q_2^{n+1} Q_1^{n+1} Q_0^{n+1}	说　明
2	1	0　　0　　1　　0	计数
3	1	0　　0　　1　　1	计数
4	1	0　　1　　0　　0	计数
5	1	0　　1　　0　　1	计数
6	1	0　　1　　1　　0	计数
7	0	0　　0　　0　　0	计数并复位

（3）计数器的扩展应用。

74LS161 是四位二进制计数器，如果把两片 74LS161 连接起来使用，可以构成八位二进制计数器。集成计数器连接有同步和异步两种方式，如图 8.14 和图 8.15 所示。其中，74LS161-1 为低位，74LS161-2 为高位。

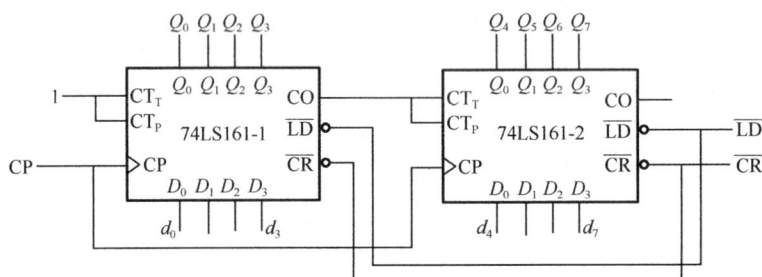

图 8.14　同步连接方式

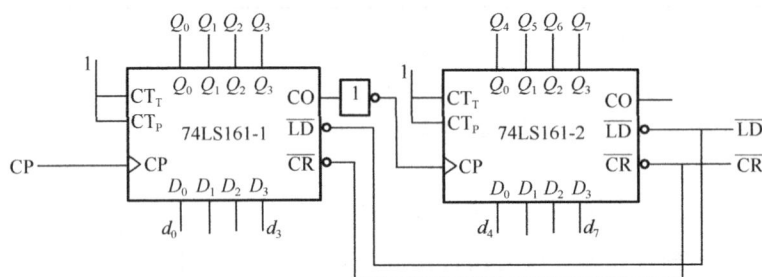

图 8.15　异步连接方式

在图 8.14 中，两片集成计数器的时钟端并接在一起，具有相同的时钟，组成同步计数器。低位芯片来一个 CP 脉冲计数一次，高位芯片的使能端接低位芯片的进位输出。第 15 个 CP 脉冲到来后，低位芯片的 CO=1；第 16 个 CP 脉冲到来时，高位芯片满足计数条件，计数一次。第 16 个 CP 脉冲到来后，低位芯片状态 $Q_3Q_2Q_1Q_0=0000$，CO=0，所以，第 17 个 CP 脉冲到来时，只能是低位芯片计数。这实现了低位芯片来一个 CP 脉冲计数一次，高位芯片每来16 个脉冲计数一次，构成了八位二进制同步计数器。

在图 8.15 中，两片集成计数器按异步方式连接，低位芯片以计数脉冲为时钟，高位芯片以低位芯片的进位为时钟。低位芯片每来 16 个 CP 脉冲，其 CO 端输出一个正脉冲，因为 $Q_3Q_2Q_1Q_0=1111$ 时 CO=1，所以 CO 要经反相后作为高位芯片的时钟，即 CO 下降时高位芯片计数。这实现了低位芯片来一个 CP 脉冲计数一次，高位芯片每来 16 个脉冲计数一次，构成了八位二进制异步计数器。

3. 十进制计数器

二进制计数器结构简单、运算方便。为了照顾人们的计数习惯，很多计数器按十进制进行计数。十进制计数器就是逢十进位的计数器，也分为加法、减法和可逆计数器三种。

CD4017 是集成十进制计数/时序译码器，又称十进制计数/脉冲分频器。它是 4000 系列 CMOS 数字集成电路中应用最广泛的电路之一，其结构简单，造价低廉，性能稳定可靠，工艺成熟，使用方便。它与时基集成电路 555 定时器一样，深受广大电子科技工作者和电子爱好者的喜爱。目前世界各大通用数字集成电路厂家都生产 CD4017，国外产品的典型型号为 CD4017，我国早期产品的型号为 C217、C187、CC4017 等。

CD4017 采用标准的双列直插式 16 脚塑封，它的引脚排列如图 8.16 所示，功能表见表 8.8。

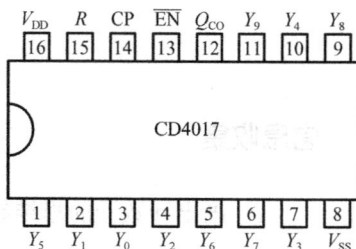

图 8.16　CD4017 引脚排列

由功能表可知：

R 为清零输入端，当 $R=1$ 时，计数器输出端 $Y_0=1$，其他输出端为 0。

EN 为使能端，它为高电平时计数器不工作，保持原状态。

EN 为低电平时，CP 时钟输入端为脉冲上升沿，计数器正常计数。

CP 为高电平，EN 为下降沿时，计数器对 EN 输入脉冲进行计数。

$Y_0 \sim Y_9$ 为计数输出端，由计数器对输入脉冲进行计数，根据输入脉冲的个数，$Y_0 \sim Y_9$ 十个输出端轮流为高电平。也就是说，$Y_0 \sim Y_9$ 在同一时刻只有一个是高电平，其余的九个都是低电平。

Q_{CO} 为进位输出端，每计满 10 个时钟脉冲，可得一个进位输出脉冲。

CD4017 状态转换表见表 8.9。

表 8.8　CD4017 功能表

输　　　入			输　　　出	
R	EN	CP	$Y_0 \sim Y_9$	Q_{CO}
1	×	×	$Y_0=1$，$Y_1 \sim Y_9$ 为 0	$Y_0 \sim Y_4$ 为 1 时，$Q_{CO}=1$ $Y_5 \sim Y_9$ 为 1 时，$Q_{CO}=0$
0	1	×	保持原状态，禁止计数	
0	0	↑	计数	
0	↓	1	计数	

表 8.9　CD4017 状态转换表

脉冲个数	$Y_9\ Y_8\ Y_7\ \ Y_6\ Y_5\ \ Y_4\ Y_3\ Y_2\ Y_1\ Y_0$	Q_{CO}
0	0　0　0　　0　0　　0　0　0　0　1	1
1	0　0　0　　0　0　　0　0　0　1　0	1
2	0　0　0　　0　0　　0　0　1　0　0	1
3	0　0　0　　0　0　　0　1　0　0　0	1

续表

脉 冲 个 数	Y_9 Y_8 Y_7 Y_6 Y_5 Y_4 Y_3 Y_2 Y_1 Y_0	Q_{CO}
4	0 0 0 0 0 1 0 0 0 0	1
5	0 0 0 0 1 0 0 0 0 0	0
6	0 0 0 1 0 0 0 0 0 0	0
7	0 0 1 0 0 0 0 0 0 0	0
8	0 1 0 0 0 0 0 0 0 0	0
9	1 0 0 0 0 0 0 0 0 0	0

学生工作页

信息收集

1. 画出计数器的思维导图。

2. 分析图 8.17 所示电路的工作原理。

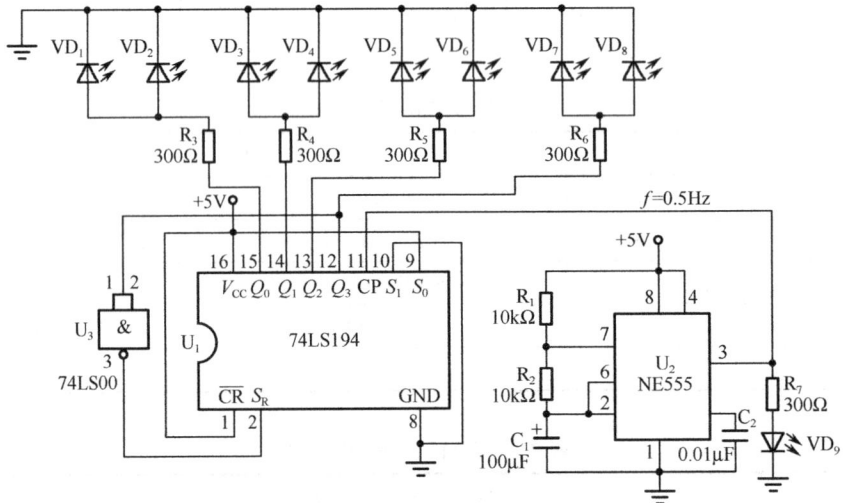

图 8.17　题 2 图

3．异步二进制减法计数器。

与异步二进制加法计数器一样,异步二进制减法计数器状态的变更也是在 CP 脉冲的下降沿发生的。其电路与异步二进制加法计数器相似,但连接方式是把低位的 $\overline{Q}$ 与高一位的 CP 端相连,如图 8.18 所示。依照异步二进制加法计数器的分析方法,分析异步二进制减法计数器的工作过程,画出计数器工作波形图,设初始状态为 000。

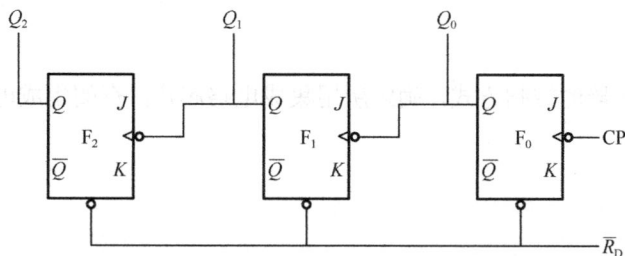

图 8.18　异步二进制减法计数器

4．用 74LS161 构成十二进制计数器,设计两种方法,画出连线图并进行仿真验证。

分析计划

1．填写任务完成表(表 8.10)。

表 8.10　任务完成表

序　号	任务内容	参加人员	完成情况	备　注

2. 简述彩色流水灯设计思路，并画出彩色流水灯功能框图。提示：流水灯电路一般由脉冲信号产生电路和彩灯轮流发光控制部分组成。

3. 讨论彩灯控制器的控制方式，确定所用集成电路芯片，查阅集成电路芯片的引脚分布和工作原理。

4. 画出元件布局图和电路原理图，写出电路参数的选择依据和计算过程，进行原理仿真。

5. 根据所设计电路填写元件清单（表 8.11）。

表 8.11　元件清单

编　号	元　件　名　称	数　量	规格型号（发光二极管须写出颜色）

6. 展示汇报。

整理相关资料，做成 PPT，分组展示汇报。

任务实施

（1）各小组凭教师审核的元件清单领取元件和万能板。

（2）教师介绍彩灯控制器的特点、电路检测要求和安全操作注意事项。

（3）小组成员合作检测元件质量，按计划在万能板上安装彩灯控制电路，检测焊接电路的可靠性。

（4）针对故障电路板，小组成员讨论解决方案。

检验评估

按照表 8.12 中的标准对制作流水灯项目进行评价。

表 8.12　项目评价表

编 号	评价内容	分 值	评 价 标 准	评　分	备 注
1	展示汇报	10	内容齐全，思路清晰		
2	布局图及电路图	10	电路设计正确（3 分） 电路图美观，符合要求（2 分） 电路标识清楚、准确，计算公式正确（3 分） 布局均匀美观（2 分）		
3	领料清单	10	元件名称正确（4 分） 规格型号描述准确（3 分） 数量与电路图对应（3 分）		
4	装配工艺	10	按照电子产品装配工艺标准，不符合 1 处扣 1 分，扣完为止		
	功能实现	30	实现流水灯功能（25 分） 点亮间隔时间可调（5 分）		
5	班级评比	10	班级评比第 1 名 10 分，第 2～5 名 9 分，第 6～10 名 8 分，第 11～20 名 7 分，第 21～30 名 6 分，第 31～40 名 5 分		
6	安全规范操作	10	工具仪表使用规范，有防护措施，无带电操作，符合 5S 要求		
7	团结协作	10	分工明确，完成各自职责（5 分） 互相协作（5 分）		

回顾总结

完成制作流水灯项目报告，主要内容包括：

① 设计目的。

② 设计任务和要求。

③ 设计方法：系统各单元方案确定过程、主要元件选择依据等。

④ 工作原理及系统组成。

⑤ 元件明细表。

⑥ 主要集成电路的引脚功能、关键元件的主要参数、整机电路图、元件布局图等。

⑦ 调试过程和结果。

⑧ 参考文献。

⑨ 个人总结，包括问题、不足、收获、感受等。

数字温度测量仪电路

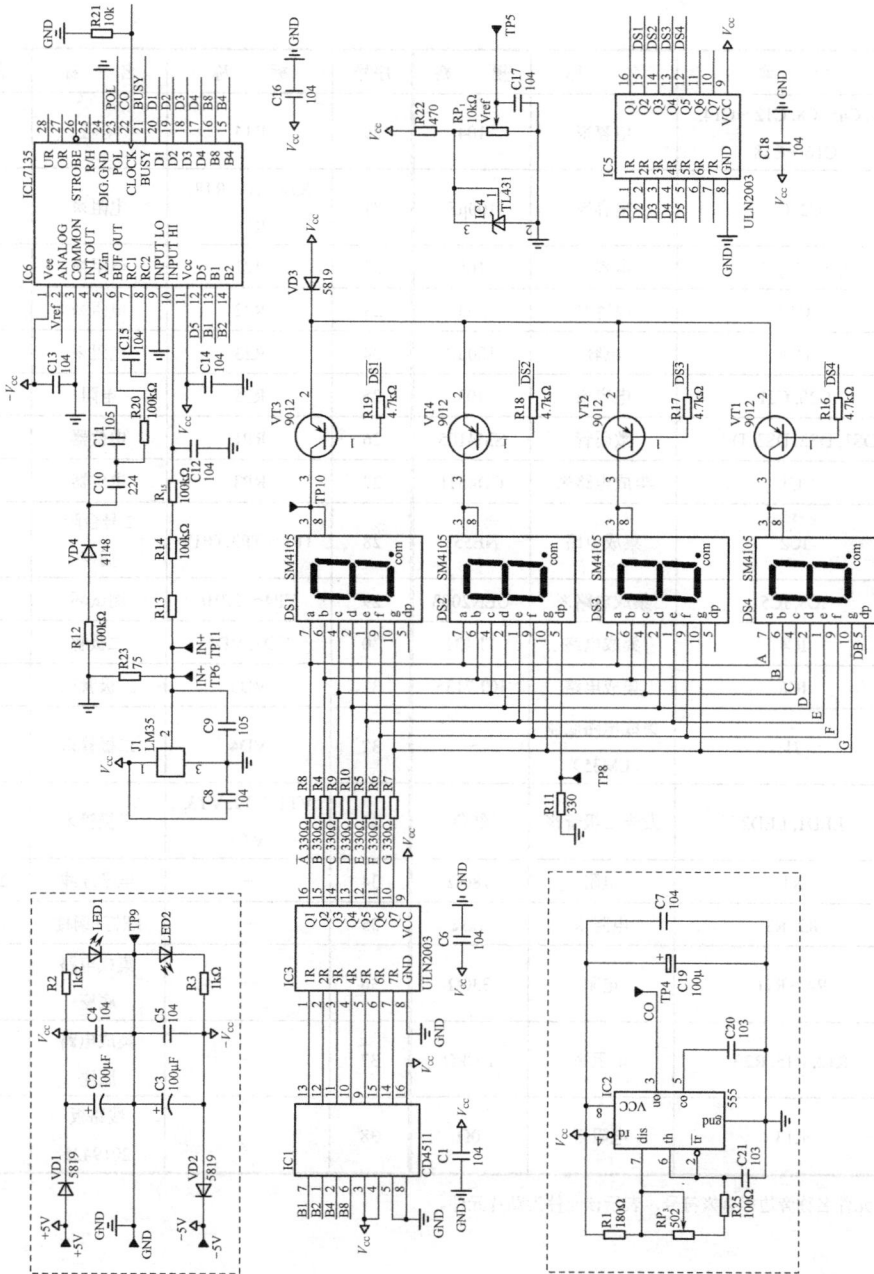

元件清单

序号	标 称	名 称	规 格	序号	标 称	名 称	规 格
1	C1, C4～C8, C12～C14, C16～C18	电容※	104	20	R14	电阻	100kΩ
2	C2, C3	电容※	100μF	21	R16, R17, R18, R19	电阻※	4.7kΩ
3	C9, C11, C15	电容※	105	22	R21	电阻※	10kΩ
4	C10	电容※	224	23	R22	电阻※	470Ω
5	C19	电容	100μF	24	R23	电阻※	75Ω
6	C20, C21	电容※	103	25	R25	电阻	100Ω
7	DS1, DS2, DS3, DS4	数码管	SM4105	26	RP1	电位器	103
8	IC1	集成电路※	CD4511	27	RP3	电位器	502
9	IC2	集成电路	NE555	28	TP1～TP3,TP11	2号台阶插座	—
10	IC3, IC5	集成电路※	ULN2003	29	TP4～TP10	测试环	KIB74
11	IC4	集成电路	TL431	30	VD1, VD2	二极管	5819
12	IC6	集成电路	ICL7135	31	VD3	二极管※	5819
13	J1	集成电路底座（LM35）	—	32	VD4	二极管※	4148
14	LED1, LED2	发光二极管※	红色	33	VT1, VT2, VT3, VT4	三极管※	9012
15	R1	电阻	180Ω	34	—	电子连线	2红，2黑
16	R2, R3	电阻※	1kΩ	35	—	螺钉+铜柱	—
17	R4～R11	电阻	330Ω	36	—	集成电路底座	28 脚
18	R12, R15, R20	电阻※	100kΩ	37	—	集成电路底座	8 脚
19	R13	电阻※	0Ω	38	—	线路板2019425	90×90

注：表中元件名称旁边标有※符号，表示该元件为贴片元件。

2019 年河南省中等职业教育技能大赛"电子电路安装与测试"赛项任务书

装配数字温度测量仪电路

工位号：　　　　　　　　　　　　　　评价成绩：

说明： 本次比赛共有两个工作任务。完成这两个工作任务的时间为 150min。按完成工作任务的数量与质量，以及在完成工作任务过程中的职业与安全意识评定成绩，满分为 100 分。

职业与安全意识：

操作符合安全操作规程；工具摆放、包装物品、导线线头等的处理，符合职业岗位的要求；遵守赛场纪律，尊重赛场工作人员，爱惜赛场的设备和器材，保持工位整洁。

（1）工作过程安全。

（2）仪器仪表操作安全。

（3）工具使用安全、规范。

（4）模块安全摆放。

（5）遵守纪律，保持清洁。

1．电子产品装配

1）元件检测与识别（6分）

根据给出的数字温度测量仪电路（附录 A）和 VT1 实物，测量并在下面标出 VT1 的引脚极性，说明三极管的类型。

① 三极管引脚极性：1 脚为_____，2 脚为_____，3 脚为 C。

② 假设现场没有贴片三极管 9012，以下两种三极管中_____可以替代 9012 用于电路中。

A．8550　　　　　B．8050

2）产品焊接（10分）

根据数字温度测量仪电路图和元件清单（附录 B），将提供的元件进行焊接。

要求：印制电路板上的焊点大小适中、光滑、圆润、干净、无毛刺，无漏、假、虚、连焊；引脚加工尺寸及成形符合工艺要求；导线长度、剥线头长度符合工艺要求，芯线完好，捻头镀锡。

3）产品装配（8分）

根据数字温度测量仪电路图，进行产品装配。

要求：元件焊接安装无错漏，元件、导线安装及元件上字符/标识方向均符合工艺要求；电路板上插件位置正确，接插件、紧固件安装可靠；电路板和元件无烫伤和划伤处，整机清洁无污物。

4）电路测试（20分）

对焊接好的数字温度测量仪电路进行测试，功能如下。

① 电源电路工作正常。

给电路接通±5V电源后，V−和V+指示灯能正常点亮。

② 555定时器工作正常。

调节电位器RP3，TP4产生频率为150kHz的方波（允许误差为±5%），数码管动态显示正常。

③ 数码管显示正常。

接通电源后，传感器LM35未接入电路时，数码管显示"000.0"，将（1±5%）V电源输入IN+（TP11），数码管显示"100.0"，如果显示不为"100.0"，则调节电位器RP1，校准电路，使其显示"100.0"。

④ 温度显示电路工作正常。

把温度传感器LM35接入J1，数码管显示温度和室内温度一致（允许误差为±1℃），用电烙铁靠近传感器，数码管显示的温度应升高（允许误差为±2℃）。

5）产品调试（18分）

完成故障检修后，使用赛场提供的万用表和双踪示波器进行测量，并把调试的结果填在下方空白处。

① 调节电位器RP3，使频率从最低变为最高，数码管显示有什么变化？

_____。

② 接入传感器LM35，测量TP6的电压为_____V，数码管显示值为_____。

③ 调节电位器，使TP4的频率为150kHz，在电路正常工作时，测量TP4和TP8的波形，使用示波器显示波形。

在电路正常工作时，测量TP4的波形。

波　　形	周　　期	幅　　值
	$T=$_____μs	$U=$_____V
	挡位：	挡位：

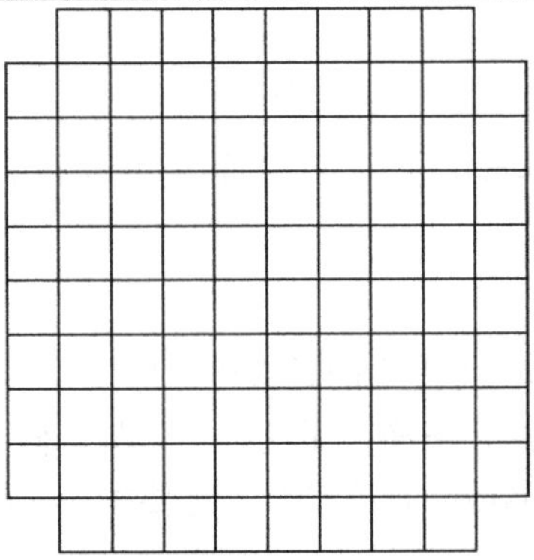

在电路正常工作时，测量 TP8 的波形。

波 形	周 期	幅 值
	$T=$_____ ms 挡位：	$U=$_____ V 挡位：

6）编制装配工艺卡片（8分）

根据数字温度测量仪电路装配要求，将装配工艺卡片的内容填写完整。在"以上各元件插装顺序是："一栏中，填写序号（位号）即可。

装配工艺卡片			工序名称	产品图号
			插装	PCB-2019425

序号 （位号）	装入件及辅助材料 代号、名称、规格		数量	工艺要求	工装名称
	代号、名称	规 格			
C4～C8	0805 贴片电容	104	4		
R13	0805 贴片电阻	0Ω	1		
C19	电解电容	100μF	1		镊子、电烙铁等常用装配工具
RP1	电位器	103	1	贴底板安装	
IC2	集成电路	NE555	1	先把集成电路底座贴底板安装并焊接好，再把集成电路插入集成电路底座，注意不要插反	
LED1、LED2	贴片发光二极管	红色	1	贴底板安装	
IC1	贴片集成电路	CD4511	1	贴底板安装	

以上各元件插装顺序是：

图样

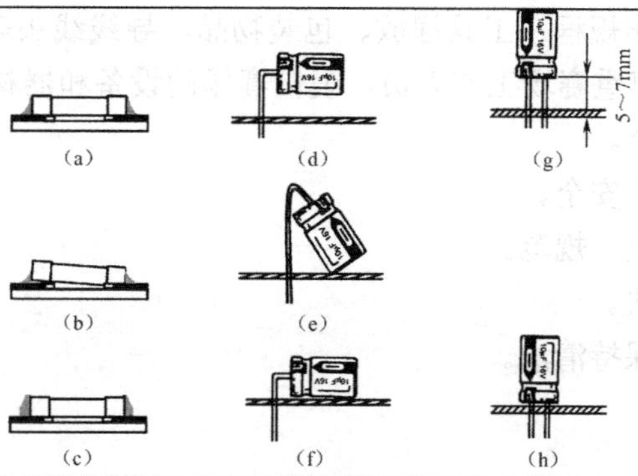

（a）　　　（d）　　　（g）　5～7mm

（b）　　　（e）

（c）　　　（f）　　　（h）

续表

旧底图总号	更改标记	数量	更改单号	签名	日期		签名	日期	第　页
						拟制			
						审核			共　页
底图总号						标准化			第　册
									第　页

7）理论考核（20分）

下图为 NE555 的内部电路图，根据其与外部元件的连接回答问题。

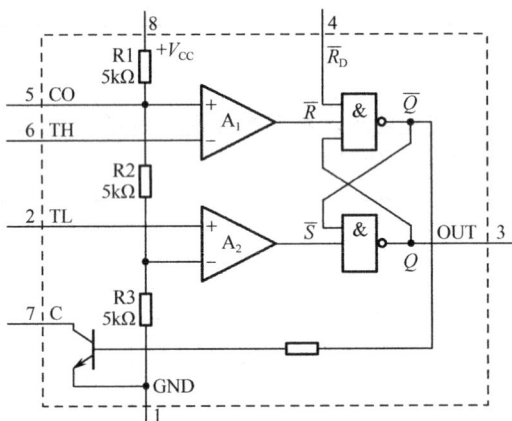

① A₁ 构成的是_____比较器电路，A₂ 构成的是_____比较器电路，比较器的基准电压由_____及_____的分压比决定。

② RS 触发器具有_____控制功能，可控制三极管的_____与_____。

③ R1、R2、R3 构成了一个电阻_____，为 A₁ 比较器和 A₂ 比较器提供_____电压，这三个电阻的阻值是_____kΩ，"555"因此而得名。

④ 观察数字温度测量仪电路图，简述各元件在电路中的作用：VD1、VD2 在电路中起_____作用；C2～C5 在电路中起_____作用；R2 和 R3 在电路中起_____作用；IC4 在电路中起_____作用；三极管 VT1 在电路中的作用是_____。

2. 职业与安全意识（10分）

操作符合安全操作规程；工具摆放、包装物品、导线线头等的处理，符合职业岗位的要求；遵守赛场纪律，尊重赛场工作人员，爱惜赛场的设备和器材，保持工位整洁。

（1）工作过程安全。

（2）仪器仪表操作安全。

（3）工具使用安全、规范。

（4）模块安全摆放。

（5）遵守纪律，保持清洁。

电子电路装调与应用职业素养评分表

赛　区			模　块		职　业　素　养
赛项名称		电子电路装调与应用	赛位号		
评分标准一级指标	评分标准二级指标及分值	评分说明	配分	得分	项目分
职业素养	安全意识（2分）	没有穿绝缘电工鞋扣 1 分，没有做好静电防护扣 1 分，最多扣 1 分	1		
		出现不符合安全操作规程的行为，一次（如带电插拔）扣 1 分，最多扣 1 分	1		
	现场管理（3分）	保持工位整洁。设备及工具摆放杂乱扣 0.5 分，最多扣 0.5 分	0.5		
		现场未清理扣 1 分，清理不到位扣 0.5 分，最多扣 1 分	1		
		提前操作扣 1 分，竞赛时间结束仍继续操作扣 1 分，不遵守赛场纪律或者不服从裁判管理扣 1.5 分，最多扣 1.5 分	1.5		
	操作规范（3分）	爱惜赛场的设备和器材。违规操作导致仪器仪表损坏扣 1.5 分，最多扣 1.5 分	1.5		
		爱惜赛场的工具。违规操作导致工具损坏扣 1.5 分，最多扣 1.5 分	1.5		
	更换元件情况（2分）	选手在操作过程中损坏元件，每更换一个元件扣 0.2 分，最多扣 1 分	1		
		选手在操作过程中损坏模块，每更换一个模块扣 0.5 分，最多扣 1 分	1		
合计					

评分裁判签名：　　　　　　　　　　　日期：

参 考 文 献

[1] 康华光. 电子技术基础模拟部分[M]. 6 版. 北京：高等教育出版社，2018.

[2] 张林，陈大钦. 模拟电子技术基础[M]. 3 版. 北京：高等教育出版社，2014.

[3] 李广明. 电路与模拟电子技术[M]. 北京：人民邮电出版社，2018.

[4] 陈振源. 电子技术基础[M]. 北京：高等教育出版社，2001.

[5] 伍湘彬. 电子技术基础与技能[M]. 北京：高等教育出版社，2010.

[6] 张金华. 电子技术基础[M]. 北京：高等教育出版社，2010.

[7] 孔凡才，周良权. 电子技术综合应用创新实训教程[M]. 北京：高等教育出版社，2008.

[8] 史娟芬. 电子技术基础与技能[M]. 南京：江苏教育出版社，2010.

[9] 李中显. 电子技术基础与技能[M]. 北京：电子工业出版社，2013.

[10] 李关华. 电子产品装配与调试备赛指导[M]. 北京：高等教育出版社，2010.

[11] 张龙兴. 电子技术基础[M]. 2 版. 北京：高等教育出版社，2006.

[12] 郝晶卉. 电工与电子基础[M]. 北京：机械工业出版社，2009.

[13] 赵永杰，王国玉. Multisim 10 电路仿真技术应用[M]. 北京：电子工业出版社，2012.

[14] 杨海祥. 电子整机产品制造技术[M]. 北京：机械工业出版社，2006.

[15] 杨清德，柯世民，吴雄. 电子技术基础技能[M]. 北京：电子工业出版社，2016.